der blaue reiter
Journal für Philosophie

Nr. 6 (2/1997)

W0183868

inhalt

Seite 3

Eros des Denkens

der blaue reiter

Foto: Alexander Steingaß

Die Frage nach dem **Eros des Denkens** stellt die Frage nach dem Urgrund der Philosophie. Warum setzt sich der Mensch denkend mit der Umwelt auseinander, und wie ist dieses Denken mit der Sinnlichkeit verbunden?

Bei Kant obliegt die Verknüpfung von Sinnlichkeit und Verstand der „Einbildungskraft", die aber, so Jürgen Trabant, bei Kant „merkwürdig geheimnisvoll" bleibt. Unter dem Titel *Sprache zeugt Denken* stellt Trabant Wilhelm von Humboldts Modell der „Synthesis" vor, in dem Sinnlichkeit und Verstand als verfeinerte Formen des Weiblichen und des Männlichen vorgestellt werden, deren Vermählung den Gedanken erzeugt. Im Gegensatz zu den modernen Bestrebungen nach Schaffung einer europäischen (Esperanto) oder gar einer Weltsprache plädierte Humboldt für deren Vervielfältigung so sehr, „als es immer die Zahl der den Erdboden bewohnenden Menschen erlaubt." Auch wenn er in der Vielzahl und Verschiedenheit der Sprachen ein Hindernis des Verstehens zwischen den Menschen erblickte, so sind die Sprachen in ihrer Pluralität das Mittel, die Wahrheit zu entdecken. Die entdeckten Wahrheiten repräsentieren verschiedene Weltansichten, sind Wahrheiten verschiedener historischer Traditionen.

Zu einem ähnlichen Schluß kamen Edward Sapir und Lee Whorf: „Keine zwei Sprachen sind ähnlich genug, um anzunehmen, sie repräsentierten dieselbe Realität". Im Beitrag *Sprache, Denken, Wirklichkeit* setzt sich Rüdiger Vaas kritisch mit dem Ergebnis ihrer Untersuchungen von verschiedenen Grammatiken indianischer Sprachen auseinander. Die Sprache, so Vaas, stellt nicht die alleinentscheidende Bedingung dar. Sprache, Denken und Weltbild sind keine autonomen, voneinander unabhängigen Größen, sondern wechselwirken in verschlungener und komplexer Weise miteinander. „Eine Beeinflussung ist noch keine Determination."

„Diejenigen, die an interkultureller Philosophie interessiert sind, sollten den Wunsch haben, auch in anderen Sprachen zu philosophieren, ganz besonders in Sprachen, die sehr verschieden von der eigenen sind". Das ist die Forderung des afrikanischen Philosophen Kwasi Wiredu im Gespräch mit Kai Kresse im Rahmen der Reihe „Außereuropäische Philosophie". Um gegen Descartes' „cogito ergo sum" (lat.: ich denke, also bin ich) zu argumentieren, genügt es nicht, nur zu sagen, den Begriff „sum gibt es in meiner Sprache nicht, und deshalb ist der Satz von Descartes Unsinn." Daß die Struktur der Sprache je verschiedene Weisen des Sprechens, Denkens und Argumentierens vorgibt, begreift Wiredu als Chance der gemeinsamen Weiterentwicklung.

Unter der Überschrift *Jeder kann's, aber keinen wundert's* geht Hubert Haider in Anbetracht der Tatsache, daß es den Sprachwissenschaftlern bisher noch für keine Sprache gelungen ist, deren Grammatik zu enträtseln, der Frage nach, wie es jedem Kind problemlos gelingt, eine Muttersprache zu erlernen. Dem Postulat der „eingeborenen Ideen", der vorsprachlichen, vollständigen und diskreten Verfügbarkeit der Grammatik der Muttersprache, schließt sich die Suche nach einer Universalgrammatik an, die allen Sprachen zugrunde liegt.

Einen völlig anderen Lösungsansatz verfolgt Peter Lutzker im Artikel *Der Sprachsinn*. Ausgehend von Goethes Satz

> *„Die Sinne trügen nicht, das Urteil trügt"*

zeichnet er den Steinerschen Versuch nach, Wahrnehmung und Verstehen von Sprache als spezifischen Sinnesprozeß zu erklären: „Wie das Auge vom Licht abhängig ist, wenn es sich entwickeln soll, hängt die Tätigkeit und Organisation des Sprachsinns von der sensorischen Wechselwirkung des Erlebens von Sprache ab", so Lutzker.

Eros war für Platon noch das Streben nach dem Guten, das sich außerhalb der menschlichen Sphäre befindet. Otto-Peter Obermeier konstatiert im Beitrag *Homo medioideoticus*, in dessen Mittelpunkt Marcuses Verbindung von Gesellschaftskritik mit Kritik an der Sprache steht, daß heute nur noch das als gut und begehrenswert empfunden wird, „was über die Maschinerie der Medien und der Reklame geadelt wurde ... Was bleibt, ist eine Sprache, die nur Hinnahme, Akzeptanz, Befehl, Nachfolge, Verführung zum unkritischen Konsum von Gütern und Meinungen erzeugt."

Im Aufsatz *Eros und Metapher* beschreibt Marie-Cécile Bertau den Kernpunkt der Erkenntnis als im Dialog – dem Geschehen zwischen Zweien – verborgen: „In der philosophischen Praxis des intensiven Redens trifft sich die Vorstellung vom Eros mit dem, was geschieht, wenn ein Sprecher Metaphern verwendet ... Die Lust an der Erkenntnis wird getragen von der Lust, sich dem anderen mitzuteilen."

Einen über die reine Mitteilung hinausgehenden Beweggrund des Denkens sieht Klaus Giel unter der Überschrift *Heroische Leidenschaften* „in einer Leidenschaft für das Bleibende im Vergänglichen. Im Ergriffenwerden durch die Leidenschaft werden wir fähig, uns aus den Verstrickungen in Traditionen und Dogmen zu lösen."

Sprache ist als Eros des Denkens immer auch gerichtet auf das Ergreifenwollen des Eigenen im Anderen. Ursprung des Sprechens, mithin der Kommunikation, ist die Sehnsucht, der eigenen Verlorenheit im Ergreifen des Anderen zu entrinnen. Wenn jedoch das Denken als die Fähigkeit der Menschen definiert wird, „sich selbst Gesellschaft zu leisten“ (Hannah Arendt), so liegt es nahe, dem die Auto-Erotik des Schreibens als dessen Entäußerung entgegenzuhalten. Heinz Kimmerle stellt in seiner mit *Die Auto-Erotik des Schreibens* überschriebenen Arbeit über Denken und Schrift bei Derrida die erotische Komponente der Sprache heraus: „Die Auto-Erotik, das Berührend-Berührtwerden, ist einerseits der gesprochenen Sprache zuzuordnen, dem 'Sich-Sprechen-hören' ... Andererseits gleicht die Masturbation der Schrift und wird wie diese als ein gefährliches und äußerliches Supplement erklärt.“

Es gibt allerdings Unaussprechliches, so Johann Kreuzer in seinem gleichnamigen Beitrag, „das sich zeigt und das Wittgenstein ‚das Mystische‘ nennt ... Die dialektische Kunst besteht in der Gleichzeitigkeit von Reden und Schweigen ... Die Kunst der Sprache darin, daß in ihr das, was sich nicht eigens sagen läßt, beredt wird.“

Insofern möchte man der These Martin Holochs in *Von Büchern und Phantasmen* widersprechen, der in Anlehnung an Borches alles bereits Gedachte, das zu Wissen gewordene, als in Bibliotheken archiviertes verortet. Mit dem Internet sieht er das Informationswesen an die Stelle des Bibliothekswesens treten. Nicht mehr die Wissensvermittlung steht im Mittelpunkt, sondern das immer effizientere Beschaffen von Informationen, „eben jener Vielzahl von Details, die in keinen Zusammenhang mehr zu bringen sind und bestenfalls zum Zeitvertreib, als Infotainment sich eignen.“

Ganz anders argumentiert Norbert Bolz im Essay *Die Sinngesellschaft*. Unter Verweis auf die Leibnizsche These, daß wir in der besten aller möglichen Welten leben, fragt er, warum es so unpopulär ist, unsere Welt als gelungen zu betrachten. Seine Antwort ist provozierend:

> *„Pessimismus ist Denkfaulheit!“*

Waren für Kant Gedanken ohne Inhalt leer und Anschauungen ohne Begriffe blind, sehen wir uns heute angesichts der komplexen Leistungen moderner Großrechner genötigt, das menschliche Denken gegen die künstliche Intelligenz zu verteidigen. Während die kausale Abhängigkeit vom Gegenstand der Erkenntnis in Form einer physikalischen Repräsentation Mensch wie Computer zu eigen ist, so ermangelt letzteren doch, so Elmar Holenstein im Beitrag *Intuition und maschinelles Wissen,* ein grundlegender Bestandteil menschlicher Erkenntnis: der phänomenale Charakter des unmittelbaren Erlebens – die Intuition.

Sich wieder mehr mit den großen Fragen der Philosophie auseinanderzusetzen, ist die Forderung des Tübinger Philosophen Walter Schultz im Interview: „Alle diese Probleme, Leib-Seele, Ethik und Tod sind Fragen, die durchaus zu beachten sind. Es hat keinen Zweck, im philosophischen Sinne nur die Postmoderne zu verkünden, wonach alles ästhetisch sei und es ganz egal ist, was die einen oder die anderen denken.“

Den Versuch, eine solche Auseinandersetzung zu provozieren, unternimmt Christian Mürner mit seiner Streitschrift *Die Schattenseite der Philosophie*. Philosophen sind Gewalttäter, die keine Armee zur Verfügung haben, und sich deshalb die Welt in der Weise unterwerfen, daß sie diese in ein System sperren – was nicht in das Ordnungsschema paßt, wird ausgesondert. Mit einer Zitatenlese quer durch die Philosophiegeschichte sucht er zu belegen, zu welchen Grausamkeiten Philosophen in ihrem Streben nach der Vernunft gelangen, die es, so Seneca, gebietet, „vom Gesunden Untaugliches zu sondern ... Mißgeburten löschen wir aus, Kinder auch, wenn sie schwächlich und mißgestaltet geboren wurden.“

Die Frage nach dem Staat und dessen Verfassung ist Thema der 7. Ausgabe des *blauen reiters* mit dem Titel:

Mythos Staat

Forderte Platon mit dem „Philosophenstaat“ noch die Herrschaft der Vernünftigen, verkommt die Frage nach dem Politischen in der „politischen Philosophie“ vom ursprünglichen „Was ist der Mensch“ zunehmend zu den Fragen der Politikwissenschaft nach dem „Wie“ und „Warum“ des menschlichen Handelns. Die einschlägigen philosophischen Lexika enden meist mit Marx oder Nietzsche. So steht in einem Handbuch philosophischer Grundbegriffe unter dem Stichwort Staat: „Eine philosophische Analyse des Staates ist heute nicht möglich ... so sehr sind sowohl Gegenstand als auch Methode in Zweifel geraten.“

Im Spannungsfeld klassischer Staatstheoretiker und moderner Autoren wird die Frage zu beantworten sein, was wir meinen, wenn wir von *Staat* sprechen. Wie ist das Verhältnis von Nation und Staat? Gibt es ein gemeinschaftliches Zusammenleben außerhalb von Staaten? Wodurch ist ein Staat legitimiert, und wie lassen sich Recht und Herrschaft begründen? Gilt für die Verfassung eines Staates nur die Grundvoraussetzung von Stanislaw Lec, daß sie so beschaffen sein sollte, daß sie die Verfassung der Bürger nicht ruiniert, oder gibt es allgemein verbindliche Grundlagen, beispielsweise die Menschenrechte?

Der *blaue reiter* bringt zum Thema Staat unter anderem Beiträge über:

- Staat und Nation
- Hegels Staatsphilosophie
- Politik und Humanität
- Mythos und Staat bei Cassirer
- Kulturelle und politische Identität

sowie ein Portrait des Staatstheoretikers Carl Schmitt

Die folgenden Ausgaben des *blauen reiters* behandeln die Themen: Sinn/Unsinn; Natur & Technik; Götter; Ästhetik; Sinne; Nichts

Siegfried Reusch
Chefredakteur

Klaus Giel

„Heroische Leidenschaften"

Denken-Lernen

Im Grunde genommen hat die Philosophie, wo immer sie mit dem Anspruch ihres kulturellen Eigenwertes aufgetreten ist, sich selber als Schule des Denkens verstanden und zu begreifen versucht. Dieser Anspruch leitet sich von folgenden Grundannahmen her: zum einen daraus, daß das Denken auf Lehre, Disziplinierung und Kultivierung angewiesen ist, weil, zum anderen, der Mensch sich im Denken verfehlen oder in seinem Menschsein gewinnen kann. Das Denkvermögen steht für das sich selbst Überantwortet-Sein des Menschen. In dem zum Wesenskern des Menschseins erhobenen Denkvermögen hat die Philosophie ihr eigenes Fundament zu finden geglaubt.

Als denkendes Wesen ist der Mensch von allen anderen Kreaturen nicht nur spezifisch, sondern generisch (die Gattung betreffend) unterschieden; auch von den Geschöpfen, denen er biologisch am nächsten steht. Max Scheler hat den Tieren zwar „praktische Intelligenz" zugebilligt, aber kein Denkvermögen im eigentlichen und strengen Sinne. Intelligenz, das ist nach dieser Unterscheidung ein in wissenschaftlichen Kategorien beschreibbares Verhalten, das, als solches, sowohl an Menschen als auch an Tieren zu beobachten ist. Köhler hat diese als intelligent zu charakterisierende Verhaltensweise als Umwegverhalten beschrieben. Er versteht darunter ein Verhalten, das seine in biologischen Zwecken begründeten Ziele unter Überwindung von Hindernissen, auf indirektem Weg und unter Verwendung von Hilfsmitteln zu erreichen vermag.
Demgegenüber hat Scheler unter Denken im strengen und eigentlichen Sinne einen durch keine biologische Funktion bedingten, freien Zugang zur Wirklichkeit verstanden. Die Leistung des Denkens liegt entsprechend nicht in der Befriedigung von biologischen Bedürfnissen, sondern in der Vergegenständlichung der Wirklichkeit und, dies ist vor allem wichtig, in der Rückbindung des Denkens an das in ihm erschlossene Objektive. Das Denken findet seine Verbindlichkeit also nicht in den Bedürfnissen; es sucht seinen Grund vielmehr in dem (denkend unterstellten) „Sein" der gegenständlichen Wirklichkeit. Der Beweggrund des Denkens, um dies gleich hier schon anzumerken, ist nicht im Seelischen zu suchen, in den Wünschen und Trieben, sondern in einer Leidenschaft (Scheler nennt sie auch Liebe) für das Bleibende im Vergänglichen. Im Ergriffenwerden durch die Leidenschaft werden wir fähig, uns aus den Verstrickungen in Traditionen und Dogmen zu lösen. Was uns darin ergreift, sind die Bilder und Formen, in denen wir die Wirklichkeit so zu fassen bekommen, wie sie uns über den Tag hinaus gegenwärtig ist. „Heroische Leidenschaft" hat Giordano Bruno, der der Idee vom Ursprung des Denkens in der Leidenschaft zum Durchbruch verholfen hat, die Passion des Philosophen genannt. Das leidenschaftliche Interesse an dem erst noch herauszuarbeitenden Bleibenden im Vergänglichen löst uns aus den Verstrickungen des Alltags und der Traditionen und befähigt uns zu einem freien Umgang mit der Wirklichkeit. Scheler hat diesen Gedanken in seiner Darstellung der Liebe aufgegriffen und weitergeführt: Nur dem Liebenden zeigt sich die geliebte Person in einer reinen, aus allen Verstrikkungen und Bedingtheiten befreiten Gestalt.
Sieht man von jeder ontologischen (das Sein betreffenden) Interpretation des hier Angedeuteten ab, wird dem Denken die Kraft der Vergegenwärtigung der Wirklichkeit zugeschrieben: In der Form des Gedachtseins zeigt die Wirklichkeit sich in einer dem zeitlichen Wandel (dem unsere sinnliche Natur unterworfen bleibt) enthobenen Gestalt. In dieser Form kann es dann auch im Gedächtnis aufbewahrt und unverändert durch den Wandel der Zeit und der Lebensschicksale hindurch getragen werden. Der genuine (ursprüngliche) Ort des Gedachten ist das Gedächtnis, die memoria.
Damit ist deutlich geworden, daß die Philosophie das Denken als ein sinnvolles Gerichtetsein auf die Wirklichkeit beschreibt, in dem sinnliche Daten zwar verarbeitet werden, aber keine fundierende Bedeutung haben. Der Sinn des Denkens liegt nach dieser Auffassung im Fußfassen, in der Einwurzelung in einer kontingenten (zufälligen) Wirklichkeit. In diesem Grundnehmen erhebt der Mensch sich zum Subjekt.

Die Sprache als „Organon"

Vom leidenschaftlichen Interesse an der Präsenz des Wirklichen bewegt, kann das Denken, was seinen Realitätsbezug angeht, nicht auf Sinnesorgane gegründet sein. Wo man daher das Denkvermögen nicht aus einem die Wirklichkeit übersteigenden metaphysischen Prinzip herleitet – Scheler hat ein solches Prinzip unter dem Namen „Geist" angenommen –, stellt sich die Frage nach dem Organ des Denkens, das ihm die Realität zuführt. Dieses Organ glaubte man seit jeher in der Sprache gefunden zu

Die Leistung des Denkens liegt nicht in der Befriedigung von biologischen Bedürfnissen, sondern in der Vergegenständlichung der Wirklichkeit und in der Rückbindung des Denkens an das in ihm erschlossene Objektive.

haben. Humboldt hat die Organfunktion der Sprache in ihrem Zeichencharakter begründet gesehen. In den artikulierten Lauten der Sprache lägen uns die „reinsten" Zeichen vor, die in keiner realen oder analogischen oder andeutenden Beziehung (wie die Anzeichen) zum Bezeichneten stehen. Die Sprachzeichen bezeichnen, ohne inhaltlich zu präjudizieren (im voraus entscheiden). Im Modus des Bezeichnetseins wird das Bezeichnete aus allen Formen, in denen wir darüber verfügen, freigegeben. Die Sprache ermöglicht daher zuallererst eine gegenständliche Beziehung zur Wirklichkeit, indem sie diese zur Erkundung und Erschließung freigibt. Nun ist die Sprache, wie wir sie täglich als Kommunikationsinstrument gebrauchen, nicht schon als solche ein Organ des gegenständlichen Denkens. Sie muß vielmehr zuallererst als ein solches Organ angeeignet und ausdrücklich gelernt werden. Diese ausdrückliche Aneignung erfolgt über die grammatische Struktur der Sprache: In ihr werden die Funktionen erfaßt, in denen die Elemente unabhängig von jeder inhaltlichen Fixierung auf die Realität gerichtet sind. So ist für Humboldt die Grammatik das Feld, auf dem die Sprache als System von reinen Zeichen und somit als Organ des gegenständlichen Denkens angeeignet werden kann. Um die grammatikalische Aneignung der Sprache ohne kommunikative Beimischung rein zu erhalten, hat Humboldt die toten Sprachen in den Mittelpunkt des Sprachunterrichts gestellt: nicht, was bei ihm ja tatsächlich der Fall gewesen wäre, aus Hochschätzung des Griechischen oder Lateinischen. Die lateinische, grammatikalisch fundierte Sprachlehre hat noch bis in unsere Tage hinein als unersetzbares Medium der Denkschule gegolten. Sie hat, aus guten Gründen, diesen Platz der Mathematik geräumt.

Der Beweggrund des Denkens ist nicht im Seelischen zu suchen, in den Wünschen und Trieben, sondern in einer Leidenschaft für das Bleibende im Vergänglichen.

Von Humboldt wurde genau genommen nur auf den Punkt gebracht, was die Philosophie bereits in der Scholastik gelehrt und praktiziert hat. Als Organ des Denkens wurde die Sprache – das Latein, wie es sich für das Mittelalter versteht – im Trivium[1] ausgelegt: In der Grammatik als der Lehre vom richtigen Sprechen, in der Dialektik (Logik) als der Lehre von den formalen Bedingungen der Satzwahrheit (von zwei Sätzen, die in einem kontradiktorischen (sich widersprechenden) Verhältnis stehen, ist einer wahr und der andere mit logischer Notwendigkeit falsch) und in der Rhetorik als der Lehre von der guten, das heißt mit Argumenten und Gründen überzeugenden Rede.

Lernen

Die durch die Künste des Triviums vermittelte Aneignung der Sprache wurde als „studium" aufgefaßt: als ein eifriges Streben (Verlangen), das mit Lust verbunden ist. Konkret und auf die Aneignung der Sprache bezogen ist mit „studium" ein besonderes Verhältnis zur Sprache gemeint, das vergleichbar ist mit speziellen Formen der Aneignung unseres Körpers. Wer ein Musikinstrument lernt, lernt nur dann erfolgreich, wenn er seinem Körper außergewöhnliche motorische oder sensorische Fähigkeiten abringt: außergewöhnlich in dem Sinne, daß die erworbenen Fähigkeiten keinen praktischen Zweck erkennen lassen und keine biologische Funktion erfüllen. Wer gegen die Sperrigkeit der Hand ankämpfend Doppelgriffe auf der Violine lernt, übt noch nicht einmal eine Sonate. Er erwirbt nur eine Disposition (Fähigkeit) zum Einüben eines Stückes, in dem Doppelgriffe gefordert sind. Die reine Übung der Doppelgriffe ist, von außen gesehen und als solche genommen, sinnlos. Ihre Bedeutung erlangen die Doppelgriffe erst im Zusammenhang mit einer musikalischen Interpretation. Wie dem auch sein mag: Die Könnensformen, die keinen Zweck nach außen erkennen lassen, müssen in Überwindung unserer als sperrig und ungefüg erscheinenden Natur abgerungen werden. Deshalb zerfällt das erworbene Können auch, wenn es nicht permanent geübt wird. Nun ist aber diese Überwindung der Sperrigkeit mit einer eigentümlichen „Lust" verbunden, die Château als „jouissance morale" im Kinderspiel beobachtet hat: in Spielen, in denen die Kinder sich aus reiner Lust am Gelingen in immer schwierigeren Formen herausfordern, in der Steigerung der Schwierigkeitsgrade des Ballprellens zum Beispiel.

Nach diesem Verständnis stellt das Lernen sich als Organbildung oder -umbildung dar, in der eine Disponiertheit erzielt wird. Lernend bildet der Mensch, das nicht-festgestellte Tier, Organe aus, mit denen er Fuß faßt in einer Wirklichkeit, die insofern kontingent ist, als der Mensch nicht schon von „Natur" aus mit einer entsprechenden Organausstattung „gebildet" ist. So ist das Lernen der Sprache, von dem oben die Rede war, auf das grundnehmende, objektivierende Denken angelegt. Lernen ist hier generell Denken lernen, das ließe sich für alle Bereiche durchführen, in denen der Mensch sich in Überwindung seiner Nicht-Angepaßtheit erst Organe bilden muß, wie in der Musik. Das bedeutet auch, daß alles, „was" man lernt und sich lernend aneignet, wie zum Beispiel das Wissen, als Organ des objektivierenden Denkens angeeignet wird. Nach diesem Verständnis ist das Wissen nicht das Ergebnis des Denkens – dies nur in einer noch zu erörternden Hinsicht –, sondern ein Medium und Organ des Denkens. Mit dem schulischen Lernen hat die klassische Pädagogik – im Unterschied zum gelegentlichen Lernen – das Lernen des Lernens gefordert. In diesem Lernen sollten Grunddispositionen, Hauptorgane bereitgestellt werden, nach denen sich die gegenständliche Wirklichkeit gliedert (vgl. Flitner 1954).

Wissenschaftliches Denken. Die Auflösung der Gegenständlichkeit und die Formalisierung des Denkens

Im Zuge der Verwissenschaftlichung haben sich die oben dargelegten Verhältnisse von Grund auf gewandelt. Die Verwissenschaftlichung des Denkens geht, wie Schulz (1972) herausgearbeitet hat, einher mit der Ablösung des Denkens von der Selbstbindung an die darin konstituierte Gegenständlichkeit. Mit anderen Worten: Das Denken wird nicht mehr in seiner präsentierenden Kraft beansprucht, in der es auf das „Sein", das „Wesen" der „Dinge" gerichtet ist und darin seinen Grund und seine Erfüllung findet. Die „Aktivität" des Denkens ist demnach auch nicht mehr als subjektive, sich in der Wirklichkeit einwurzelnde Tätigkeit im Blick, sondern als Inbegriff von sich in Symbolen und Zeichenbeziehungen manifestierenden Operationen, denen ein gemeinsames Muster zugrundeliegt, das selber symbolisch repräsentiert werden kann. Im Rahmen solcher Operationen werden die Wahrheitsbedingungen von Aussagen geschaffen, die, nicht mehr an den grammatikalisch richtigen Satz gebunden, als Kalküle geschrieben werden können, die sich von der Rückbindung an eine Sprache ablösen. Die Objektivität des auf diese Weise formalisierten Denkens liegt jetzt in der Exaktheit der Durchführung der Operationen und in ihrer an ein gemeinsames Muster gebundenen Konsistenz. Die Objektivität des Denkens erscheint jedenfalls nicht mehr in den Sachen selbst begründet. Daher kann das Denken zum Thema einer auf die Muster und Strukturen gerichteten Wissenschaft, der formalen Logik, werden, die ihrerseits in ein spannungsreiches Verhältnis zur Mathematik tritt. Auf diese Weise formalisiert, tritt das Denken in den Dienst der wissenschaftlichen Forschung. Es übernimmt dort ein Wächteramt über die Wahrheit der Aussage, die nicht mehr in den Gegenständen selbst begründet ist. Die Lust am Denken entzündet sich an den durch die Forschung selbst vermittelten Fragen; es lebt nicht mehr aus der großen Leidenschaft, die den Menschen über sich selbst hinausreißt und vor die Frage nach dem Woher und Wohin seiner Existenz stellt. Im Dienste der Forschung, die ein Teilgebiet der gesellschaftlichen Wirklichkeit darstellt, in die sich die Subjektivität des Menschen aufgelöst hat, verliert das Denken seinen transzendentalen (hier: grundlegenden) Sinn. Vor diesem Hintergrund hat Heidegger sich die ans Skandalöse grenzende Bemerkung erlaubt, daß in den Wissenschaften nicht mehr eigentlich gedacht werde.

Der Sinn des Denkens liegt nach dieser Auffassung im Fußfassen, in der Einwurzelung in einer kontingenten (zufälligen) Wirklichkeit.

Nun bringen die Aussagen der Forschung allerdings – das in ihr und von ihr produzierte Wissen – nicht mehr die Sache selbst zum Vorschein. Das im modernen Wissen Gewußte ist darin nicht mehr präsent. Es ist vielmehr in seiner Substanz Antwort auf präzis gestellte, in der Regel apparativ instrumentierte Fragen, die durch den Forschungsprozeß vermittelt sind. Rheinberger hat mit Bezug auf L. Fleck und auf die eigene Forschungspraxis gestützt herausgestellt, daß die Fragen der empirischen Forschung in den Experimentalanordnungen im wörtlichen Sinne erzeugt werden. Das Experimentalsystem „erlaubt erst, die Fragen zu formulieren, die man beantworten kann. Es ist eine Vorrichtung zur Materialisierung von Fragen" (Rheinberger 1992, S. 25).

Demnach besagt und bedeutet das Wissen nur dem etwas, der die Fragen kennt, auf die es antwortet, und die Sprache, in der die Antwort gegeben wird. Obwohl das Wissen – gut verpackt und medial zurechtgemacht – auf der Straße liegt, bleibt es für die Allgemeinheit doch stumm, deren Lebenspraxis in paradoxer Weise von ebendiesem Wissen durchdrungen ist. Darin wird deutlich, daß das Problem der Wissensvermittlung keine Angelegenheit der Rhetorik im Sinne der populären, verständlichen Darstellung ist, sondern die Sache eines vernünftigen, sinnvollen, obgleich nicht-professionellen Fragens. Dies aber will gelernt sein, in einem Lernen allerdings, das, nach einer antiquiert geltenden Auffassung, das Wissen als Organ eines einwurzelnden Denkens zugänglich und verfügbar macht.

Noch einmal: Lernen

Wie das Denken von seiner gegenständlichen Fundierung (der stets individuelle Tönung und – nicht auszuschließende – Verblendungen beigemischt waren) im Zuge der Verwissenschaftlichung gelöst wurde, so auch das Lernen. Die „Lerngegenstände" sollten in der Tendenz der wissenschaftlich angesetzten Lerntheorien in Lernziele umformuliert werden. Als Lernen gilt die Erfüllung von gegebenen, externen Bedingungen durch das beobachtbare Verhalten eines Organismus (Anpassung). Vor diesem theoretischen Hintergrund hat Gagné eine Theorie des Denkenlernens entwickelt, die in der Schulpädagogik der 70er und 80er Jahre eine große Rolle gespielt hat.

„Denken" wird von Gagné als problemlösendes Verhalten in den Blick genommen. Zum Lösen von Problemen werden die Kenntnis von Regeln (Gesetze) vorausgesetzt, zu deren Aufbau Begriffe erforderlich sind, die ihrerseits auf der Fähigkeit der Diskriminierung (hier: Unterscheidung) von Merkmalen beruhen usw. Gagné gewinnt auf diesem Wege acht Lernarten, die er in einem hierarchischen System ordnet, das mit der klassischen Konditionierung beginnt und im Problemlösen seinen Abschluß findet. In unserem Zusammenhang interessiert jetzt nur das folgende: Das Denken wird (wie übrigens in den meisten lerntheoretischen Ansätzen) als Problemlösen in Ansatz gebracht. Dabei erscheint die Lösung als Subsumption (Unterordnung) des Besonderen unter Regeln und Begriffe. Man muß nur wissen, um welchen Begriffes oder um welcher Re-

gel Fall es sich im Konkreten handelt, um das Problem behandeln, das heißt aus der Welt schaffen zu können. Probleme werden in der Regel als Störungen oder Unterbrechungen einer Normalität verstanden. Von daher leitet sich auch die gebräuchliche Definition des Lernens als „Anpassung“ her. In der Biologie wird unter Anpassung unter anderem auch die Wiederherstellung einer natürlichen Lebensordnung bezeichnet, die durch mehr oder minder dramatische Ereignisse gestört worden ist.
Uns kommt es hier jedoch auf das folgende an: Das Besondere eines Falles besteht darin, daß eben nicht auf der Hand liegt, daß es sich im Vorliegenden um einen „Fall von ...“ handelt. Es muß daher immer eigens begründet und mit Argumenten dargetan werden, worum es sich im vorliegenden Fall handelt. Dies, zumal in den zur Lösung herangezogenen Begriffen und Gesetzen das darin Gedachte nicht präsent ist. Die Anwendung des Wissens auf besondere Fälle ist daher auch nur in der Form einer spezifischen Interpretationsleistung möglich, die Kant Deduktion (Ableitung vom Allgemeinen zum Besonderen) genannt und – in seiner Leistung – dem Urteilsvermögen zugesprochen hat.
Es ist nun allerdings und in der Tat etwas voreilig, daß wir „Fall“ und „Problem“ ohne weitere Differenzierung eingeführt haben, so, als würden sie dasselbe bedeuten. Auf Probleme stößt man, in der Forschungspraxis nicht anders als im Alltag, und man muß damit fertig werden, das heißt sie aus dem Weg und möglichst aus der Welt schaffen. Man kann allerdings auch lernen, Problemen aus dem Weg zu gehen.

Im Dienste der Forschung, die ein Teilgebiet der gesellschaftlichen Wirklichkeit darstellt, verliert das Denken seinen transzendentalen Sinn.

Was der Fall ist

Wo Probleme in der Form des Falles aufgegriffen werden, hat bereits eine eigentümliche Übersetzung stattgefunden. „Fall“, das ist die Bezeichnung für eine „Redeform“, das heißt eine Form der sprachlichen Darstellung, die Redeform deshalb genannt wird, weil sie eine Weise des Sprachgebrauchs ist, die weder in der Sprache als „langue“ präfiguriert (vorweggenommen) noch aus der kommunikativen Verständigung abgeleitet ist. Der „Fall“ ist vielmehr eine einfache, nicht weiter reduzierbare literarische Form (vgl. Jolles 1930). Darin werden – unter der bloß hypothetischen Annahme, daß es sich um den Fall eines Begriffes handelt – Gegebenheiten, Daten u. ä. als Zeichen oder Spuren interpretiert, die als Beleg für die Annahme zitiert werden können. Der Fall selbst ist nur in der Form eines in sich geschlossenen Textes gegeben, in dem Hinweise aufgenommen, Andeutungen entdeckt und Schlüsse gezogen werden: als Geschichte von der Art der Kriminalgeschichte. Es ist sicher kein Zufall, daß die Fälle, auch wenn sie keine Kriminalfälle sind, auf irgendeine Weise spannende, interessante Fälle sind. Spannend auch deshalb, weil die Fallgeschichte auf eine innere Geschlossenheit drängt. Da bleibt kein Anzeichen im Rest und unberücksichtigt, nichts, das nicht seine Deutung in und durch die Geschichte fände, wie auch umgekehrt die Deutung eines Einzelzuges mit zur Geschlossenheit der Geschichte beiträgt, das Gefüge und den Bau der Geschichte mitbestimmt. Wie dem auch sei: Der Fall ist das Ergebnis einer Fiktion und es gibt keine nicht-fingierten Fälle. Was der Fall ist, sagt die Fallgeschichte. Fallgeschichten beginnen daher mit sich selber: sie schließen an nichts außer ihnen an und sind selber nicht anschlußfähig. (Bei den sich in der Praxis stellenden Problemen muß daher in der Regel herausgearbeitet werden, was der Fall ist, damit das Problem weiter behandelt, das heißt der behinderten Praxis aus dem Weg geräumt werden kann.)
In der Fallgeschichte, die mit sich selber beginnt, wird etwas von der Brüchigkeit und Diskontinuität (Zusammenhanglosigkeit) unserer Existenz offenbar. Das Nicht-Eingestelltsein unserer Existenz auf die Wirklichkeit wird darin deutlich, daß wir bei allem Wissen und Können die Wirklichkeit, die uns in irritierender Weise überrascht, nicht im Griff haben. Wir werden von ihr vor Fragen gestellt, die unser Wissen in Frage stellen, vor elementare Fragen, die durch keine Institution vermittelt sind. Und die Antwort auf diese Fragen besteht nicht in Aussagen, die nach einem binären Code (Ja–nein-Schema) entschieden werden können und universelle Geltung beanspruchen. Vielmehr liegt die Antwort in der Geschichte, die allerdings nur insoweit Antwort ist, als sie für den vorliegenden Fall eine befriedigende Lösung, das heißt einen zureichenden Erklärungsgrund, bereithält.
In der Form des Falles, könnte man zusammenfassend sagen, findet das in Frage gestellte Wissen und Können seinen Grund wieder in der Wirklichkeit selber. Am Fall erfaßt das Denken einen Ausschnitt der Wirklichkeit als Grund seiner selbst. Daher können an Fällen ja auch Lücken einer Theorie entdeckt werden.

Anzeige

Peter Bachmaier
Die Logik der Sprachspiele
BPW 244S. DM 48,00
ISBN 3 - 931680 - 02 - 9
Die Logik ist eine umfassende Darstellung der **Wittgensteinschen Sprachspielpragmatik** als Aufweis des differenzierten Gebrauchs von Sprache in verschiedenen Lebensformen bzw. Lebenserscheinungen. Das Buch stellt einen unersetzlichen Beitrag zum Philosophengespräch nach Wittgenstein dar. Es ist aktuell und leicht lesbar geschrieben.
Eine Fundgrube origineller Ideen auch für Nicht-Philosophen !
Verstehst du des anderen Sprache, verstehst du dich selbst und den anderen !

Dr. Bachmaier Verlag München **Tel. Fax 089/ 685120**
Bestellen sie dieses Buch bitte über Ihre Buchhandlung oder einfach und schnell über obige Fax-Nr. !
Publikationsinfos bitte anfordern !

Das Interesse verfügt nicht über die Sache, es hängt an ihr. Es ist ein Ergriffensein von ihr her, das ergreifen möchte, wovon es ergriffen ist.

Mit der Lösung eines Falles wird dieser nicht aus der Welt geschafft, im Gegenteil: die Wirklichkeit wird darin, in einem Ausschnitt, als gedachte bewahrt. So gibt es in der Literatur jeden Faches und der Ethik, als der Lehre von der Lebenspraxis, klassische Fälle, an denen man das Denken lernen kann. Es ist indes nicht nur die befreiende, lösende Kraft des Denkens, die in der Fallbearbeitung erfahren werden kann. Fälle können daraufhin interessant sein, daß sie das Denkvermögen fesseln: Fälle pakken einen, lassen nicht los, man wird von ihnen ergriffen. Fälle sind so gesehen immer auch Zeugnisse und Beispiele eines ergriffenen Begreifens. Dieses Ergriffenwerden ist ganz gewiß nicht die große, heroische, das All im ganzen umfassende Leidenschaft Giordano Brunos. Allerdings: die formale Struktur, in der Bruno die große Leidenschaft beschreibt, läßt sich auch in der Fallbearbeitung nachweisen. Der interessante Fall läßt einen nicht gleichgültig; er mobilisiert Emotionen, die uns an die Sache binden. Das Interesse, so hat Herbart es formuliert, verfügt nicht über die Sache, es hängt an ihr. Es ist ein Ergriffensein von ihr her, das ergreifen möchte, wovon es ergriffen ist.

LOGOS: Die Vereinigung von Denken und Sprechen

Die formale Logik thematisiert die inhaltsunabhängigen Wahrheitsbedingungen der Aussage und ist in dem Sinne abstrakt, daß sie die konkrete Erfüllung der Bedingungen im Erkenntnisprozeß ausklammert. Sie setzt den Erkenntnisprozeß immer schon als perfekten, abgeschlossenen voraus und trägt nichts zur Erkenntnisgewinnung bei, in der sich doch die Eigendynamik des Denkens entfaltet. Dies hat immer wieder die Kritik an der Formalen Logik auf den Plan gerufen. Die bekannteste findet sich in der Schülerszene im „Faust":

„Mein teurer Freund ich rat' Euch drum
Zuerst Collegium Logicum!
Da wird der Geist Euch wohl dressiert,
In spanische Stiefeln eingeschnürt,
Daß er bedächtiger so fortan
Hinschleiche die Gedankenbahn.
...
Wer will was Lebendig's erkennen und beschreiben,
Sucht erst den Geist herauszutreiben;
Dann hat er die Teile in seiner Hand,
Fehlt, leider! nur das geistige Band."

Eine philosophisch tiefgründige Kritik findet sich in Hans Lipps' „Untersuchungen zu einer hermeneutischen Logik" (1959). Die klassische formale Logik beruft sich auf Aristoteles. In Wahrheit aber hat sie Aristoteles verschüttet, aus Gründen, die, wie man vermuten möchte, mit der Institutionalisierung des Denkens im Mittelalter zusammenhängen. Lipps hält es jedenfalls für unabdingbar, auf Aristoteles selbst zurückzugehen. Er zitiert Aristoteles in der Übersetzung von Trendelenburg: „Jede Rede dient zur Bezeichnung", merkt aber sogleich an, daß die eigentliche Bedeutung des „Bezeichnens" darin unterschlagen werde. Diese glaubt er auf die Form bringen zu können: „Es bedeutet: jemandem etwas zu erkennen zu geben" (1959, S. 7). Gemessen an dieser Bedeutung des „Bezeichnens" sei die Fixierung des „Logos" auf die Aussage (den logos apophantikos) eine unzulässige Verengung. Von hier aus reklamiert er die Logik als eine Lehre von der Typik des Redens (legein) und macht die einfachen, nichtreduzierbaren „Redeformen" zum eigentlichen Thema einer philosophischen Logik. In diesen als elementar bezeichneten Redeformen wird die Sprache aus dem kommunikativen Alltagsgebrauch herausgelöst und zum Medium, in dem die ausdrückliche Auseinandersetzung mit der Wirklichkeit eingeleitet wird. Die Sprache wird so zum Organ des „zu erkennen gebenden" Denkens gebildet. Als einfache Redeformen untersucht und beschreibt er unter anderem den Fall, das Beispiel, das Exempel, den Sachverhalt usw. In diesen Redeformen finden sich, so Lipps, Denken und Sprechen als Erscheinungen des Logos vereint.

Anmerkungen:

1. Im Mittelalter wurde der „Philosophische Schulstoff", die sieben freien Künste (septem artes liberales), unterteilt in *Quadrivium* und *Trivium*. Das *Trivium* umfaßte Grammatik, Logik und Rhetorik. Weitere Ausführungen hierzu finden sich in dieser Ausgabe im Beitrag: „Die Wiedergeburt der Metaphysik aus dem Geist der Sprache" von Martin Bauer.

Literaturhinweise:

- Château, J.: Le jeu de l'Enfant. Paris 1946
- Flitner, W.: Grund- und Zeitfragen der Erziehung und Bildung. Stuttgart 1954
- Gagné, R. M.: Die Bedingungen des menschlichen Lernens. Hannover 1973
- Humboldt, W. v.: Werke in fünf Bänden, Bd. III. Stuttgart 1963
- Jolles, A.: Einfache Formen. Halle 1930
- Köhler, W.: Intelligenzprüfungen an Anthropoiden, Abhandlung der Preuß. Akad. der Wissenschaften. Berlin 1917
- Lipps, H.: Untersuchungen zu einer hermeneutischen Logik. Frankfurt/M. 1959
- Lipps, H.: Die Verbindlichkeit der Sprache, Arbeiten zur Sprachphilosophie und Logik. Frankfurt/M. 1958
- Rheinberger H. J.: Experiment, Differenz, Schrift. Marburg 1992
- Rogler, G.: Die hermeneutische Logik von Hans Lipps und die Begründbarkeit wissenschaftlicher Erkenntnis, Dissertation. Augsburg 1996
- Scheler, M. : Die Stellung des Menschen im Kosmos. München 1947
- Schulz, W.: Philosophie in der veränderten Welt. Pfullingen 1972

Klaus Giel ist Universitätsprofessor (Erziehungswissenschaften) im Ruhestand. Er ist Mitbegründer und langjähriger Geschäftsführer des Humboldt Studienzentrums für Philosophie und Geisteswissenschaften an der Universität Ulm.

Anzeige

»Kinder, schafft Neues.«

Richard Wagner

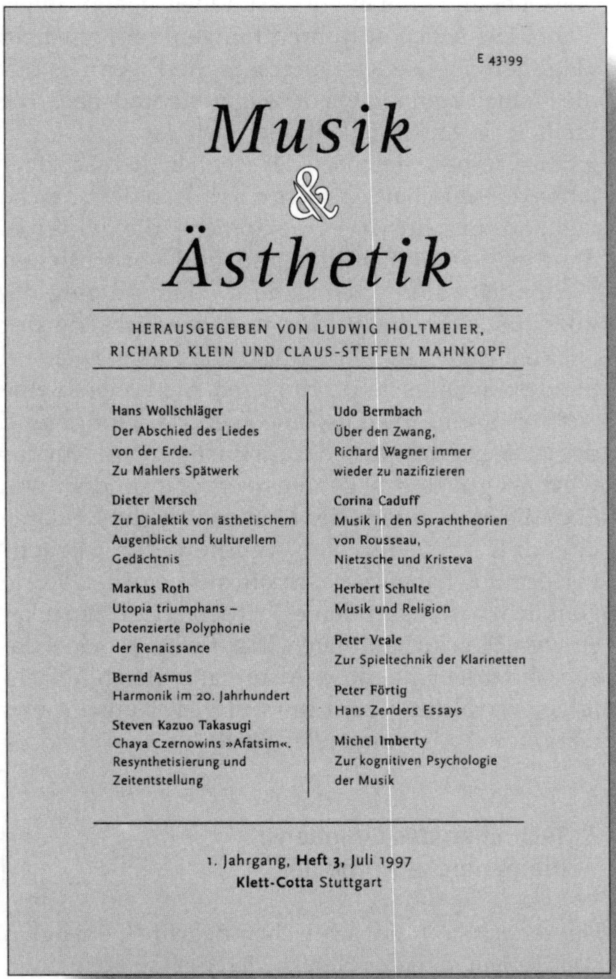

E 43199

Musik & Ästhetik

HERAUSGEGEBEN VON LUDWIG HOLTMEIER, RICHARD KLEIN UND CLAUS-STEFFEN MAHNKOPF

Hans Wollschläger
Der Abschied des Liedes von der Erde. Zu Mahlers Spätwerk

Dieter Mersch
Zur Dialektik von ästhetischem Augenblick und kulturellem Gedächtnis

Markus Roth
Utopia triumphans – Potenzierte Polyphonie der Renaissance

Bernd Asmus
Harmonik im 20. Jahrhundert

Steven Kazuo Takasugi
Chaya Czernowins »Afatsim«. Resynthetisierung und Zeitentstellung

Udo Bermbach
Über den Zwang, Richard Wagner immer wieder zu nazifizieren

Corina Caduff
Musik in den Sprachtheorien von Rousseau, Nietzsche und Kristeva

Herbert Schulte
Musik und Religion

Peter Veale
Zur Spieltechnik der Klarinetten

Peter Förtig
Hans Zenders Essays

Michel Imberty
Zur kognitiven Psychologie der Musik

1. Jahrgang, Heft 3, Juli 1997
Klett-Cotta Stuttgart

Heft 3/97
ISBN 3-608-98577-8 DM 38,–

Mitarbeiter u.a.: Carolyne Abbate (Princeton), Udo Bermbach (Hamburg), Reinhold Brinkmann (Harvard), Brian Ferneyhough (San Diego), Günter Figal (Tübingen), Robert Levin (Harvard), Christiaan L. Hart Nibbrig (Lausanne), Max Paddison (Durham), Martin Seel (Gießen), Günter Seubold (Bonn), Ayako Tatsumura (Sapporo), Nike Wagner (Wien), Albrecht Wellmer (Berlin)

Musik & Ästhetik ist die neue Zeitschrift, die zum Ziel hat, »interdisziplinäre« Brücken zu schlagen zwischen musikalischer Praxis, ästhetischem Denken und einer Philosophie, die nicht im akademischen Betrieb aufgeht.
Musik & Ästhetik unternimmt den längst fälligen Versuch, die Kluft zwischen Musik und allgemeinem Kulturdiskurs zu überwinden: durch philosophische und wissenschaftliche Reflexionen, literarische und analytische Beiträge zur »klassischen« wie zur »neuen« Musik, durch Medienanalysen und kritische Kommentare zur Kultur- und Bildungspolitik.
Musik & Ästhetik ist ein internationales Forum in deutscher Sprache für alle, die an einem neuen Nachdenken und Reden über Musik diesseits und jenseits der Fachbereiche und diesseits und jenseits der Grenze von Kunst und Wissenschaft interessiert sind.

Seite
11

»Vielleicht kommt man auf diese Weise dem musikästhetischen Rätsel unserer Zeit auf die Spur.« *FAZ*

»Eine anspruchsvolle Lektüre, nach der man süchtig auf die nächsten Bände wartet.«
Düsseldorfer Stadtmagazin

»Die Zeitschrift verspricht deutliche Belebung der ansonsten etwas dürren musikintellektuellen Landschaft Deutschlands.«
(Frankfurter Rundschau)

Bitte schicken oder faxen an: **Klett-Cotta** Zeitschriften • Fax 0711/6672-2032 •
Rotebühlstraße 77 • 70178 Stuttgart

JA, ich bestelle

☐ das Doppelheft 1/2 (176 Seiten) zum Einführungspreis von DM 15,–

☐ Heft 3/97 (erscheint im Juli) zu DM 38,–

☐ ein Jahresabo (das Doppelheft 1/2, Heft 3 erscheint im Juli, Heft 4 im Oktober) zu nur DM 75,– (statt DM 120,–) (Subskriptionspreise bis zum 31. 12. 1997; jeweils zuzüglich Versandspesen)

Vorname, Name Unterschrift

Straße

PLZ, Ort

Klett-Cotta

Otto-Peter Obermeier

Homo medioideoticus

oder
Im Seichten kann man doch ertrinken

Was ist mit unserer Sprache los, die von Freiheit spricht und Konsumzwang meint, die Halbierungen und Senkungen ankündigt und „Vermehrungen und Zunahme" verwirklicht, die Himmelfahrtskommandos realisiert und sie in „schwierige und verantwortungsvolle Aufgaben" schönredet? Oder sollten wir korrekter fragen: Was ist mit einer Gesellschaft los, die solch eine Sprache spricht?

1. Die sprachliche Inszenierung von Verwaltung und Kommerz

Wir halbieren nicht nur verbal die Arbeitslosen, als wären sie Schweinebacken, denn diese kommen halbiert auf den Markt, sondern auch die Sprache. Unsere Arbeitslosen werden zwar immer mehr und, Gott sei Dank, nicht physisch halbiert, die Sprache wird immer bunter, dennoch halb ist nicht halb, und bunt ist nicht bunt.

Was ist denn los mit dem „Vater der Wasserstoffbombe", der einesteils „als" Vater Leben repräsentiert, anderenteils als Wasserstoffbombe grauenhafte Massenvernichtung? Die Buchführung wird der politischen Moral unterstellt und aus dem Staatszylinder Geld „geschöpft", daher wohl auch kreative Buchführung. Wir halbieren die Arbeitslosen- (Zahlen!!) und verbinden ohne Skrupel Vater, also Leben, mit Bombe, also Vernichtung. Alles harmlose, sprachliche Verirrungen?

Marcuse ging davon aus, daß die Bilder und die Sprache der „Reklameagenten" ein glückliches, aber auch ein blindes Bewußtsein produzieren.

Was hat es auf sich, wenn dem Militärpfarrer von seinem Kirchenamt empfohlen wird, „Himmelfahrtskommando" in „schwierige und verantwortungsvolle Aufgabe" zu übersetzen? Ist es nicht etwas seltsam, wenn uns – bestplaziert versteht sich – das Adjektiv „frei" im Esoterikoutfit entgegenspringt und für ein Produkt, nämlich für Zigaretten, wirbt, auf dem wir dann lesen können: Der Bundesminister für Gesundheit ist der Meinung, dieses Produkt erzeugt Krebs oder schädigt die Gesundheit? Die Interpretation der Freiheit wird von den Magiern der Bilder und der Worte sofort präzisiert: der rote Damenslip dekorativ plaziert, sie auf ihrem Kerl lasziv sitzend, schlichtweg „frei", und dann diese Spielverderber, Miesepeter, diese gesundheitsaposteln-den Oberlehrer mit ihrem Gesundheitsgefährdungswahn. Die sollen sich ihren Lungenkrebs ans Bein klatschen: Frei sein ist angesagt, und wenn es nur die Freiheit zum Zwang des Zigarettenrauchens, die Freiheit zu Abhängigkeit und Sucht ist.

Es war Herbert Marcuse[1], der schon in den sechziger Jahren Gesellschaftskritik mit Kritik an der Sprache verband. Er kritisierte eine Sprache, die, wie er es nannte, aus den politischen und sprachlichen „Schönheitssalons"[2] entstammt. Marcuse ging davon aus, daß die Bilder und die Sprache der „Reklameagenten"[2] ein glückliches, aber auch ein blindes Bewußtsein produzieren. Sie kreieren eine Art von Konformismus, eine Kultur des Einfügens, des Jasagens, des Nickens und Zustimmens. Nur das wird als gut und begehrenswert empfunden, was über die Maschinerie der Medien und der Reklame „geadelt" wurde. Die Agenten der Sprachverformung haben es geschafft, aus Begriffen Worte zu machen, transzendente, kritische Begriffe zu kastrieren, Sinn zu liquidieren. Was bleibt, ist eine Sprache, die nur Hinnahme, Akzeptanz, Befehl, Nachfolge, Verführung zum unkritischen Konsum von Gütern und Meinungen erzeugt.

2. Techniken des Einlullens: die generöse Kumpelei

Der Angriff auf die „kritischen Begriffe", etwa den der Freiheit, den des Glücks, den der Gerechtigkeit, erfolgt über eine Vielzahl von „Mechanismen". So wird zum Beispiel das als vernünftig etabliert, was faktisch geschieht, das als wahr und richtig deklariert, was alle tun: Vernunft und Faktum, Wahrheit und etablierte Meinung, Essenz und Existenz werden identisch gesetzt. Wenn alle sich in Weltkriegen niedermetzeln, so ist das vernünftig. Wenn alle für die Klasse oder die Nation kämpfen, dann ist das die Wahrheit. Vergessen ist, daß Sterben für die Klasse nichts anderes war als Zugrundegehen für Parteiführer, Niedergemetzeltwerden für das „tausendjährige Reich", nichts anderes als Sterben für politische Verführer und Verbrecher. Liquidiert ist die kritische Dimension, es triumphiert die sprachliche und verhaltensmäßige Zustimmung.

Die Nummer mit der „falschen Vertraulichkeit"[2], die generöse und populistische Kumpelei, ebnet ein, schafft identifikatorische Gefühlswallungen, erzeugt ein kontrolliertes, dressiertes Verhalten, das jegliche Kritik erstickt. „Wie geht es uns denn heute?", diese Frage des behandelnden Arztes suggeriert Rollengleichheit, Anteilnahme, als ob der todkranke Patient gleiche Probleme hätte wie der kerngesunde Fragende. Diese Frage erleichtert die Zustimmung zur ganzen Maschinerie der Krankheitsverwaltung und dämmt kritisches Hinterfragen ein. „Ihr" Abgeordneter klopft Ihnen wohlwollend und vertrauensselig auf die Schulter, während er vorwiegend nicht Ihnen, sondern als Lobbyist „dient". „Ihre" Autobahn bringt Ihnen wenigstens „Ihren Lärm und Ihre Abgase", und Ihre Zeitung vor allem für „Sie" bestimmte Reklame. Wer mit dieser „manipulierenden Kumpelei" Verständnisschwierigkeiten hat, der möge nach einer gewonnenen deutschen Fußballmeisterschaft in „seine" Stadt gehen, wo „sein" Verein gefeiert wird. Betrunken und grölend wanken ihm dann die mit Vereinsklamotten kostümierten „Sieger" entgegen, denn „ihr" Verein hat ja gesiegt. Die Kluft zwischen den identifikatorisch produzierten Siegern und den tatsächlichen könnte nicht größer sein. Erstere haben ihr letztes Geld für Karten und Vereinskostüm hinausgeworfen, letztere die Millionen kassiert. Weder Todkranker noch Arzt, weder Fan noch Fußballprofi und die dahinterstehende Abkassiermaschinerie haben allzuviel gemeinsam. Die manipulierende Kumpelei steuert aber unser Verhalten so, als ob irgendeine Gleichheit bestünde. Läßt sich das Arztbeispiel als harmlose Geste der Kontaktaufnahme abtun, so ist das Randalieren und Sich-für-den-Verein-Prügeln schon alles andere als unbedenklich, und das „Wollt ihr den totalen Krieg?" die Identifikation mit dem Massenmord.

Es wird das als vernünftig etabliert, was faktisch geschieht, das als wahr und richtig deklariert, was alle tun: Vernunft und Faktum, Wahrheit und etablierte Meinung, Essenz und Existenz werden identisch gesetzt.

Carl Schmitt definierte in seiner Schrift „Die geistesgeschichtliche Lage des heutigen Parlamentarismus" Demokratie über „eine Reihe von Identitäten". „Identität von Regierenden und Regierten, Herrscher und Beherrschten ..."[3]. Aus dieser Identifikation folgten dann die Homogenität des Volkes und die Ausscheidung und Vernichtung des Andersartigen, des Fremden, des Heterogenen.[3] Schlagt die Nichtvereinsmitglieder, die gegnerischen Fans, die anderen tot, das Weltgericht fragt euch nach den Gründen nicht. Diese falsche Intimität, diese autoritäre Identifikation von Personen, zum Beispiel der Fußballfans mit fremden Funktionen – zum Beispiel der Geldgier des verwalteten Massensports, des Patienten als Person mit dem verwalteten Kranksein und der sogenannten Heilungsmaschinerie, der Beherrschten mit dem Herrscher – wird durch die Sprache „in wahrhaft schlagenden Konstruktionen" (z. B. „mein Verein") durchgesetzt. Es bleibt keine Luft mehr, es bleibt kein Raum mehr für Differenzierungen, für Kritik, für Distanz, für Reflexion und Weiterentwicklung des Sinns. So ist nach Marcuse auch der Mechanismus der manipulierenden Vertraulichkeit nicht nur ein Vorgang falscher Intimität, sondern auch ein Prozeß falscher und gefährlicher Identifikation. Er ist mehr als nur verbales Schulterklopfen, er erstickt Kritik und steuert unser Verhalten.

3. Die widerspruchslose Widersprüchlichkeit

Zur Logik der sprachlichen Manipulation gesellt sich die widerspruchslose Widersprüchlichkeit. Freiheit und Sucht, Genuß und Siechtum, Gesundheit und Schädigungen sind friedlich in Bild und Wort auf einer Zigaretten- oder Arzneimittelpackung vereint. Die saubere Bombe verspricht harmlosen atomaren Niederschlag, und „naturrein" ist gleichbedeutend mit der Lizenz zum exzessiven „chemischen Würzen". Ein Politiker, dessen Leibesfülle kaum zu übertreffen ist, fordert sein Volk auf, den Gürtel enger zu schnallen, und eine krebsverdächtige Chemikalie ist „mindergiftig". Jener, der die Welle der Sozialisation ohne allzu große Schäden überstanden hat, jener, der dieses kommunikative Universum mit Phantasie überlebte, jenem erscheint solch eine Sprache surrealistisch. Der lange Zeit in den USA beworbene Luxusbunker gegen den atomaren Niederschlag ist genauso widersprüchlich wie das Landschaftsschutzgebiet, das von Straßen, Bauten, Kiesgruben und Abgasen durchzogen ist. Diese Vereinigung von Gegensätzen ist charakteristisch für einen politischen und kommerziellen Stil, der sowohl die Sprache als auch unser Verhalten, der Kommunikation und Handeln gegen jegliche Art von Protest, gegen jegliche Weigerung immunisiert. Indem in Bild und in Sätzen diese Widersprüche provokativ zur Schau gestellt werden, machen sie das Faktische vernünftig und neutralisieren sie die Sprengkraft realer Widersprüche. Wie soll man widersprechen, wenn der Widerspruch zugleich adrett, charmant und tolerant mitgeliefert wird. Die beständige Wiederholung, „Rauchen gefährdet Ihre Gesundheit" verbunden mit Bildern eines freien, unabhängigen Lebensstils, das permanente Wiederkäuen von „Über Risiken und Nebenwirkungen fragen Sie Ihren Arzt oder Apotheker", dieses ständige, formelhafte Wiederholen vernutzt die Warnungen, erhebt Widersprüche zum Lifestyle, zehrt das kritische Potential aus.
Suggestiv-hypnotische Formeln, beständige Wiederholungen, falsche Vertraulichkeit und Identifizierung, geschickt inszenierte Widersprüche, stehlen – so Herbert Marcuse – der Sprache eine ihrer wesentlichen Dimensionen, nämlich die der Kritik, die letztlich unser Handeln leiten könnte. Auch die Technik der Abkürzungen, zum Beispiel MdB für „Mitglied des Bundestages" oder EU für „Europäische Union" etc., schafft eine Art von hirnloser Neutralität, von unmittelbarer Akzeptanz, die das versteckt, was hinter diesen Masken lauert.

4. Der Zauber der Banalität

Ohne Zweifel gibt es – sprachlich wie bildlich – die Magie und Verführung durch Banalität. Wir glauben nicht daran, daß X weißer wäscht als Y, aber wir kaufen X, wir glauben den hohlen Sprüchen unserer Politiker nicht, aber wir wählen sie. Wir wissen, daß an einem Hungerhaken von Model jeder Minirock attraktiv wirkt, aber an einem kleinen, netten „Mollie" lächerlich, und wir unterwerfen uns trotzdem der Diktatur dieser Mode. Es ist sicher nicht anzunehmen, daß der, der morgens zittrig, hustend, nach Rauch stinkend seine Zigarette anwirft, sich besonders „frei" fühlt, wie das der Zauber in Wort und Bild suggeriert. Aber die Magie der banalen Sprüche lenkt unser Handeln, während unsere Vernunft hochnäsig deren Banalität und Dummköpfigkeit registriert. Die List der Verführung durch Banalität ist erfolgreicher als spröde, rational-stilisierte Einsicht. „Die neue Note der magisch-rituellen Sprache besteht vielmehr darin, daß die Menschen nicht daran glauben, oder nichts darauf geben und doch entsprechend handeln."[4] Rationale Einsicht schlägt nicht in Verhalten um. Das Wort und Bild, das unseren Unterleib fasziniert und erobert, ist mächtiger als eine sterile Logik der Vernunft.

5. Menschliches, allzu Menschliches

Spätestens hier wird aber klar, daß Herbert Marcuses Beschreibung des Marsches in die Eindimensionalität, in eine auf Ökonomie reduzierte „konsumtive Kultur", vielleicht nichts anderes skizziert als allgemein menschliche „Mechanismen" und „Schwächen". Daß die Logik des Unterleibs anders funktioniert als die Logik der gestelzten Vernunft, daß der Jahrmarkt der Eitelkeiten und Kleinkarierten anderen Gesetzen gehorcht als dem kategorischen Imperativ, ist selbst bis zu Schulphilosophen vorgedrungen. Im Wald von Gartenzwergen, gedüngt mit der Würze des demonstrativen Konsums und parfümiert mit dem dumpfen Geruch der Macht, finden wir kein Biotop, auch kein „Ratiotop", sondern allenfalls das Faszinosum schonungsloser „menschlicher" Banalität. Wiederum wird sichtbar, daß es wesentlich vom Menschenbild abhängt, wie wir unsere Gesellschafts- und Kulturkritik plazieren und Gesellschaft bzw. Staat konstruieren.

Daß die Logik des Unterleibs anders funktioniert als die Logik der gestelzten Vernunft, daß der Jahrmarkt der Eitelkeiten und Kleinkarierten anderen Gesetzen gehorcht als dem kategorischen Imperativ, ist selbst bis zu Schulphilosophen vorgedrungen.

Marcuses Grundannahme, „daß das menschliche Leben lebenswert ist oder ... gemacht werden kann oder sollte"[4] und „daß in einer gegebenen Gesellschaft spezifische Möglichkeiten zur Verbesserung des menschlichen Lebens bestehen sowie spezifische Mittel und Wege, diese Möglichkeiten zu verwirklichen"[4], besitzt zwar eine hohe Plausibilität und Faszinationskraft. Es setzt jedoch die Bildungs- und fundamentale Änderungsfähigkeit des Menschen voraus. Wie aber ist es, wenn der Mensch, gezeichnet durch den Makel der Erbsünde, stigmatisiert durch seine Korruptibilität, seine prinzipielle Verderbtheit, hier und jetzt, also im Diesseits, nicht „besserungs- und erlösungsfähig" ist? Was aber, wenn menschliche Geschichte nur die Wiederholung unendlicher Variationen von Mord, Totschlag, Krieg, Elend, Machtgier ist und alle Formen der Herrschaft nur die immer wieder zum Scheitern verurteilten Versuche, diese üblen Grundzüge des Menschen zu bändigen?

Es geht hier nicht, wie Ideologen weismachen wollen, um „links" oder „rechts", sondern um ein Bild von uns selbst. Der „neue Anthropos", der neue Mensch, der seine psychologische Tiefenstruktur revolutioniert hat, der Mensch, der nicht mehr von den „falschen, repressiven Bedürfnissen"[4] manipulierte und gebeutelte Mensch, der nicht mehr Spielball von Reklameagenten jeglicher Art ist, setzt den Glauben an diesen besseren Menschen voraus. Daß dieser Glaube ein Teil unserer abendländischen Kultur ist, daß er sich in unseren philosophischen Begriffen widerspiegelt, ist unzweifelhaft.

Dieser Glaube an den besseren Menschen ist die Quelle von Hoffnungen, Phantasien, Utopien und Kritik an gegenwärtigen Zuständen. Ob dieser Glaube korrekt ist, ist wohl kaum jemals entscheidbar. Daß der Verlust dieses Glaubens unser aller Leben zum Teil noch erbärmlicher werden läßt, als dies eine Bilanz unserer Geschichte wohl eh schon zeigt, ist ebenfalls schwer zu bezweifeln. Immer trugen Begriffe wie z. B. Gerechtigkeit mehr in sich als das Jasagen und Gutheißen des Status quo bzw. der gegenwärtigen Verhältnisse.

6. Das Elend der Justiz und die Justiz als Elend

Es war vor nicht allzulanger Zeit gerecht, behinderte Kinder über „Aufträge oder Ermächtigungen für Todesbeschleunigungen", im Klartext, Aufträge zur Ermordung von Patienten", qualvoll zu beseitigen. Und es scheint nach wie vor gerecht, daß jener Arzt[5] bis vor kurzem in der existierenden Justiz als gefragter Gutachter tätig war.

Begriffe, auch der der Gerechtigkeit, sind mehr als nur hypnotische Formeln zur Bestätigung des jeweils herrschenden Machtgefüges und zur Ruhigstellung jeglicher Art von Kritik und hoffnungsvoller Perspektiven. Daß die Gehirne behinderter Kinder, also vom Staat umgebrachter Kinder, fein säuberlich sortiert noch in der psychiatrischen Klinik in Wien lagern und dem wissenschaftlichen Fortschritt dienen, zeigt überdies die schonungslose Funktionalisierung des Begriffs „Mensch". Ermordet, vernutzt, funktionalisiert, gelagert, angeblich dem wissenschaftlichen Fortschritt dienend – das alles unter dem Hut einer diesem Treiben wohlwollend gegenüberstehenden, gnädigen Justiz. Wer bis dahin noch nicht wußte, warum die Justitia beide Augen verbunden hat, der weiß es wenigstens jetzt.

Konsequenterweise steht bei Herbert Marcuse die sogenannte Operationalisierung und Funktionalisierung von Begriffen im Zentrum seiner Sprachkritik. Ein Begriff zeigt die Kluft auf zwischen Wirklichkeit und dem, wie sie sein könnte, zwischen dem, was durchaus möglich, und dem, was rein funktional ist. Natürlich kann ein Terrorsystem Recht festlegen, fixieren und sprechen „lassen". Recht ist das, was die Nazijustiz als Recht fixierte, was eine Diktatur festlegt. Die dahinterstehenden „Operationen", von der Rechtsetzung bis zur Rechtsprechung, von der Lehre bis zum Vollzug, sie alle spiegeln „Gerechtigkeit" wider. In diesem Sinne waren sich ausnahmsweise Karl Marx und Carl Schmitt[6] einig: Das herrschende Recht war noch immer das Recht der Herrschenden. Aber es gibt ja auch in unserem Kulturkreis schon ziemlich lange eine iusticia divina, eine göttliche Gerechtigkeit, ein Naturrecht, ein Vernunftrecht. All diese Rechtsformen zeigen Dimensionen auf, die der operationalistische Reduktionismus vernichtet. Dieses „überpositive" Recht, diese Dimension der Gerechtigkeit, die häufig dem Recht der Herrschenden entgegensteht und häufig Gerechtigkeit einklagt, diese Dimension „wohnt" auch im Begriff der Gerechtigkeit.

Das transzendente, das über die gegenwärtig etablierte Bedeutung hinausgehende Moment des Begriffs, die negative, oppositionelle, hoffende Kraft, die dem verluderten positiven Recht etwa in Form der göttlichen Gerechtigkeit entgegensteht, diese Spannung zwischen dem, was ist, und dem, was noch werden könnte, stellt sich der operationellen Vernutzung des Begriffs entgegen. Die Möglichkeiten, die ein Begriff in sich trägt, sind geschichtliche Möglichkeiten, die zur Realität drängen. Diese Potentialität geht in der eindimensionalen Sprache unter. Ein Universum der Sprache, worin – wie es etwa bei der Nazijustiz der Fall war – Gerechtigkeit mit ihrem Gegenteil identisch ist, unterdrückt und verdrängt die hoffnungsvollen Möglichkeiten von „gerecht". Eine Sprache, die „gerecht" mit dem gleichsetzt, „was gerade an Recht" praktiziert wird, beseitigt die Hoffnung auf eine bessere Zukunft, liquidiert die Geschichte des Begriffs und vernichtet die Erinnerung. Auch Erinnerung durchbricht die Macht der gegebenen, der gültigen Tatsachen. Auch Erinnerung zeigt die Schrecken und Hoffnungen, die an einem Begriff haften, das Eingelöste und das noch Einzulösende. Operationale Rationalität erzeugt eine antihistorische Sprache und liquidiert die Gegenwärtigkeit unserer Vergangenheit.

7. Das dunkle Lächeln der funktionalen Kommunikation

Diese operationale Verstümmelung wichtiger, ehemals kritischer Begriffe geht einher mit der Identifizierung des Begriffs mit seiner Funktion. Die Wiese, ihre faszinierende Buntheit mit Käfern, Schmetterlingen und erotischem Geruch, mit flimmerndem Leben in der Luft, wird zum sterilen Rasen, durch Chemikalien veredelt, mit Rasenmähern geschoren, von Benzindampf umwölkt. Die Alten, sprich Bewohner des Altenheims, werden „gewindelt und katheterisiert", das Altsein auf die Funktionen der Entsorgung physischer Exkremente reduziert.

Die funktionalisierte Sprache erreicht nicht selten in Form des verbeamteten Jargons den höchsten Grad an Widerlichkeit und ein ekelerregendes Ausmaß. „Im Zuge der Endlösung der europäischen Judenfrage kommen rund elf Millionen Juden in Betracht ...", bringen die Beamten auf Lebenszeit zu Papier. Im Ghetto Lodz werden von biederen Beamten im Februar 1942 7025 Juden „evakuiert und dem Sonderkommando zugeführt", im März 24 695, im April 2353, im Mai 10 914 Menschen und so weiter und so fort.[7] Die im Ghetto tätigen Beamten der Kriminalpolizei beziehen für diese staatstragende Arbeit eine „Gefahrenzulage". Hinter der penibeln Gründlichkeit solcher Schriftstücke verbirgt sich nicht nur der Beamte, der selbstredend schuldlos seine Pflicht getan hat, sondern die Reduktion des Menschen auf die Funktion des Vernutzens. Makaber auch die Umkehr der Bedeutung: Die Massenmörder erhalten Gefahrenzulage, die Gefährdeten werden „endgelöst". Die Funktionalisierung der Sprache hat sich in funktionalistischen, menschenverachtenden Zynismus verwandelt. Spätestens hier wird deutlich,

Eine Sprache, die „gerecht" mit dem gleichsetzt, „was gerade an Recht" praktiziert wird, beseitigt die Hoffnung auf eine bessere Zukunft, liquidiert die Geschichte des Begriffs und vernichtet die Erinnerung.

daß die systematische Funktionalisierung der Sprache nicht nur Dimensionen der Menschlichkeit ausradiert und Identifikation der Sprechenden mit seiner Funktionserfüllung erzeugt, sondern häufig auch ein Weg in den Strudel der Vernutzung von Mensch und Natur ist.

Die Natur wird zum Steinbruch für den Menschen, der dem „Sonderkommando Zugeführte" ein Rohstofflieferant für Schuhe, Textilien, Zahngold und Frauenhaare. Das alles fein säuberlich dokumentiert und garniert mit dem tödlichen und makabren Charme der Amtssprache.

8. Der Begriff ist mehr als die Summe seiner Operationen und Funktionen

Operationalisierung unserer Begriffe heißt, unseren Begriffen das „Mehr" an Bedeutung und Sinn, an Menschlichkeit zu rauben, den Begriffen eine Dimension zu entreißen, die für Widerspruch, Kritik, Opposition, für Erinnerung und Hoffnung, Geschichte und Änderung, Kampf gegen Unmenschlichkeit und Einlösung großer Worte unserer Kultur steht. Reduktion von Begriffen auf eine ihrer Funktionen – so harmlos sie auch klingt – geht immer einher mit einem gewaltigen Sinn- und Bedeutungsverlust. Vom Raucher über den Süchtigen, vom Schülermaterial bis zu den Transplantierten, vom Ungläubigen bis zum Andersgearteten, vom Fleisch-Knochen-Nutzungsverhältnis beim Schlachtvieh bis zur Legeleistung von Batteriehühnern, all diese nützlichen Wörter sind umgeben vom makabren Charme der Vernutzung und der systematischen Mißachtung des Eigenwerts eines Lebewesens. Es mag schon sein, daß Systeme nicht aus Menschen, sondern aus Funktionen bestehen. Vor allem dann, wenn man solcher Art von Theorien zur Praxis verhilft. Die aus solch modernistischen Sprüchen resultierenden Konsequenzen wurden aber von den flotten Anhängern solcher Theorien fein säuberlich verschwiegen.

Folgendes Beispiel demonstriert die vielfältigen Aspekte und Folgelasten der Operationalisierung und Funktionalisierung des Risikobegriffs, aber auch das Phänomen, daß sich wegoperationalisierte und wegfunktionalisierte Dimensionen wiedermelden. Sie tauchen als sozialer Sprengstoff, als Legitimationskrisen, als Angriff auf ein ganzes System, als In-Zweifel-Stellen unserer Art des Fortschritts und Lifestyles wieder auf. Der Marsch in die Eindimensionalität wird daher häufig weniger durch Einsicht als durch Folgelasten gestoppt.

Lange bevor die Gemeinschaft der Soziologen den Begriff des Risikos entdeckt, verformt und mitunter auch verstümmelt hat, war dieser schon operationalisiert. Seine steile Karriere meldete sich spätestens zu dem Zeitpunkt an, als er phantasielos, phantasievoll mit einem Ganzheitsaspekt, nämlich dem der Gesellschaft, verknüpft wurde. Der unaufhaltsame Aufstieg des Begriffs „Kapital" wurde begleitet vom Slogan der „kapitalistischen Gesellschaft". Die Karriere des Begriffs der „Information" wurde besiegelt mit der populären Wortschöpfung „Informationsgesellschaft". Der publizistische Erfolg des Risikobegriffs war gesichert durch den Begriff der „Risikogesellschaft". Risiko hatte aber schon längst sein operationalistisches Korsett, nämlich Eintrittswahrscheinlichkeit (p) mal Schadenausmaß (S). Diese Risikoformel, $R = p \times S$, formal aufgemotzt und ausdifferenziert, liegt auch hochkomplexen Risikostudien zugrunde. Der Begriff Risiko ist festgelegt, wenn die Operationen festgelegt sind, wodurch Risiko gemessen wird, sprich p und S, wie komplex diese Operationen in sich auch sein mögen. Das Ergebnis dieser Operationen, eine Zahl, ist per definitionem das objektive Risiko, etwa das eines Atomkraftwerks.

Operationalisierung und Funktionalisierung von Begriffen gehen unweigerlich einher mit der Austreibung der Geschichte eines Begriffs und mit der Vernichtung seiner Potentialitäten, also des geschichtlich noch nicht Eingelösten.

Aber nichts zeigt besser als die Diskussion um und die Auseinandersetzung mit der Atomkraft die Grenzen und die positiven Aspekte der Operationalisierung von Begriffen. Es war bald klar, daß die Kriterien zur Beurteilung eines gegebenen Zustands, sprich der Risiken eines Atomkraftwerkes, vom gegebenen Zustand, sprich den Atomkraftwerksbauern, selbst stammen. Ihre Analyse ist daher eine abgeriegelte und zirkuläre. Daß solche Art von Objektivität zugleich als Legitimationsformel, als Rechtfertigungsgrund für eine Technologie eingesetzt wird, zeigt die manipulative, konformistische und sinnverkürzende Magie und Faszinationskraft eines so rational daherkommenden Begriffes.

Entgegen Marcuses Prognose des Marsches in die Eindimensionalität setzte sich bei einigen – allerdings nur einigen, seltenen Exemplaren der Hüter der Rationalität und Objektivität – die bittere Einsicht durch: „A single number is not a big enough concept to communicate the idea of risk." Eine als Ergebnis vieler Operationen ermittelte Zahl ist tatsächlich ein zu schwachbrüstiges Konzept, als daß es den Begriff Risiko kommunizieren könnte.

9. Potenz und Impotenz operationaler und funktionaler Sprachen

Was hat nun diese Operationalisierung geleistet? Sie hat versucht, die Trumpfkarte wissenschaftlicher Rationalität auszuspielen und die Faszinationskraft des Expertentums indirekt und autoritär durchzusetzen, den Konformismusdruck zur Expertenmeinung gestärkt. Sie hat aber auch für Techniker wichtige Anhaltspunkte geliefert zum Bau einer möglichst sicheren Anlage. Sie hat die Reichweite und Bedeutung des Begriffs Risiko drastisch verkürzt, seine Geschichte unterdrückt, seine Vergangenheit ausgeblendet. Sie fordert uns auf, unser Tun und Verhalten dieser Art und dieser Auffassung von Risiko zu unterstellen, und letztlich blendet sie andere Möglichkeiten, Alternativen zu zentralistischen Großtechnologien, aus.

Eine rationale Risikostudie sollte schließlich auch beruhigen, Ängste therapieren, Zustimmung produzieren. Selbst unter opportunistischen und instrumentalistischen Aspekten war diese operationalistische Verkürzung des Risikobegriffs vielfach unfruchtbar. Sie beseitigte die uralte Einsicht, daß alles Seiende und speziell wir Menschen einer „insecuritas humana", einer existentiellen Ungewißheit und Ungesichertheit ausgesetzt sind. Sie übertünchte die unangenehme, aber evidente Erkenntnis, daß „plena securitas in hac vita non expectanda" ist, daß volle Sicherheit im Diesseits nie erwartet werden kann. Sie beseitigte damit die religiöse und metaphysische Dimension des Risikobegriffs, also seine Geschichte. Die Operationalisierung von Begriffen ist antihistorisch.

Der charismatische Zauber zur Annahme der sogenannten objektiven Expertenmeinung wurde jedoch bald gebrochen durch den Gegenzauber der Gegenexperten, der Hoffnung auf manipulierte Zustimmung wurde die Hoffnung auf manipulierte Opposition entgegengestellt. Neue Dimensionen des Risikobegriffs und der Objektivität wurden entdeckt.

Der Kampf der Experten, der Gegenexperten, der Pseudoexperten, der Kampf von Gutachtern, Schlechtachtern und Mißachtern führte zu einer Legitimationskrise des Expertenwesens. Die empirische Psychologie entdeckte die Dimension des subjektiven Risikos. Wirklich ist im Subjekt das, was in ihm wirkt, und nicht unbedingt das, was Experten meinen. Entdeckt wurde überdies, daß die Logik des Laien durchaus nicht irrationalistisch und subjektivistisch ist, sondern einer rationalen Logik der Nahsphäre folgt.

Überraschend mußte eingestanden werden, daß die Legitimierbarkeit, sprich die Rechtfertigung von riskanten Großtechnologien schwieriger ist als ihre Finanzierbarkeit, daß „Objektivität" erst einmal kommuniziert werden muß und mitunter schwer kommunizierbar ist. Risiko ist ein soziales Kon-

strukt, hieß dann plötzlich die Zauberformel, Risiko wird über soziale Prozesse konstituiert, also hergestellt. Auch dieser Gipfel an Einsicht ist für sich allein gesehen genauso einseitig wie die Risikoformel selbst.
Dieses Beispiel zeigt eins überdeutlich: Operationalisierung und Funktionalisierung von Begriffen gehen unweigerlich einher mit der Austreibung der Geschichte eines Begriffs und mit der Vernichtung seiner Potentialitäten, also des geschichtlich noch nicht Eingelösten. Sie besitzen antihistorische, antitranszendierende Kraft. Sie drängen überdies unser Handeln in Richtung ihrer Art von Objektivität, manipulieren, konditionieren und dressieren weitestgehend unser Verhalten. Sie immunisieren häufig gekonnt gegen Widersprüche, therapieren, also heilen, die mitunter so notwendige Kritik und Opposition. Operationale Rationalität beansprucht wissenschaftliche Objektivität und Wahrheit und verführt zugleich mit diesem Anspruch.
Was bleibt, ist die brutale Eigenlogik von Systemen, die ihre jeweiligen Sprachregelungen durchzusetzen versuchen. Das wissenschaftlich-technische System setzt auf Operationalisierung, das Wirtschaftssystem auf Funktionalisierung, und da beide dominieren, dominiert auch deren Logik, sprich Sprache und Auffassung von Begriffen. Der makabre Charme der Amtssprache setzt auf Verwaltung des Menschen, häufig gepaart mit ideologischen Ansprüchen wie Klasse, Rasse, Nation oder Bündnissen von Nationen. Die ungezügelte Mixtur dieser Logiken, das Beseitigen der Dimensionen wie Erinnerung, Schuld, Hoffnung, anderer noch nicht eingelöster Wirklichkeiten und Möglichkeiten, die ehemals unsere kritischen Begriffe in sich trugen, das alles erzeugt tatsächlich eine höllische Mischung. Ohne Geschichte und ohne Transzendenz, ohne Erinnerung und ohne Schuld, ohne religiöse und metaphysische Dimension wird der Begriff Mensch degradiert zu einem auszuplündernden, vernutzbaren, biologischen Warenlager.

○

10. Der aufgeblasene Egoismus des Systemlogos

Jedes System besitzt seine fachspezifische Sprache, das Wissenschaftssystem genauso wie die Bürokratie. Die in einem System benutzten Begriffe werden systemkonform gestaltet und konstruiert. Aus dem Begriff „Kraft", der ehemals mit dem Gefühl physischer Anstrengung und mit der damit verbundenen inneren Einstellung, nämlich dem Begriff der Willenskraft, verknüpft war, wird im operational ausgerichteten System, sprich Beziehungsgeflecht der klassischen Physik, Kraft = Masse x Beschleunigung, also K = m x b. Der „Begriff" Kraft wird zur „Formel" Kraft. Er übernimmt jetzt auch die ideologischen Ansprüche seines Systems, also die der Wissenschaft. Er reklamiert für sich wissenschaftliche Wahrheit und Objektivität, intersubjektive Kommunizierbarkeit und Rationalität. Er umgibt sich mit Forderungen und Glaubensgrundsätzen seines Systems, nämlich Träger des Fortschritts der Menschheit zu sein, und er negiert Ansprüche konkurrierender Systeme, anderer Welten und Dimensionen. Aus operational-formalen Anforderungen werden

Anzeige

Shows · Animation · Workshops

Erwachsenen-programm:

Mittelalterliche Gauklershow für Burg-/Festessen/Ritterspiele mit Zauberei und Jonglage zwischen den Gängen

Mittelalterliche Gauklershow für Straßenfeste

Festliches Gala-Programm, Jonglage und Zauberei

Animation:

nostalgischer Zuckerbäcker mit Jonglage, Magie und Zuckerwerk.

Kinder-programm:

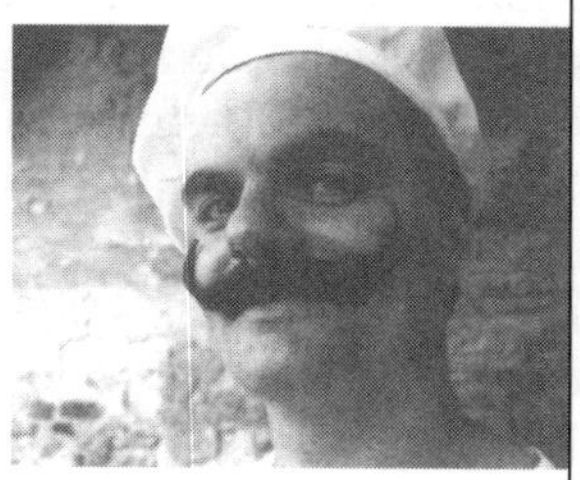

Das Gauklerei

Zauberland

Name:

Straße:

PLZ/Ort: Tel:

Ich interessiere mich für:

☐ Erwachsenenprogramm

☐ Animation

☐ Kinderprogramm

Michael Kolb

In der Vorstadt 19
89174 Altheim/Alb
Tel.: 07340/919038
Fax: 07340/919037

latente, soziale Machtansprüche. Der, welcher den Begriff Kraft in den Kontext von Entelechie, vis vitalis, Appetition, also dem Seienden innewohnender Kräfte stellt, gehört dann ins Lager der Irrationalisten, der Metaphysiker. Er ist plötzlich ein Dinosaurier im Lichte rationaler Systemlogik. Und wiederum entstammen die Kriterien zur Beurteilung dessen, was rational ist, von jenem System, das Rationalität beansprucht. Genauso wie die Kriterien für Gerechtigkeit, für Freiheit u. s. w. jenen Machtsystemen entstammen, die Gerechtigkeit und Freiheit für sich reklamieren. Deshalb war es gerecht, Juden zu ermorden oder Bauern – im Stalinismus – massenweise auszuradieren. „Frei" waren Diktaturen in ihrem Eigenverständnis allemal und gerecht sowieso. Diese inzestuöse, zirkuläre und analytische Eigenlogik, dieses dauernde Selbstapplaudieren, diese Egologie, ist die Quelle aller Systemblindheit, Systemegoismen, Systemzwänge und Systembrutalitäten. Inzest kann durchaus leistungssteigernd wirken, wie jeder Tierzüchter weiß, er führt aber auch häufig in den Abgrund.

Nehmen wir die stolze, amtliche Aussage der Bürokratie aus einem geheimen Besprechungsprotokoll: x-tausend Juden „evakuiert und dem Sonderkommando zugeführt"[7]. Diese Aussage entstammt nun

Sprache ist ein exzellenter Indikator für die Vieldimensionalität alles Seienden, für Sinn und Verstehen.

dem System der Massenvernichtung, einer Logik der makabren Buchführung und Gründlichkeit, zeugt von einer Verstümmelung und Pervertierung der Begriffe Pflichterfüllung, Recht und Gerechtigkeit. Die ideologischen Ansprüche dieses Systems sind leidvoll bekannt. Aus einer funktional-konditionalen Umformung des Begriffs Massenmord in „Sonderkommando zugeführt" wird manifest das Recht zum Morden abgeleitet. Funktional ist dieser Anspruch deshalb, weil der Mensch nur mehr die Funktion eines Materiallieferanten erfüllt – die KZs waren bekanntlich Wirtschaftsbetriebe –, konditional ist dieser Anspruch, da die Amtslogik dem Zwang einer Konditionalaussage unterliegt: „Wenn Jude, dann evakuiert und endgelöst." Auch diese düstere Logik hat ihre Schlüsselbegriffe systemkonform umkonstruiert.

Wollen wir nun diese allen Systemen innewohnende Intoleranz, ihre Systemblindheit und -zwänge durchbrechen, so bleibt nur mehr die Möglichkeit, ihre Beziehungsgeflechte und Logiken zu durchbrechen. Dem systemspezifischen Gebrauch von Begriffen ist die Idee der Rekontextualisierung entgegenzusetzen, der einzigen Dimension einer je spezifischen Systemlogik und Sprache die Vieldimensionalität anderer Welten entgegenzuhalten.

Sicherlich ist die mechanistische Logik, die hinter der „Formel Kraft" steckt, in mancher Hinsicht bewunderungswürdig, aber die ganze Welt auf ein rein mechanistisches System zu reduzieren, wie das selbstredend versucht wurde, ist armselig. Und sicherlich ist die makabre, funktional-konditionale Logik der Massenvernichtung widerlich, die ganze Welt mit dieser Logik zu beglücken, endete in einer Katastrophe. Rekontextualisierung heißt also, Systemblindheit und -zwänge zu durchbrechen, deren Ansprüche zu beschneiden, ihren Totalitarismus und ihre Monopolisierungstendenzen zu durchbrechen. Nichts anderes ist und war die Aufgabe kritischer Begriffe.

11. „Rettet die Begriffe"

Sprache ist sicher nicht das Haus des Seins, dazu greift auch der gesprochene und geschriebene Logos viel zu kurz. Sprache ist aber ein exzellenter Indikator für die Vieldimensionalität alles Seienden, für Sinn und Verstehen. In diesem „Sinne" zeigt eine Vernichtung und Vernutzung unserer Begriffe eine Vernichtung und Vernutzung von Seiendem, von Mensch und Natur, an. So verstanden ist die Aufforderung: „Rettet unsere Begriffe" nicht nur ein Aufruf zur Vieldimensionalität. Es ist auch ein Aufruf, Sinn und Verstehen zu bewahren oder wiederzuentdecken, ein Appell, uns selbst und der Natur mit Sinn und Verständnis wiederzubegegnen. Es ist ein Aufruf zur Reflexion, zum Hinterdenken der inszenierten Kommunikation. Die Aufforderung „Rettet unsere Begriffe" ist eine Kampfansage an den Homo medioideoticus, der schon lauernd in den Startlöchern kauert. Durch die Magie der Bilder inszeniert, durch eine kommerzialisierte und funktionalisierte Sprache produziert, schickt sich dieses Prachtexemplar von Mensch an, den Begriff Mensch von allen Humanismen zu säubern und der Liquidation zuzuführen. Denn, wie lautet das „heilige" Gebot des Kommerzes, der Medien und der Großbürokratie: „Im Seichten kann man nicht ertrinken, und in der verwalteten Sprache kann man Menschsein vergessen."

Anmerkungen:

1. Herbert Marcuse: Der eindimensionale Mensch. Neuwied, Berlin 1970, vgl. vor allem: S. 34 f., 87, 103–138, 215–231
2. a. a. O., S. 105/a. a. O., S. 104 / a. a. O., S. 110
3. Carl Schmitt: Die geistesgeschichtliche Lage des heutigen Parlamentarismus. Berlin 1969, S. 34, 35/a. a. O., S. 14
4. Herbert Marcuse: Der eindimensionale Mensch. a. a. O., S. 122/ a. a. O., S. 12/a. a. O., S. 13/a. a. O., S. 24 ff.
5 Ich beziehe mich auf den Fall des Wiener Arztes Heinrich Gross. Vgl. hierzu: Neue Zürcher Zeitung, 24.07.1997, Nr. 169, S. 3
6. „... daß die Souveränität des Rechts nur die Souveränität der Menschen bedeutet, welche die Rechtsnormen setzen und handhaben, daß die Herrschaft einer ‚höheren Ordnung'eine leere Phrase ist ...", vgl. Carl Schmitt, Der Begriff des Politischen, Hamburg 1933, S. 48
7. vgl. Johannes Ludwig, Boykott, Enteignung, Mord. Die „Entjudung der deutschen Wirtschaft". München, Zürich 1992, S. 341 / a. a. O., S. 314 / a. a. O., S. 104

Prof. Dr. Dr. Otto-Peter Obermeier studierte Tiermedizin, Philosophie und Politologie. Er ist Mitglied der Geschäftsleitung der Gerling Akademie.

Johann Kreuzer

„Es gibt allerdings Unaussprechliches“

Denken und Schweigen

„Es gibt allerdings Unaussprechliches“ heißt es gegen Ende von L. Wittgensteins „Logisch-Philosophischer Abhandlung“, die mit dem bekannten Satz endet: „Wovon man nicht sprechen kann, darüber muß man schweigen.“[1] Das klingt, als bildeten Schweigen und Sprache einen Gegensatz: als stünde auf der einen Seite (der der Sprache) das Sagbare und auf der anderen Seite ein Unsagbares oder Unaussprechliches, dem das Schweigen gälte.

Das Verhältnis von Sprache und Schweigen auf diese Weise als bloßen Gegensatz zu denken, wäre allerdings naiv. Mit der Rede vom Schweigen würde ein Unsagbares jenseits der Sprache bedeutet: eine bloß nicht sagbare *Sprache des Schweigens*. Es ist offenkundig, daß das ein einfacher logischer Selbstwiderspruch ist. Das Schweigen würde wie eine Form der Sprache gedacht. Mit dem Schweigen wird aber weder ein defizienter Modus der Rede gemeint, noch richtet es sich auf eine andere Art der Sprache oder etwas Sprachtranszendentes (jenseits der Sprache Liegendes). Nicht darum geht es, die Differenz zwischen Sprache und Schweigen zu verwischen, es gilt vielmehr, sie präzise zu fassen. Naturgemäß besteht der Unterschied, daß Sprache verlautet und Schweigen Stille meint und ohne Laut ist. Aber dieses Schweigen gibt es nur innerhalb der Sprache. Es ist ihre innere Bestimmung. Von dieser inneren Bestimmung spricht der Satz: „Es gibt allerdings Unaussprechliches.“ Wittgenstein ergänzt: „Dies *zeigt* sich.“ Was zeigt sich? Das Schweigen in der Sprache. Sie stellt sich als Fassung und Brechung des Schweigens dar. Diese Dialektik von Sprache und Schweigen soll im folgenden durch einen kleinen begriffsgeschichtlichen Rückblick, der bei Platon beginnt und über Augustinus, Meister Eckhart und Kierkegaard zu Wittgenstein zurückführt, erläutert werden.[2]

1. Platon

Im „Phaidros“, dessen Thema der Zusammenhang von Seele und Erinnerung ist, erklärt Platon die Redekunst als eine Kunst (*téchne*) der Seelenleitung durch Worte (Phdr. 261a). Was nun die Worte beziehungsweise Reden zu dieser Kunst der Seelenleitung (*psychagogía*) befähigt, hat kein eigenes Wort und hat nicht die Bedeutung eines Wortes. Es ist in dem Sinn unsagbar, daß es ohne Wort bleibt. Es läßt sich nicht auswendig lernen oder wie eine Informationseinheit abspeichern und weitergeben. Das ist der Hintergrund der Kritik an der Schrift am Ende des „Phaidros“, die Platon mit dem Mythos von Theuth erzählt. Erfunden seien die Buchstaben als ein Hilfsmittel der Erinnerung und Weisheit. Dieses Hilfsmittel wie jede Art der Software, die Sprache zur kopierbaren Informationseinheit macht, sei ein zweideutiges Hilfsmittel, ein *pharmakon*, wie Platon mit einem Wortspiel sagt: Heilmittel und Gift zugleich. Es gibt hilfreiche und nützliche Techniken der Gedächtnisstützung. Das Vertrauen aber darauf, daß dadurch die Arbeit der Erinnerung, durch die jede Rede erst sinnvoll wird, ersetzt werden könnte, läßt die Techniken des Informationseinheitentransfers zum Gift für Sprache und Erinnerung werden. Die Zeichen der Sprache transportieren keine feststehenden und speicherbaren Bedeutungen. Ihr Sinn ist es, daß sie zu Erinnerungsarbeit anregen. Sprache schließt diese Erinnerungsarbeit, die sich als Schatten des Schweigens im Verstehen der Wörter zeigt, ein. Die Rede, die zur Kunst der Seelenleitung befähigt, beruht deshalb darauf, „zu reden und zu schweigen zu wissen“ (Phdr. 276a). Die Pointe dieser Bestimmung lebender und beseelter Rede wäre verfehlt, würde man sie so verstehen, daß mit dem „und“ von einer zeitlichen Ab- oder Aufeinanderfolge von Reden und Schweigen die Rede wäre. Die dialektische Kunst (*dialektiké téchne*), von der Platon Sokrates sprechen läßt, besteht vielmehr aus dem Können zu reden *und* zu schweigen, das heißt in der Gleichzeitigkeit von Reden und Schweigen. Deshalb ist der Ort des Dialogs „Phaidros“ die Stille (*hesychía*) und Schweigen der Schatten der Worte im Mittag der Rede. Das Verstehen der Wörter beruht auf und zeigt sich in der Zusammengehörigkeit von Sprache und Schweigen. Der „Fluß der Rede“ schließt schweigendes Hören ein. In diesem Sinn kann man sagen, daß Sprache im Schweigen gründet.

Die dialektische Kunst besteht in der Gleichzeitigkeit von Reden und Schweigen.

2. Augustinus

Wenn „im Anfang das Wort war“, dann radikalisiert sich die Dialektik des Schweigens. Das ist der Grund, aus dem heraus auch und gerade Augustinus auf der Zusammengehörigkeit von Sprache und Schweigen insistiert. In der Sprache sind wir immer zugleich Hörende der Wörter, die wir sprechen. Das schließt Schweigen ein. Dieses hörende Schweigen ist nur in der Sprache möglich. Damit setzt man sich über die Differenz zwischen Sprache und Schweigen keineswegs hinweg. Augustinus hat sie unmißverständlich markiert, wenn es heißt, daß das *silentium* der Stille des Schweigens da ist, „wo kein

Laut ist". Die Stille des Schweigens ist keine andere und richtet sich auf keine andere Sprache.[3] Das *silentium intelligentiae* ist vielmehr das, woraus die Worte leben – das, was uns die Worte der Sprache kritisieren, das heißt in Satz und Gegensatz weiterreden läßt. In den „Confessiones" folgert Augustinus deshalb aus der Einsicht, daß keine Äußerung, kein sprachliches Produkt dem würdig ist, was als Wort Gottes schöpferisch gedacht wird: „Aber wehe denen, die von dir schweigen, wo doch die Geschwätzigen stumm sind. – Erbarme dich, daß ich rede."[4] Schweigen ist nicht die Grenze der Sprache, sondern ihre innere Bestimmung: das Motiv der Rede. Dieser Beweggrund der Rede ist der „Augenschein" und die „Redekunst der Dinge", als die Augustinus die schöpferische Wirklichkeit des göttlichen Wortes denkt.[5] Diese Redekunst der Dinge ist (ihr) beredtes Schweigen – die „tönende und beredte Stille der Wahrheit".[6] Läßt sich dieser stillschweigende Anspruch der Redekunst der Dinge, als dessen Entsprechung wir Sprache denken, das Unaussprechliche nennen? Nein. Das Ineffable (das Unaussprechliche) gibt es. Aber nur in der Sprache. Deshalb Augustinus: „Woher weiß ich das, wenn nicht daher, daß Gott unaussprechlich ist? Was aber von mir gesagt wurde, wäre, wenn er unaussprechlich wäre, nicht gesagt. Und deshalb ist Gott nicht unaussprechlich zu nennen, weil, auch wenn er so genannt wird, etwas gesagt wird, und es entsteht dadurch ein, ich weiß nicht welcher Streit der Worte, weil dann, wenn dasjenige unaussprechlich ist, was nicht gesagt werden kann, es nicht das Unaussprechliche ist, was unaussprechlich genannt wird."[7] Mit dem Unaussprechlichen oder Unsagbaren (und als Grenzbegriff der Sprache) wird gedacht, was radikal wortlos bleibt. Auch die Bezeichnung des Unaussprechlichen reicht an dieses Wortlose nicht heran. Mit ihm ist nicht das Verstummen der Rede, sondern ein „Schweigen des Herzens"[7] gemeint. Es läßt sich nur in der Sprache fassen. Deshalb gibt es das Schweigen nur in der Sprache. Die Kunst der Sprache erweist sich als Entsprechung des stillschweigenden Anspruchs der Redekunst der Dinge.

Die Kunst der Sprache besteht darin, daß in ihr das, was sich nicht eigens sagen läßt, beredt wird.

3. Meister Eckhart

Eckhart greift Augustinus' Diskussion der Dialektik von Sprache und Schweigen auf. „Gott ist über allem, was wir zur Sprache bringen (geworten) können." Mit Augustinus läßt sich dies nicht das Unaussprechliche, Ineffable nennen. So wäre es mit einem Wort benannt. Gegenüber diesem „Spruch" ist es mehr ein Schweigen, denn ein Sprechen.[8] Deshalb muß Schweigen und Stille herrschen, soll Gott im Grunde der Seele sprechen „und seinen Sohn gebären".[9] Soll mit dem Unaussprechlichen kein bloßer Spruch gemeint sein, so bedeutet es nicht die Grenze der Sprache, die den Verzicht auf sie bedingte, sondern den Grund der Rede selbst. Das Ineffable ist das Motiv der Rede, die Gottesgeburt Wortgeburt. „Gott ist ein Wort, ein unausgesprochenes Wort. Gott ist ein Wort, das sich selber spricht." Die stumme Sprache erscheinender Natur ist keine Welt des Schweigens jenseits von Sprache, sondern der stillschweigende Anspruch der Dinge, der erhört und übersetzt werden will. Die Sprache der Dinge ist das beredte Schweigen des schöpferischen Gotteswortes. „Alle Kreaturen sind ein Sprechen Gottes."[10] Deshalb ist Sprache im Grunde Schweigen, das in den Worten beredt wird. Sie erweist sich als Entsprechung jenes stillschweigenden Anspruchs der Redekunst der Dinge, den wir als Ursprung von Sprache denken. Dabei wird nicht ein Unaussprechliches in Sprache übersetzt, vielmehr gehören im Übersetzen des Anspruchs, mit dem die Dinge sich uns bedeuten und uns bedeutend werden, Schweigen und Sprechen zusammen. Sprache ist „geworten": „in Worte gefaßt". Die „Kraft der Worte" ist ihr „Antworten".[11] Sprechen ist Antworten, eine in diesem Antworten sich bezeugende Stille. Sprechen ist Übersetzung, Entsprechung der göttlichen Sprache, die still in den Dingen ruht. Die Rede Gottes ist im „Mittel" und „in der Mitte des Schweigens ausgeschwiegen".[12] Weil das schöpferische Gotteswort in den Dingen stillschweigend beredt ist, muß es in eine sprachlich erscheinende Form übersetzt werden. Das „lautere Stillschweigen" gibt es, indem es gebrochen und in sinnliche Gestalt (zum Beispiel die der Sprache) übersetzt wird.

4. Kierkegaard

Die Einsicht in die Zusammengehörigkeit von Sprache und Schweigen, in der die Dialektik des Schweigens gründet, bleibt bis zur Epochenschwelle der Renaissance gegenwärtig. Bei Nikolaus von Kues heißt es über das Unaussprechliche, daß über das Namenlose zu sprechen eine Rede erfordert, wo „Schweigen Reden ist".[13] Das bedeutet nun keine „Sprache des Schweigens" jenseits der Bedingungen unserer Rede. „Alles also, was gesagt werden kann, kann das Unsagbare nicht ausdrücken, und doch sagt jede Rede das Unaussagbare aus."[14] Rückt mit dem Beginn der Neuzeit die Bedeutung des Schweigens an den Rand des Überlegenswerten – als bloßer Gegensatz der Sprache gedacht wird es uninteressant –, so kommt nach dem Ende der idealistischen Systeme Kierkegaard auf die Bedeutung des Schweigens und seine Dialektik zurück. In der Rede über „Sehet die Vögel unter dem Himmel an; schauet die Lilien auf dem Felde" heißt es: „Laß uns *Schweigen* lernen, oder lernen zu *schweigen*."[15] Dieses Schweigen ist nicht das, womit man anfängt, „sondern das, zu dem man kommt". Der Anfang dessen, worum es beim Schweigen geht, ist die „Kunst, schweigsam zu werden". Die „Rede ist des Menschen Vorzug vor dem Tier, ja ganz gewiß, – falls er *schweigen* kann". Der Sinn des Schweigens erfüllt sich nicht jenseits, sondern in der Sprache. Aber was drückt dieses, was drückt sich in diesem Schweigen aus? „– dies: daß du draußen bei der Lilie und dem Vogel vernimmst, *daß du vor Gott bist*, was sooft in Rede und Gegenrede mit anderen Menschen ganz vergessen wird." Vor Gott – da zeigt sich das Hören auf den stillschweigenden Anspruch der Natur. Die figürliche Sprachlichkeit der Dinge, von der Kant gesprochen hat, ist wortlos. Die Sprache, die die Natur zu uns zu führen scheint, ist still. Was wir als Wort Gottes schöpferisch denken, zeigt sich als diese Stille. In ihr ist es „ausgeschwiegen". Deshalb ist mit dem Schweigen ernst zu machen. „Du sollst die Unterweisung im Schweigen nicht dadurch vereiteln, daß du töricht und sinnlos das Schweigen in die Rede hineinpfuschst, vielleicht als Gegenstand der Rede, so daß aus dem Schweigen nichts wird, dagegen aber eine Rede wird: über das Schweigen." Dem Schweigen wird man nicht dadurch gerecht, daß man über es spricht, sondern nur dadurch, daß ihm entsprochen wird. Sprache ist diese Entsprechung.

5. Zurück zu Wittgenstein

Es gibt Unaussprechliches. Es zeigt sich. Es zeigt sich in der Sprache. Schweigen heißt nicht, nur nichts zu sagen zu haben. Wenn man über das, wovon man nicht sprechen kann, schweigen muß, dann kann man das nur in der Sprache. „Die Philosophie (...) wird das Unsagbare bedeuten, indem sie das Sagbare klar darstellt."[16] Es wird im Sagbaren bedeutet. Könnte es außerhalb des Sagbaren bedeutet werden, ließe es sich wie ein naturwissenschaftlicher Gegenstand definieren. Als das Unsagbare erinnern wir aber gerade das, was kein Wort hat, das heißt nur in den Worten sich faßt. „Es kann daher niemals in Worten, sondern einzig und allein in der Darstellung zum Ausdruck kommen."[17] Die Kunst der Sprache besteht darin, daß in ihr das, was sich nicht eigens sagen läßt, beredt wird. Wittgenstein kommentiert ein Gedicht von L. Uhland: „Wenn man sich nicht bemüht das Unaussprechliche auszusprechen, so geht *nichts* verloren. Sondern das Unaussprechliche ist, – unaussprechlich – in dem Ausgesprochenen *enthalten*!"[18] Das „Unaussprechliche" ist nicht zu suchen, als gewährte es den Zugang zu einer „eigentlichen" Sprache. Was nicht gesagt werden kann – das Unaussprechliche, das sich zeigt und das Wittgenstein „das Mystische" nennt –, ist der Grund der Rede.[19] Dessen, was wir mit dem Unaussprechlichen meinen, können wir uns nur in der Sprache entsinnen. Die „Mystik", um die es dabei geht, ist (mit Musils Wort) „taghell".

Epilog

Die Kunst der Sprache besteht darin, daß in ihr das Unaussprechliche sich wiedergegeben findet. Diese Kunst hat Hölderlin als die „poetische Prosa" bezeichnet, in der die „schöpferische Reflexion der Sprache" besteht.[20] In ihr spricht sich „der Gott, der Geist, der sprachlos waltet (...), im Menschenwort" aus.[21] In der „Friedensfeier" heißt es: „Schiksaalsgesez ist diß, daß Alle sich erfahren,/Daß, wenn die Stille kehrt, auch eine Sprache sei." Schweigend kehrt das Unaussprechliche, das es allerdings gibt, in den Wendungen der Sprache wieder. Sprache ist diese Kehre der Stille. Die Dialektik des Schweigens zeigt sich darin, daß diese Stille nichts Verborgenes ist: „(...) nenne, was vor Augen dir ist./ (...) Dreifach umschreibe du es,/Doch ungesprochen auch, wie es da ist,/Unschuldige, muß es bleiben." In diesem Sinn gibt es Unaussprechliches – und Sprache gibt es wieder.

Schweigend kehrt das Unaussprechliche in den Wendungen der Sprache wieder.

Anmerkungen:

1. Wittgenstein: Werkausgabe Bd. 1. Frankfurt/M. 1984, S. 85
2. Zum Ganzen vgl. auch Art. „Schweigen/Stille" im Historischen Wörterbuch der Philosophie Bd. 8, Basel 1992
3. Vgl. De civitate dei 10, 13; Confessiones IX, 10, 24-10, 26
4. Confessiones I, 4, 4 - 5, 5
5. Zur „evidentia" des Augenscheins und zur *eloquentia rerum* vgl. J. Kreuzer, Sprache und Schweigen, in: Pulchritudo – Vom Erkennen Gottes bei Augustin. München 1995, S. 241-273
6. De libero arbitrio II, 13, 35
7. De doctrina christiana I, 6, 6; zum „Schweigen des Herzens" (*silentium cordis*) vgl. Augustinus, Enarratio in Psalmum 38, 20
8. Vgl. Meister Eckhart, Predigt 36A, in: Werke, hg. v. N. Largier. Frankfurt/M. 1993, S. 386
9. Eckharts Predigt über „Dum medium silencium teneret omnia", in: Deutsche Predigten und Traktate, hg. v. J. Quint. München 1963
10. Meister Eckhart, Pr. 53, in: Werke, a. a. O., S. 564, 568.
11. „Wort hânt ouch grôze kraft; (Dâ) wirt diu sêle lebende und widersprechende in dem worte." (Ebd., S. 212)
12. „in dem mittele des swigendes, do alle ding uf das hohste usgeswigen worent (...), herre, do kam din (...) rede", heißt es bei Tauler (Predigt 74, in: Predigten, hg. v. F. Vetter, Dublin/Zürich 1968, 401).
13. De dato patris luminum, III
14. De filiatione dei, IV
15. S. Kierkegaard: Christliche Reden, übers. u. hg. v. W. Kütemeyer. Göttingen 1961, S. 8, die weiteren Zitate ebd. S. 9, 11,15, 16
16. Logisch-Philosophische Abhandlung, aaO, S. 33
17. W. Benjamin: Goethes Wahlverwandtschaften. In: Ges. Schriften I. 1. Frankfurt/M. 1974, 200/01. - Das „Gedichtete" an Hölderlins Dichtung zeichnet sich durch die „Beredtheit eines Sprachlosen" aus (T. W. Adorno, Parataxis, in: Ges. Schriften 11, Frankfurt/M. 1974, S. 450)
18. L. Wittgenstein: Briefe, Frankfurt/M. 1980, S. 78 (bei Uhlands Gedicht handelt es sich um „Graf Eberhards Weißdorn")
19. L. Wittgenstein: Logisch-Philosophische Abhandlung, a. a. O., S. 85
20. Zu Hölderlins Begriff der Sprache vgl. J. C. F. Hölderlin: Theoretische Schriften, mit einer Einl. hg. v. J. Kreuzer. Hamburg 1997
21. F. Hölderlin: Ermunterung, zit. nach: Sämtliche Werke und Briefe, hg. v. M. Knaupp Bd. 1. München 1992, S. 279, die weiteren Zitate aus „Friedensfeier" und „Germanien" ebd. S. 364, 407

Priv. Doz. Dr. Johann Kreuzer lehrt Philosophie in Wuppertal. Er hat unter anderem zwei Bücher über Augustinus publiziert. In Kürze liegt seine Edition von Hölderlins „Theoretischen Schriften" vor.

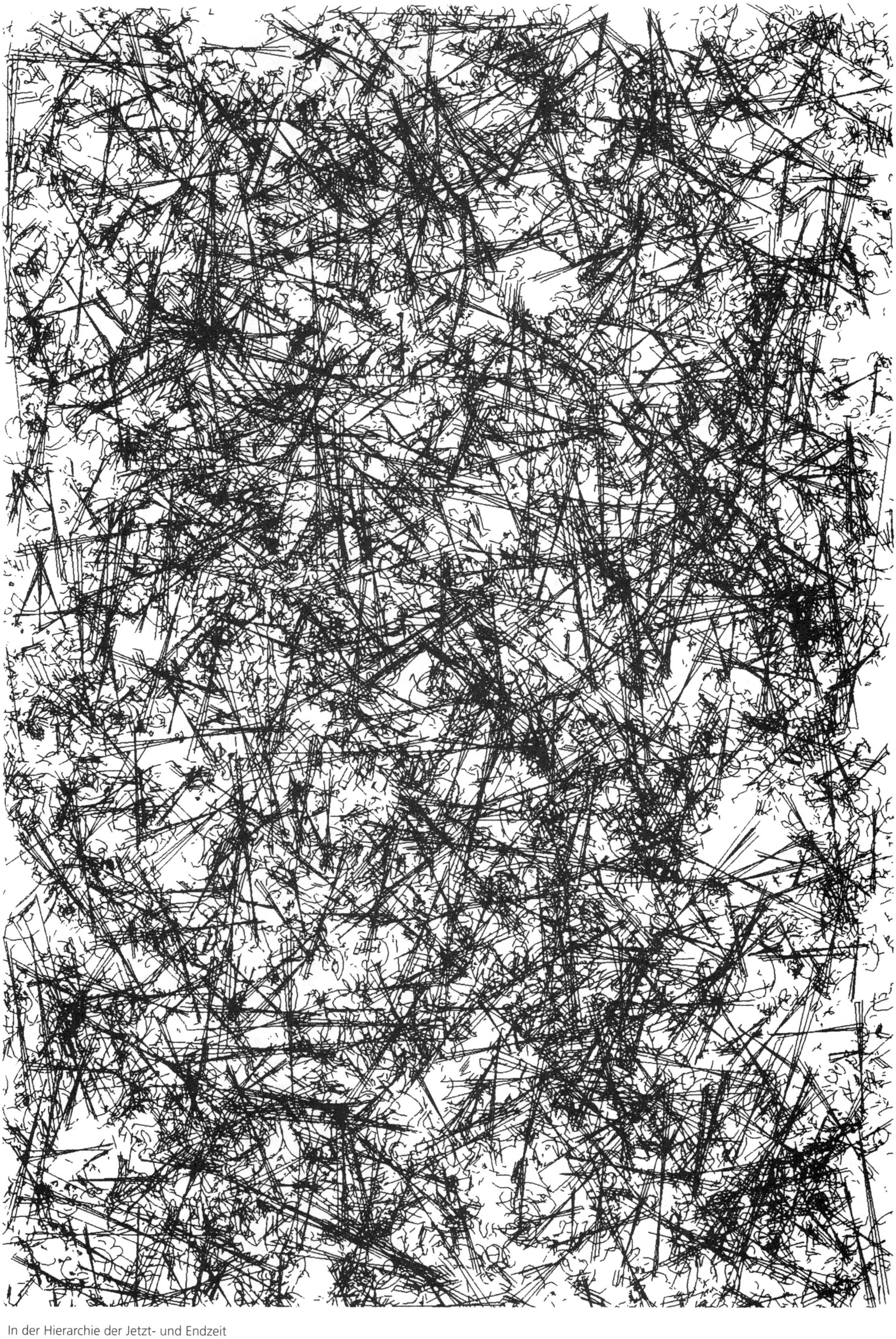

In der Hierarchie der Jetzt- und Endzeit

Martin Bauer

Die Wiedergeburt der Metaphysik aus dem Geist der Sprache

Bei mittelalterlichen philosophischen Texten ist es sehr auffällig, wie stark sie mit Argumenten arbeiten, die der sprachwissenschaftlichen Analyse entstammen, und wie groß das Vertrauen ist, das offensichtlich in diese Form der Argumentation gesetzt wird. So wird im Mittelalter die Grammatik und die Logik bei der Beantwortung folgender Fragen herangezogen: erstens, ob durch theologische Aussagen die Wahrheiten der Glaubensinhalte zutreffend erklärt werden, und zweitens, wie Begriffe, die grundsätzlich allgemein sind, auf die Realität der Einzeldinge bezogen sind. So wird die Sprachphilosophie – nicht nur historisch – Voraussetzung der Metaphysik.

1. Die Wahrheit der Glaubensinhalte

Im theologischen Schulbetrieb des frühen Mittelalters (vor dem Beginn des 13. Jahrhunderts) wurde das Studium an Texten der Patristik (siehe Extrakasten) und an Zitatsammlungen patristischer Autoren betrieben. Da man voraussetzte, daß es nur eine einzige Wahrheit gibt und daß die in jedem Falle göttlich erleuchteten Kirchenväter in ihren Texten nur diese eine einzige Wahrheit ausdrücken wollten, mußten die unterschiedlichen Meinungen der „Patres" miteinander in Einklang gebracht werden. Der frühe Umgang mit diesen Zitatsammlungen – die meisten wurden „Sententiae" genannt – bestand daher in einer harmonisierenden Interpretation. Für die Kommentierung und Interpretation dieser Texte benötigte man entsprechende Werkzeuge des Textverständnisses – und diese entnahm man der Grammatik und Logik. Hier hat die Formel von der „Magd der Theologie" ihren Ursprung, denn das primäre Erkenntnisinteresse war auf theologische Probleme gerichtet. Letztlich ging es um die grundsätzliche Frage, in welchem Sinne biblische Texte verstanden werden müssen, genauer: verstanden werden wollen. Als Beispiel dafür seien die Worte bei der Einsetzung des Abendmahles genannt, „Dies ist mein Fleisch und Blut". Wie sind diese Worte zu verstehen? Die eine Richtung interpretiert diesen Satz symbolisch bzw. metaphorisch, also nur im Sinne einer *bildlichen* Vergegenwärtigung. Das Wörtchen „ist" des Satzes wird hier in der Bedeutung von „steht für" oder „ist Zeichen für" verstanden. Der Satz würde also aussagen: „Dieses Brot ist ein (Erinnerungs-)Zeichen für das letzte Abendmahl, bei dem Christus diese Worte gesprochen hat." Eine andere Richtung interpretiert das „ist" in diesem Satz in ganz *realer* Bedeutung: „dieses Brot ist (ab jetzt) tat-

Philosophie des Mittelalters

*Die Ausdrucksweise **mittelalterliche Philosophie** unterstellt stillschweigend und unreflektiert, daß im Mittelalter bzw. generell in früheren Zeiten unter dem Begriff „Philosophie" dasselbe verstanden wurde wie in der Neuzeit und insbesondere im 20. Jahrhundert. Nun machen Sprachen und ihre Begriffe immer Wandlungen durch, und wegen solcher Wandlungen ist eine begriffshistorische Differenzierung sinnvoll und äußerst wichtig. Daher muß zuerst die Frage gestellt werden, was denn unter mittelalterlicher Philosophie zu verstehen sei. Meist ist das erste Wort, das hier fällt, das von der „ancilla theologiae" (Magd der Theologie). Es ist unbestreitbar, daß diese Formulierung auf viele mittelalterliche Positionen zutrifft, allerdings sollte man sich auch hierbei fragen, ob man darunter dasselbe versteht – und damit dieselben Wertsetzungen vornimmt! – wie ein mittelalterlicher Autor. Man kann festhalten, daß es Ansätze zu einer „reinen" Philosophie erst im späten Mittelalter, also im 14. oder 15. Jahrhundert, gibt. Auch dort, wo Philosophie im Sinne der **septem artes liberales** (die sieben freien Künste) ohne theologische Implikationen betrieben wurde, wurde sie weitgehend als Vorschule zur Theologie angesehen. Die spätantiken „freien Künste" waren für den größten Zeitraum des Mittelalters der zentrale Zugang zur Philosophie und damit zur Theologie. Sie waren bis in die frühe Neuzeit hinein der Schulstoff, durch den man nach dem Erlernen der lateinischen Sprache an den Klassikern das theoretische Denken übte. Damit waren sie eine generelle Propädeutik (Einführung in eine Wissenschaft), die jedem weiteren Studium – sei es nun Theologie, Jurisprudenz oder Medizin – vorausgingen. Diese sieben Künste teilen sich in zwei Gruppen, in das **Quadrivium** – bestehend aus Arithmetik, Geometrie, Musik (Zahlenlehre der Intervalle) und Astrologie (Berechnung der Planetenbewegungen aufgrund des ptolemäischen Weltbildes und des Kalenders mit Sonnen- und Mondlauf) – und in das **Trivium**, bestehend aus Grammatik, Logik und Rhetorik. Das Trivium bekam sehr schnell das Hauptgewicht in den freien Künsten und es wurde so sehr das Zentrum der Propädeutik, daß sich noch unser heutiges Wort „trivial" davon herleitet: trivial ist das, was jeder wissen muß. Die Rhetorik hatte im Mittelalter bei weitem nicht die zentrale Rolle wie in der Antike oder dann wieder in der Renaissance. In ihr sah man den Schmuck der Rede, der die stringente Argumentation ergänzen, aber auf keinen Fall ersetzen konnte. Viel wichtiger, fast die allein wichtigen Teile des Triviums waren Grammatik und Logik. Sie wurden für Jahrhunderte die eigentliche Vorschule für jeden, der eine der Wissenschaften studieren wollte. Daher sind die mittelalterlichen Denker durchgängig auf eine logisch überzeugende und nicht auf eine rhetorische Argumentation hin orientiert. Das Trivium wurde auch als „scientia sermocinalis" bezeichnet, als die Wissenschaft vom gelehrten Diskurs.*

sächlich das Fleisch Christi." Aus diesem Verständnis wurde die metaphysische Theorie der Transsubstantiation (Wesensverwandlung) entwickelt, die auf einer Theorie der Substanz beruht.

Was aber wurde unter „Substanz" verstanden? Man schloß sich weitgehend der überlieferten Meinung des Aristoteles an. Nach Aristoteles ist die Substanz eine der Aussageweisen (Kategorien), in denen von Seiendem/Existierendem gesprochen werden kann. Beispiele für weitere Kategorien sind Quantität, Qualität, Ort, Zeit usw. Aristoteles spricht aber so gut wie nie von „posótès", wenn er die Quantität meint, sondern von „tò posòn", was wörtlich zu übersetzen wäre mit „das Wieviel (ist das)". Er nutzt also die Möglichkeit der Substantivierung von Fragepartikeln, die die griechische Sprache in gleicher Weise wie die deutsche kennt. Ebenso formuliert er „tò poiòn" = „das Wie (beschaffen ist das)" für die Qualität oder „tò pou" = „das Wo" für die Angabe des Ortes oder des Raumes. Nur für Substanz benutzt Aristoteles häufiger das Wort „ousía", aber er führt es ein über die Frage „tí esti" = „Was ist (das)". Mit der Angabe der Substanz bzw. mit einer Antwort in der Aussageweise der Substanz antwortet man also auf die Frage „Was ist das?". Mit dieser Frage erwartet man nicht die Angabe irgendwelcher äußerlicher Eigenschaften, sondern etwas, was das in Frage stehende Objekt wesentlich, wesenhaft charakterisiert. Dieses Wesentliche, die „ousía" oder einfach das Wesen, lateinisch die „substantia" wird von ihm als der unveränderliche Wesenskern eines jeden Etwas – sei es materiell oder immateriell – verstanden: genau das ist „das Was-ist-das". Die Materie als solche gehört nach seinem metaphysischen Ansatz nicht zu den wesensbestimmenden Eigenschaften, denn auf die Frage „Was ist das?" erwartet man als Antwort nicht die Angabe einer materiellen Bestimmung: Das Was eines Seienden, auch das Was eines materiellen Seienden ist immateriell gedacht. – Alle anderen Aussageweisen wie das „Wieviel", „Wie beschaffen" usw. gehen auf äußere Eigenschaften, die zufällig und veränderlich sind, ohne daß das Was dadurch berührt würde. Die Größe eines Menschen oder die Veränderung seiner Größe während seiner Lebenszeit stellt seine Wesensbestimmung, das heißt seine Substanz, nicht in Frage. Seine Substanz ist es, „vernunftbegabtes Sinnenwesen" zu sein, was auch die körperliche Ausdehnung und einiges andere beinhaltet. Alles dieses muß eine vernünftige und direkte Antwort auf die Frage „Was ist das?" darstellen und eine Eigenschaft sein, deren Veränderung entweder unmöglich ist oder die Vernichtung des in Frage stehenden einzelnen Seienden bedeuten würde.

Die Größe eines Menschen oder die Veränderung seiner Größe während seiner Lebenszeit stellt seine Wesensbestimmung, das heißt seine Substanz, nicht in Frage.

Was bedeutet dieses nun für die *realistische* Deutung des Satzes „Dies ist mein Fleisch und Blut"? Wenn bei der Feier des Abendmahles die Einsetzungsworte gesprochen werden, ist dem Gegenstand, über den sie gesprochen werden, nämlich Brot und Wein, nicht anzusehen, welchen Sinn diese Worte haben, die sich auf diese ganz bestimmten Gegenstände beziehen. Das am Gegenstand Sichtbare ist unwesentlich, weil sich das Wesen der unmittelbaren sinnlichen Wahrnehmung entzieht. Damit ergibt sich folgerichtig, daß man das Wörtchen „ist" in der Formulierung „Dies ist mein Fleisch ..." im Sinne der wesensmäßigen Gleichsetzung verstehen kann: das vorliegende Brot, auf das das Wörtchen „dies" weist, wird wesensmäßig zum Fleisch Christi. Anders ausgedrückt: indem der Priester diese Worte spricht, wandelt sich die Substanz des Brotes in die Substanz des Fleisches Christi. Auf der Ebene der Sinneswahrnehmung ist das nicht zu erkennen, denn die äußeren Eigenschaften des Brotes wie Farbe, Geruch, Geschmack usw. bleiben erhalten. Diese äußeren Eigenschaften könnten sich ändern, ohne daß das Wesen/die Substanz des Brotes sich ändern würde. Da man mit der aristotelischen Metaphysik (siehe *Lexikon* in Heft 2) etwas Transzendentes (ein über das sinnlich Erfahrbare Hinausgehendes) erklären will, muß man eine Erweiterung der Substanz-Metaphysik vornehmen. Man entwickelte daher die Metaphysik der Transsubstantiation: die Veränderung der Substanz eines Seienden ohne Änderung der anderen, nicht wesensbestimmenden Eigenschaften. Bei Aristoteles findet sich nichts, was darauf hinweisen könnte, daß er etwas derartiges für möglich gehalten habe; eher ist das Gegenteil der Fall. Man könnte daher sagen, daß hier ein fruchtbar gewordenes Mißverständnis vorliege.

Die Aufgabe der Metaphysik geht über diejenigen der anderen Wissenschaften hinaus auf das Unveränderliche der Wirklichkeit.

2. Die Allgemeinheit des Begriffs und die Realität der Einzeldinge

Das zweite Moment, weshalb die (philosophische) Grammatik und ganz besonders die Logik für das mittelalterliche Denken so wichtig wurden, ist die Frage, was ein Allgemeinbegriff aussagt. Auch hier steht die Entwicklung im frühen Mittelalter, in dem die Grundpositionen schon alle abgesteckt wurden, wie auch die Entwicklung in den folgenden Jahrhunderten in engem Zusammenhang mit der Rezeption aristotelischer Texte. Die Frage ist, was wir eigentlich meinen, wenn wir von einem Seienden sagen, es sei beispielsweise ein Mensch oder ein Baum oder ein Stern. Die Aussage „Das ist ein Baum" wird nicht im Hinblick auf das Wörtchen „ist" problematisiert wie bei dem Substanzproblem, sondern im Hinblick auf den Allgemeinbegriff, für den hier „Baum" als Beispiel steht. Wieso kann man irgendeinen Baum als Baum bezeichnen, obwohl es viele Arten von Bäumen gibt, die Bäume ein und derselben Art unterschiedlich aussehen und sich auch noch im Verlauf ihrer Lebenszeit verändern? Dieses sprachlogische und erkenntnistheoretische Problem taucht nicht erst im Mittelalter auf, sondern es läßt sich schon zwanglos bei Platon nachweisen. Die Grundfrage der platonischen Ideenlehre ist, ob es einen inneren wesensmäßigen Zusammenhang von gleichartigen, aber doch im einzelnen unterschiedlich ausgestalteten Entitäten (Wesenheiten, z. B. Mensch, Baum, Seele) gibt. Platon versucht die Lösung dadurch, daß er neben der Welt der Erscheinungen, in der es eine wirkliche Gleichheit nicht gibt, eine Welt der Ideen annimmt. Beide Welten sind durch die Partizipation (Teilhabe) verbunden, das heißt, das, was in der Welt der Erscheinungen existiert, kann nur durch die Teilhabe an seiner Idee existieren, und es kann nur dann wirklich erkannt werden, wenn dem Erkennenden der Aufstieg zur Idee gelingt. In der Idee erfaßt er das Urbild, wodurch er dem bloßen Vermuten und Meinen entrinnt. Schon das frühe Mittelalter kennt die Ideenlehre und die mit ihr notwendigerweise verbundene Partizipationslehre. Der Nachteil dieser Lehre ist, daß sie die Ausgangsfrage eigentlich nicht beantwortet, sondern auf das Erkennen von Ideen verschiebt. Nun hatte schon Aristoteles genau das gegen die Ideenlehre eingewendet und versucht, eine befriedigendere Theorie zu entwickeln. Nach ihm ist das, was wir im Allgemeinbegriff erkennen, das Wesen eines Seienden, wobei das jeweilige Wesen als etwas Allgemeines die nur individuell existierenden Seienden zu dem macht, was sie in ihrem unveränderlichen Kern sind. Aber bei ihm bleiben Unklarheiten: Zwar lehnt er eine eigene Welt von Wesenheiten ab – sie wäre dasselbe wie die Ideenwelt Platons –, aber er kann nicht klären, wieso die individuell existierenden Seienden in ihrer Vergänglichkeit durch ein unveränderliches, unbedingt nicht-individuelles Wesen existieren und bestimmt sind. Obwohl er gegen Platon opponiert, scheinen hier starke platonische Anklänge bei ihm zu finden zu sein. In anderen Erörterungen scheint er den jeweiligen Wesensbegriff als einen rein abstraktiv gewonnen Erkenntnisinhalt zu deuten, wobei unklar bleibt, wie der Zusammenhang von diesem begrifflichen Gebilde und dem Wesenskern eines konkreten Seienden zu denken ist.

Die Frage ist, was wir eigentlich meinen, wenn wir von einem Seienden sagen, es sei beispielsweise ein Mensch oder ein Baum oder ein Stern.

So lassen sich schon bei Aristoteles die drei grundlegenden Positionen finden, die im Universalienstreit (siehe *Lexikon* in Heft 2) des frühen Mittelalters ausführlich entfaltet und diskutiert werden. Zur Erläuterung sei angefügt, daß „Universale" nichts anderes als „Allgemeinbegriff" bedeutet. Zwischen dem Universale und dem durch es bezeichneten konkreten Seienden können drei Verhältnisse gedacht werden: 1. die Position des „universale ante res" = der Allgemeinbegriff existiert vor der durch ihn bezeichneten „Sache", d. h. das konkrete Seiende existiert durch den Allgemeinbegriff, der sein vorgängiges Wesen darstellt, der Allgemeinbegriff ist quasi eine platonische Idee; 2. die Position des „universale in rebus" = das Wesen, das der Allgemeinbegriff bezeichnet, existiert konkret nur „in den Sachen", es gibt keine Präexistenz in einem eigenen Bereich und es kann vom Verstand durch Abstraktion erkannt werden; 3. die Position des „universale post res", die das Universale zum reinen Begriffsinhalt macht, wobei es offen bleibt, ob es ein konkretes, aber allgemeines Wesen in den „Sachen" als wesensbestimmendes gibt oder nicht. Die erste Position bezeichnet man als universalienidealistisch, die zweite als universalienrealistisch und die dritte sehr häufig als nominalistisch. Die Bezeichnung „Nominalismus" ist im Grunde genommen falsch, da ihre Anhänger nicht behaupten, Universalien seien bloße Namen; sie behaupteten, Universalien seien rein vom Erkenntnisvermögen gebildete Begriffe, aus denen unmittelbar kaum etwas für die Erkenntnis des realen Wesens eines Seienden abzuleiten ist. Die Nominalisten haben sich daher selbst als „Terministen" oder „Konzeptualisten" (abgeleitet von „terminus" bzw. von „conceptus") bezeichnet. Der Universalienstreit hatte aber nicht nur sprachlogische Bedeutung, sondern stellte unmittelbare Metaphysik dar. Jede der drei Positionen setzt eine sehr bestimmte Grundannahme über den Zusammenhang des erkenntnisunabhängigen Wesens eines Seienden und des nur begrifflich zu leistenden Erkenntnisinhaltes voraus, den man von ihm haben kann. Alle drei Positionen haben ihre spezifischen Probleme in der Erklärung des Verhältnisses von intramentalen (im Bewußtsein liegenden) Erkenntnisinhalten und extramentaler (außerhalb des Bewußtseins liegender) Realität. (Der Universalienstreit ist nicht eine Erscheinung des Mittelalters allein, sondern er läßt sich auch in den erkenntnistheoretischen Diskussionen der Gegenwart nachweisen.) Zwar wird im Mittelalter die Existenz einer erkenntnisunabhängigen Realität nicht in Zweifel gezogen, aber die Grundposition, die ein

Patristik

Bezeichnung für die Theologie und Philosophie der Kirchenväter, d. h. der altchristlichen Lehrer von der Mitte des 1. bis zum 7. Jahrhundert. Die Kirchenväter sahen zunächst ihre Hauptaufgabe in der Verteidigung des christlichen Glaubens. Später entwickelte sich in der Auseinandersetzung mit der spätantiken Philosophie das, was Theologie im Christentum wurde.

Autor bezieht – und hier ist im Prinzip nur eine der drei genannten möglich, auch wenn es Variationen und Überschneidungen gibt –, bestimmt, wie die Realität gedacht wird und die Vorstellung davon, wie sie durch den Geist erkannt werden kann.

Die sprachlogischen Schriften des Aristoteles hat man eindeutig dem Trivium (siehe Extrakasten *Philosophie des Mittelalters*) zugeordnet, ganz besonders natürlich der spekulativen Grammatik und der Logik. Die aus ihnen entwickelte Metaphysik gehört dennoch nicht zur „scientia sermocinalis" (Wissenschaft von allen sprachlichen Erscheinungen), sondern sie ist „scientia realis", das heißt Wissenschaft von der Realität. Metaphysik hat also die Aufgabe, die Prinzipien der Realität in ihrer allgemeinsten Form zu erklären. Nach mittelalterlicher Auffassung betrachtet die Physik Seiendes unter dem Aspekt von Bewegung und Ruhe, d. h. Seiendes als etwas Veränderliches; Mathematik betrachtet Seiendes als Quantitatives usw. Daher bewegt man sich bei diesen Wissenschaften in den Kategorien der Akzidenzien: im Vordergrund der Betrachtung dieser Wissenschaften stehen Eigenschaften von Seiendem, die nicht wesensbestimmend sind, sondern „zufällig". Die Metaphysik hat aber seit Aristoteles die Aufgabe, das Wesen von Seiendem zu untersuchen, womit auf keinen Fall dessen Materialität (oder Immaterialität) gemeint ist. Ihre Aufgabe geht über diejenigen der anderen Wissenschaften hinaus auf das Unveränderliche der Wirklichkeit. Damit ist sie nach der Bestimmung des Aristoteles im ersten Kapitel des ersten Buches seiner „Metaphysik" die oberste und erste Wissenschaft, da es ihr Zweck ist, die ersten Ursachen und Prinzipien von Seiendem zu erforschen. Die Frage, auf die sie eine Antwort sucht, ist nicht „wieviel ist dieses?" oder „wie beschaffen ist es?", sondern: „was ist das?" Für Heidegger ist diese Frage die zentrale Grundfrage von Metaphysik überhaupt, die sich in zwei Teilfragen aufspaltet, nämlich in die Frage nach dem Was und in die Frage nach dem Ist. Die erste Frage nach dem Was thematisiert das Wesen, im mittelalterlichen Sprachgebrauch „substantia" oder „essentia"; die Frage nach dem Ist richtet sich auf das Seiendsein von Seiendem. Das Ziel beider Teilfragen ist die Struktur der Realität. Ausgangspunkt von beiden ist die sprachliche Formulierung einer Frage. Die Bearbeitung der Fragen kann nur durch die Analyse der Sprache erfolgen, soweit sie Aussagen und Fragen in bezug auf das Was und das Ist bildet. Daher ist es verständlich, daß im Mittelalter das Instrumentarium, das im Rahmen von philosophischer Grammatik und vor allem der Logik entwickelt worden ist, auf diese metaphysischen Fragen angewendet wurde. Grammatik, Logik und Metaphysik bilden konsequenterweise eine unauflösbare Einheit. Selbst für einen Nominalisten bleibt die Metaphysik ein Zugang zur Erfassung der Wirklichkeit. Die Differenz zu den Realisten besteht in einem anderen Punkt: Die Realisten gingen davon aus, daß das menschliche Erkenntnisvermögen das Wesentliche der Wirklichkeit durch das abstrahierende Erkennen mit Sicherheit erkennen kann, weil die Gesetze des Erkennens und die Gesetze der Realität identisch sind. Die Nominalisten können zwar diese Behauptung nicht widerlegen, weil es eine der nicht hintergehbaren Grundannahmen über die Struktur der Realität ist, sie stellen aber diese Identität oder Gleichartigkeit der Gesetze von Wirklichkeit und Erkennen in Frage. Nach ihnen, den Nominalisten, stellt sich das unlösbare Problem, diese Grundannahme zu beweisen. Der Zugang zur Realität ist und bleibt das Erkenntnisvermögen, aber es fehlt die Möglichkeit, einen archimedischen Punkt außerhalb des Erkennens und außerhalb der Realität einnehmen zu können, von dem aus allein beurteilt werden könnte, ob und wie weit das Erkenntnisvermögen die Realität adäquat begreift. Daher gehen nominalistische Texte sehr stark auf die Untersuchung von Erkenntnisvorgängen und der sprachlichen Formulierung von Erkennen ein. Das Erkenntnisvermögen muß im Sinne der Kritik sein Tun selbst reflektieren: So wird in der „nominalistischen" Metaphysik des 14. und 15. Jahrhunderts ein Ansatz sichtbar, der in eine Transzendentalphilosophie (siehe *Kant Portrait* in Heft 3) hinüberführt.

Der Zugang zur Realität ist und bleibt das Erkenntnisvermögen.

Im Prinzip können alle philosophischen Richtungen – nicht nur die des Mittelalters – nach den Gruppen eingeteilt werden, die sich aus dem Universalienproblem ergeben: Die Gruppe der „Idealisten" geht davon aus, Universalien hätten eine eigene, und zwar eine höhere Realität vor und außerhalb der materiellen Dinge, sie seien deren Urbilder und Ideen. Die „Realisten" nehmen an, die Universalien seien das reale Wesen in den materiellen Dingen und könnten vom menschlichen Verstand adäquat erkannt werden. Die „Nominalisten" melden daran ihre Zweifel an, obwohl sie nicht behaupten können und wollen, die Realität sei dem menschlichen Geist grundsätzlich unzugänglich; was er nach ihnen als einzigen Zugang zur Realität hat, ist der begriffliche Gedankeninhalt, der die vorausgehende Existenz der dinglichen Welt zur notwendigen Bedingung hat. Von diesen drei grundsätzlichen Positionen, die zum Universalienproblem eingenommen werden können, werden im Mittelalter die beiden ersten normalerweise kombiniert, da man die (platonischen) Ideen als die Schöpfungsgedanken bzw. Schöpfungsworte Gottes versteht. Die Diskussion findet daher immer zwischen „Realisten" und „Nominalisten" statt. Aber in der Philosophie beider Gruppen – und das heißt letzten Endes, bei allen philosophischen und theologischen Autoren des Mittelalters – spielt Metaphysik auf der Basis der Analyse von Sprache eine ganz zentrale Rolle.

Dr. Martin Bauer ist Akademischer Oberrat am Institut für Philosophie der Universität Stuttgart.

Wolfgang Deppert

Der Reiz der Rationalität

Was immer man sich unter Rationaltät vorstellt, sie läßt sich gewiß ausschließlich im inneren geistigen Bereich des Menschen ausfindig machen. Ist die Rede vom Reiz der Rationalität nicht nur wieder so ein philosophisches Gedöns? Dieser Verdacht verstärkt sich, wenn wir nach der Wirkung der uns bekannten Reize fragen. Alle diese Reize dringen von außen auf uns ein, weil sie von etwas ganz Konkretem ausgehen, das nicht in uns selbst enthalten ist. Durch einen Reiz wird in uns ein Antrieb zu einer bestimmten Handlung ausgelöst, ein Wunsch wachgerufen oder wenigstens eine Einstellungsveränderung bewirkt. Rationalität aber bringt mit ihrer Kühle und Nüchternheit bestenfalls Langeweile hervor.

Fragen wir uns doch erst einmal etwas genauer, was wir unter einem Reiz hier verstehen wollen. Gewiß meinen wir nicht den physiologisch verstandenen Reiz, wie etwa das Auftreffen eines Lichtstrahles auf eine lichtempfindliche Stelle eines Lebewesens. Mit dem Wort „Reiz" soll hier stets eine Spannung gemeint sein, die im Menschen durch eine Lust- oder Unlusterwartung entsteht. Diese Spannung läßt sich entweder durch die Verwirklichung der erwarteten Lust oder durch die Vermeidung der erwarteten Unlust abbauen. Durch diesen Spannungsabbau ist die Richtung der Handlung bestimmt, zu der uns ein Reiz treibt. Dasjenige, was uns reizt, ist die Ursache für das Entstehen einer Lust- oder Unlusterwartung in uns und der damit verbundenen Spannung.

Sicher geht auf uns nicht von allem, was wir wahrnehmen können, ein Reiz aus, und nicht alle Menschen reagieren auf die gleichen Reize. Worin liegen die Gründe dafür, daß irgend etwas in uns eine Lust- oder Unlusterwartung erwecken kann?

Die Lust, sich an einen schön gedeckten Tisch zu setzen, entsteht durch die Vorfreude am bevorstehenden Eßgenuß. Daß wir das Essen überhaupt genießen können, ist davon abhängig, daß wir leben wollen und daß es zum Überleben notwendig ist, etwas Genießbares zu essen. Es gibt hier einen Zusammenhang zwischen etwas Eßbarem und unserem Überlebenswunsch. Das fortlaufende Wiederkehren des Erlebens dieses Zusammenhangs ist für alles Leben elementare Lebensvoraussetzung. Es ist darum zu vermuten, daß dasjenige, was wir Lustgefühl nennen, als ein Zustand der einstweiligen Überlebenssicherheit verstanden werden kann. Dieser Zustand kann sich grundsätzlich nur durch das Erleben bestimmter Zusammenhänge einstellen, denn alles Leben kann nur durch bestimmte Zusammenhänge überleben: Vollständig isoliertes Leben gibt es nicht. Die elementaren Zusammenhänge, die das direkte Überleben ermöglichen, werden durch eine Fülle von anderen Zusammenhängen wahrscheinlich gemacht und abgesichert.

Demnach sind Zusammenhangserlebnisse unabdingbare Voraussetzungen für unser Überleben, und es liegt nahe zu postulieren, daß Zusammenhangserlebnisse stets mit einer Verbesserung der Gefühlslage verbunden sind. Der Begriff Zusammenhangserlebnis sei dabei durch das erlebnishafte Wahrnehmen von Zusammenhängen bestimmt.

Wenn wir uns an etwas erinnern wollen und es gelingt uns nicht gleich, dann sind wir mit uns selbst unzufrieden. Wenn es uns aber plötzlich einfällt, dann haben wir ein Erlebnis, das den Zusammenhang zu dem Erinnerten herstellt, und wir fühlen uns weit besser als vorher. Wenn wir nach einer Lösung eines Problems suchen, dann suchen wir nach einer Möglichkeit, wie wir einen Zustand, den wir gern verwirklicht hätten, auch tatsächlich erreichen können. Wir suchen nach dem Zusammenhang, durch den die problemdefinierende Kluft zwischen einem gegebenen Ist-Zustand und einem gewünschten Soll-Zustand überbrückt werden kann. Wenn uns die Problemlösung durch ein solches Zusammenhangserlebnis plötzlich klar wird, dann verbessert sich unsere Gefühlslage sprunghaft.

Zusammenhangserlebnisse stimmen uns nicht nur positiv, durch sie gewinnen wir außerdem neue Handlungsperspektiven und Zielvorstellungen. Und alle Innovationen kommen durch derartige Erlebnisse in die Welt, an ihnen zeigen sich unsere schöpferischen Fähigkeiten. Auch alle plötzlichen Einfälle, die uns ein neues Ziel für unsere sinnvollen Handlungen eröffnen, erleben wir spontan und meistens ungeplant. Wer aber das erhebende Gefühl eines wegweisenden Zusammenhangserlebnisses nicht kennt, sei es etwa im Bereich der Gestaltung des täglichen, politischen, wirtschaftlichen, künstlerischen, wissenschaftlichen oder sportlichen Lebens, wird etwas Neues nicht schaffen können.

Wenn demnach Zusammenhangserlebnisse unsere Gefühlslage positiv beeinflussen, dann werden wir versuchen, gehabte Zusammenhangserlebnisse immer wieder zu erleben, sie zu reproduzieren. Bei diesem Versuch wird sehr schnell deutlich, daß wir kaum einen Zugriff auf das Vermögen haben, das sie in uns erzeugt. Und es kann sogar geschehen, daß uns dabei bewußt wird, daß die Zusammenhänge, von denen wir meinten, daß sie uns durch ein Zusammenhangserlebnis bewußt geworden wären, gar nicht oder zumindest nicht mehr bestehen. Ein solches Erlebnis sei ein *Isolationserlebnis* genannt. Es hat die dem vorangegangenen Zusammenhangserlebnis entsprechende negative Wirkung auf unseren Gefühlszustand. Besonders schmerzhaft sind solche Isolationserlebnisse im zwischenmenschlichen Bereich, etwa wenn uns ein geliebter Mensch verläßt oder wenn wir uns durch einen Freund hintergangen fühlen. Durch den Begriff der Isolationserlebnisse wird klar, daß Zusammenhangserlebnisse nur dadurch negative Wirkungen auf unser Gefühlsleben haben können, wenn durch sie die Gefahr von bevorstehenden Isolationserlebnissen bewußt wird.

Wiederholbare und mitteilbare Erlebnisse von Zusammenhängen können wir als Erkenntnisse bezeichnen. Und je nach dem Verfahren der Wiederholbarkeit können wir zum Beispiel ästhetische, religiöse, persönliche, zwischenmenschliche, intersubjektive, mythische oder wissenschaftliche Erkenntnisse unterscheiden. Wenn wir nun Rationalität als die Fähigkeit verstehen, solche Erlebnisse zu reproduzieren, dann gibt es so viele Arten von Rationalität, wie es Methoden der Reproduktion von Zusammenhangserlebnissen gibt. Und dann ist die Ausübung jeder dieser Arten von Rationalität mit einem Lustgewinn verbunden. Es stellt sich sogar heraus, daß auch die Reize, die ich anfangs als von außen kommende Reize bezeichnete, auf solche Arten von Rationalität zurückzuführen sind. Darum gibt es letztlich *nur* Reize der Rationalität. Ich will hier von *besonderen* Arten von Rationalität oder von *spezifischen Rationalitäten* im Gegensatz zur allgemeinen Rationalität sprechen. Die *allgemeine* oder *philosophische Rationalität* oder auch die *allgemeine Vernunft* ist die Fähigkeit, nach den Bedingungen für das Auftreten von Zusammenhangserlebnissen überhaupt fragen zu können.

Wenn es uns gelänge, solche Bedingungen zu bestimmen und zu verwirklichen, dann hätten wir den Schlüssel zur stoischen Weisheitslehre gefunden und könnten das Leben in Heiterkeit genießen, da wir uns beliebig viele Zusammenhangserlebnisse verschaffen und reproduzieren und uns vor Isolationserlebnissen schützen könnten. Damit könnten alle Probleme, die jemals auftreten sollten, gelöst werden. Wenn man daran glaubt, daß die allgemeine Vernunft in dieser Richtung tätig werden kann, dann verbindet sich damit die höchstmögliche Lusterwartung. Und dann geht von der allgemeinen Rationalität der größte Reiz überhaupt aus. Und wenn heute – gewiß aus vielen guten Gründen – das Ansehen der Philosophie sehr darniederliegt, dann vielleicht deshalb, weil dieser Reiz der Rationalität nicht mehr erlebbar gemacht wird, weil die Philosophen – aus anderen, aber ebenso gewichtigen Gründen – diesen Reiz selbst nicht mehr erleben.

Wenn Zusammenhangserlebnisse unsere Gefühlslage positiv beeinflussen, dann werden wir versuchen, gehabte Zusammenhangserlebnisse immer wieder zu erleben, sie zu reproduzieren.

Das Erlebnis, das Newton, vielleicht etwas märchenhaft verbrämt, im Grase liegend gehabt haben soll, als ihm ein Apfel auf seinen Kopf fiel, war die Ahnung von einem allgemeinen Zusammenhang zwischen Masse und Kraft. Dieses Zusammenhangserlebnis hat Newton durch sein Kraftgesetz und durch sein Gravitationsgesetz wegweisend im Rahmen der neuzeitlichen Physik für jedermann mit großer Sicherheit reproduzierbar gemacht. Daraus ist das Erkenntnissystem der neuzeitlichen Naturwissenschaften geworden mit seinen nahezu überwältigenden Erfolgen. Durch diese Erfolge ging und geht von der naturwissenschaftlichen Rationalität ein so starker Reiz aus, daß sie für viele Menschen und sogar für viele Philosophen bis heute die Stelle der allgemeinen Rationalität einnimmt. Mit der wissenschaftlichen Rationalität wird sogar die Hoffnung verbunden, daß die Naturwissenschaft die Probleme der Menschheit nach und nach lösen könnte. Im Rahmen dieses Wissenschaftsglaubens wird die Philosophie von den Wissenschaften abgelöst, und Philosophen sind in dieser Weltsicht weitgehend überflüssig geworden.

Die von den Naturwissenschaften hervorgebrachte moderne Technik gefährdet aber über enorme Umweltbeeinträchtigungen die Lebensgrundlagen auf unserer Erde. Dadurch hat der ursprüngliche Reiz der wissenschaftlichen Rationalität stark an Anziehungskraft verloren. Philosophen, wie etwa Kurt Hübner, haben schon vor längerer Zeit darauf hingewiesen, daß der Allgemeingültigkeitsanspruch der wissenschaftlichen Rationalität unbegründet und darum nicht aufrechtzuerhalten ist. Hübner wies dazu überzeugend darauf hin, daß auch die mythische Rationalität ihre eigene Berechtigung und natürlich auch ihren eigenen Reiz habe. Da aber alle Erkenntnis nur eine historisch bedingte Begründung erfahren könne, so sei auch jeder erkenntnistheoretische Anspruch auf Letztbegründung verfehlt. Damit, so haben viele gemeint, habe Hübner der philosophischen Rationalität ihren Reiz genommen. Denn wenn die Frage nach den Bedingungen für das Entstehen von Zusammenhangserlebnissen und deren Verwirklichung grundsätzlich nicht allgemeingültig beantwortet werden könne, dann wäre auch die Lusterwartung, die sich mit der allgemeinen Rationalität verbindet, ausgelöscht. Und wenn darum von der Philosophie kein Reiz mehr ausgehe, dann wäre Philosophie wiederum überflüssig.

Dieser Argumentation liegt ein Philosophieverständnis zugrunde, das sich zwar aufgrund der mittelalterlichen und neuzeitlichen Rivalität zwischen Theologie und Philosophie schon lange gebildet hat, das aber heute und auch von seinen Ursprüngen her nicht zu rechtfertigen ist. Es ist die Auffassung, Philosophie habe inhaltlich ewige Wahrheiten über die Lebenswirklichkeit aufzuzeigen. Philosophie kann aber grundsätzlich nur begrifflich-formal vorgehen. Der Inhalt dessen, was sie mit Begriffen begreift, bleibt ihr verschlossen. Das Inhaltliche kann nur durch Intuition, durch mythisch-religiöse Einsicht erfahren werden. Der Reiz der allgemeinen oder philosophischen Rationalität kann darum nur darin liegen, das Geheimnisvolle der Wirklichkeit begrifflich-formal einzufangen, wie es etwa Kant gelehrt hat. Dies gilt auch für Platon, etwa wenn er von Sokrates sagt, daß dieser nur das eine wisse, nichts zu wissen.

Dennoch ist es eine folgenreiche Fehlinterpretation von Platons „Gastmahl", den platonischen Eros nur als das ewige Streben nach der Ideenschau zu verstehen. Die Deutung des Eros hat Platon in diesem Hauptwerk nicht nur Sokrates in den Mund gelegt, sondern zusätzlich allen anderen, die über den Gott Eros beziehungsweise über dessen Verkörperung in Sokrates sprechen. Denn die Reden aller Teilnehmer am Gastmahl stellen verschiedene Aspekte der platonischen Sicht von Eros dar, so wie wir hier von den verschiedenen Reizen der Rationalität sprechen: Phaidon sucht die mythische Rationalität mit der des liebenden Handelnden zu verbinden, Pausanias

Rationalität

Dieses Kunstwort beruht auf der Selbstdeutung des Menschen als „animal rationale" (lat. vernünftiges Tier) und wird heute vor allem im wissenschaftlichen Bereich verwendet, wobei sein jeweiliger Gebrauch weiterhin von der Begriffsgeschichte der Vergangenheit bestimmt bleibt. Ursprünglich standen zur Selbstbestimmung des Menschen und zur Bezeichnung eines Denkens, das in der Lage ist, sich selbst zu denken, zwei Begriffe zu Verfügung: Verstand und Vernunft. Beide leiten sich aus dem Wortfeld des griechischen Verbes <noeîn> her. Platon erhob dieses umgangssprachliche Wort zu einen philosophischen Begriff und unterschied die Begriffe <nóesis> (Tätigkeit des <noûs>) als Fähigkeit der Ideenerkenntnis von <diánoia>, der Fähigkeit, eine Sache methodisch zu durchdenken. Beide Begriffe beruhen aber auf dem vorphilosophischen Gebrauch des griechischen Wortes <lógos>, welches das Sprach- und Denkvermögen des Menschen als das Verstehen der Sachstrukturen und Seinsgesetze bezeichnete. Diese Unterscheidung von <lógos/diánoia> als dem sinnlich und diskursiven (lat. methodisch logisch fortschreitende) Denken und <noûs/nóesis> als dem intuitiven (lat. durch Anschauung erkennend; Gegenteil von diskursiv) und transzendenten Denken ermöglichte bei Platon erst die Ideenlehre. Sie wurde auch im christlich-abendländischen Denken wieder aufgenommen. Mehr oder weniger einheitlich wurde <noûs> mit <intellectus> und <diánoia> mit <ratio> ins Lateinische übersetzt, wobei <intellectus> theoretisch und praktisch gemeint war und als anschauende und handlungsleitende Erkenntnis das höhere geistige Vermögen darstellte, während <ratio> als diskursive Erkenntnis das niedrigere Vermögen des Menschen war. So konnte Thomas von Aquin, der das Denkvermögen des Menschen auf Offenbarung gründete, formulieren, daß die <ratio> der Schatten des <intellectus> sei, da <ratio> diskursiv und induktiv (lat. vom einzelnen zum Allgemeinen) bestimmt war, während <intellectus> das Wesen eines Gegenstands direkt, augenblicklich und ohne Untersuchung, also intuitiv, erfaßte. Bevor es zur Übersetzung der Begriffe ins Deutsche kam war somit Vernunft (diánoia – ratio) das bloße Schluß- und Rechenvermögen, und der Verstand (noûs – intellectus) galt als das umfassende Denkvermögen, doch der Gebrauch war lange Zeit nicht eindeutig festgelegt. Kant definierte die Begriffe und nahm im Gebrauch eine Umkehrung vor: aus der Vernunft (diánoia – ratio) wurde ein umfassendes Reflexionsvermögen und aus dem Verstand (noûs – intellectus) ein bloßes Schluß- und Rechenvermögen. Der Verstand hat bei Kant eine ordnende und synthetische (griech. zusammensetzende) Funktion. Er ist Ursprung der Erkenntnis und formale Grundlage jeglicher Erfahrung. Bleibt aber der Verstand sich selbst überlassen, so ist die Folge eine leere Einheit ohne jeglichen Zusammenhang und somit sinnlos. Der Verstand steht zwischen der Sinnlichkeit und der Vernunft. Vernunft ist der Sinnhorizont eines in der Sinnlichkeit verwurzelten Verstands. Kants Begriffsprägung wird im Deutschen Idealismus weitergeführt und die Vernunft zum Vermögen der Erkenntnis des Absoluten gesteigert und oft synonym mit dem Begriff Geist gebraucht. Doch nach dem Idealismus wurde das Begriffspaar <Verstand/Vernunft> durch das Etikett <Rationalismus> ersetzt, wobei man nicht umhin kam, zwischen mechanischem und dialektischem Denken oder wissenschaftlichem und existentiellem Denken zu unterscheiden. In diesen Unterscheidungen zwischen einem endlichen Verstand und einer umgreifenden Vernunft, die normativ in das Subjekt hineinwirkt, ist stets die Vernunft als eine Transzendenz (lat. das Überschreiten der Grenzen der Erfahrung und des Bewußtseins) im Minimalformat mitenthalten. Für den Verlust des Vernunftbegriffs ist maßgeblich, daß die Philosophie das Denken des Denkens (Denkakte, Denkformen und Denkweisen), an Wissenschaften wie die Psychologie, die Soziologie und die Psychoanalyse abtreten mußte. Vernunft läßt sich im Unterschied zum bloß formalen Denken des Verstands nicht ohne inhaltlichen Bezug und eine vorausgesetzte Norm denken. Der Verzicht auf den Begriff Vernunft stellt auch den Begriff Verstand in Frage. Beide Begriffe sind durch den Begriff Rationalität nicht ohne Verlust zu ersetzen.

Red.

möchte eine analytische Rationalität der liebenden Erziehung begründen, Eryximachos strebt eine technische Rationalität des Heilens an, und Aristophanes benutzt die Form der mythischen und der wissenschaftlichen Rationalität zur Erklärung der menschlichen Sehnsucht nach Zusammenhang. Agathon faßt diese Rationalitäten mit Hilfe von Formen der ästhetischen Rationalität zusammen, um die Erfüllbarkeit von Sehnsüchten darzustellen, während Sokrates die philosophisch-wissenschaftliche Rationalität des schrittweisen Aufbaus menschlicher Erkenntnis überhaupt beschreibt. Erst wenn zum sokratischen Erkenntnisstreben das agathonsche Erfüllbarkeitsprinzip hinzutritt, ist die Gefahr der frustrierenden Ruhelosigkeit des heillosen Fortschrittseifers gebannt.

Mit den von Agathon beschriebenen positiven Veränderungen, die Eros oder das Zusammenhangstiftende mit jedem Zusammenhangserlebnis im Menschen hervorruft, gibt sich Sokrates nicht zufrieden, denn kein erlebter Zusammenhang ist so abgeschlossen, daß er nicht noch in größere Zusammenhänge eingebettet werden könnte. Darum ersehnen wir uns immer weiterreichende Zusammenhangserlebnisse bis zu einer unerreichbaren vollständigen Geborgenheit. Platons verschiedene Deutungen des Eros sind auf den sokratischen Eros des höchsten Erkenntnisstrebens so bezogen wie die verschiedenen Reize der besonderen Arten von Rationalität auf den Reiz der allgemeinen, der philosophischen Rationalität. Das Verlangen, das sich mit dem Reiz der philosophischen Rationalität verbindet, kann nicht erfüllt werden, aber jeder Versuch dazu führt zu Betätigungsfeldern einer besonderen Rationalität.

So können wir grundsätzlich nicht wissen, wie es zu Zusammenhangserlebnissen kommt; denn mit

Anzeige

jedem Versuch, diese zu erkennen, müßten ebensolche schon vorausgesetzt werden, über deren Zustandekommen wir wiederum nichts wüßten und so weiter. Aber dennoch führen auch diese Zusammenhangserlebnisse zu einer Verbesserung unserer Gefühlslage. Gewiß können wir von einem Zusammenhangstiftenden in uns sprechen, ohne es näher bestimmen zu können. Inhaltliche Vorstellungen über das Zusammenhangstiftende lassen sich nicht durch die Philosophie bestimmen, sie finden sich aber in den Überzeugungen des religiösen Glaubens von einzelnen oder von Gemeinschaften. Mit dem Zusammenhangstiftenden ist also ein Begriff gefunden, der alle Religionen miteinander verbindet und dessen Name für Goethe „Schall und Rauch" ist, „umnebelnd Himmelsglut". Die philosophische Rationalität hat hier über den Begriff des Zusammenhangstiftenden eine metareligiöse Rationalität eröffnet, deren Reiz darin besteht, durch begriffliche Gemeinsamkeiten Möglichkeiten des Verstehens von Menschen zu schaffen, die aus verschiedensten religiösen Traditionen stammen.

Den Reiz der Rationalität künftig darin zu erblikken, Zusammenhangserlebnisse zwischen Menschen zu befördern, das heißt, das gegenseitige menschliche Verstehen, könnte die Reize der besonderen Rationalitäten so steuern, daß das Überleben der Menschheit nicht nur wieder wahrscheinlicher wird, sondern daß sich dieser Prozeß auch lustbetont vollzieht.

Empfohlene Literatur:

Zur genaueren Bestimmung der Begriffe Zusammenhangs- und Isolationserlebnis:

– Deppert, Wolfgang: Hermann Weyls Beitrag zu einer relativistischen Erkenntnistheorie. In: Wolfgang Deppert, Kurt Hübner, Arnold Oberschelp, Volker Weidemann (Hg.): Exact Sciences and their Philosophical Foundations. Exakte Wissenschaften und ihre philosophische Begründung. Vorträge des Intern. Hermann-Weyl-Kongresses, Kiel 1985. Peter Lang Verlag, Frankfurt/M. 1988, S. 445–467

– Theobald, Werner: Hypolepsis – Ein erkenntnistheoretischer Grundbegriff der Philosophie des Aristoteles. Dissertation, Kiel 1994, S. 82 ff.

Zur Verallgemeinerung des Religionsbegriffs:

– Johann Wolfgang von Goethe: Faust, 1. Teil. Margaretes und Fausts Auftritt in Marthens Garten (die Antwort auf die „Gretchenfrage"), irgendeine Ausgabe.

Zur Relativierung des Anspruchs der wissenschaftlichen Rationalität und zur Bedeutung der mythischen Rationalität:

– Hübner, Kurt: Kritik der wissenschaftlichen Vernunft. Alber Verlag, Freiburg 1978

– Hübner, Kurt: Die Wahrheit des Mythos. Beck Verlag, München 1985

Wolfgang Deppert ist Professor für Philosophie an der Christian-Albrechts-Universität in Kiel.

Martin Holoch

Von Büchern und Phantasmen

Die Bedingung der Möglichkeit von Wissen wurde seit der allgemeinen Alphabetisierung durch die Aufklärung an das Buch und die Bibliothek gebunden. Genau diese Bedingung wird in den meisten Diskursen über Sprechen und Denken ausgeklammert. Soweit sich Denken als Sprache artikuliert, ist dies seit der Aufklärung nur als Schrift – das heißt als veröffentlichtes Buch – denkbar.

Kant definierte in der „Metaphysik der Sitten" (1797) das Buch als eine Schrift, „welche eine Rede vorstellt, die jemand durch sichtbare Sprachzeichen an das Publikum hält" (Kant VIII, 404). Weiterhin bezieht Kant in die Definition die Begriffe Autor und Verleger mit ein, nicht aber den Ort, an dem diese Reden an das Publikum gesammelt wurden, die Bibliothek. Der Autor wurde in der Aufklärung zu einem Publizisten, der zur Welt spricht und durch ein Buch Zeugnis ablegt für den öffentlichen Gebrauch seiner individuellen Vernunft. Voraussetzung dafür war die Vorstellung, daß unser Umgang mit der Welt von Ignoranz und Inkompetenz geprägt ist. Die Hoffnung der Aufklärung stützte sich auf die Behebung dieser Übel durch das Lesen von Büchern. Damit wurde aber auch zugleich die Kritik als souveräner Zensor eingesetzt, deren Aufgabe es war, die Vielzahl der Reden zu kontrollieren, aus Angst vor dem demokratischen Stimmengewirr. Die Aufklärung nahm die Struktur des „bellum omnia contra omnes" in sich auf. Der Bürgerkrieg, den der Staat eliminiert hatte, flammte in der Republik des Geistes wieder auf, und der Kampfplatz dafür wurde die Bibliothek.

Der Bürgerkrieg, den der Staat eliminiert hatte, flammte in der Republik des Geistes wieder auf, und der Kampfplatz dafür wurde die Bibliothek.

In Bibliotheken wurden Bücher geordnet, gesammelt, gelesen und geschrieben; in ihnen konnte dem Vergessen entgangen und die Überlieferung stets wiederhergestellt werden. Die Bibliotheken bewahrten, verbargen und verboten Wissen. Sie waren Orte der Zerstörung und Plünderung. Sie waren Resultat und Voraussetzung bestimmter Vorstellungen über Natur, Geschichte und Subjekt. In Bibliotheken erschien Natur im Modus der Entfremdung, Geschichte im Bild des Bewahrens und Vergessens, und allein das Subjekt mit seinem Willen zum Wissen fand darin eine Heimstatt.
In der Antike wurden Lehre und Forschung in Bibliotheken betrieben, die nicht nur Orte des Wissens, sondern – wie die Bibliothek von Alexandria – auch repräsentative Herrschaftsinstrumente in Vielvölkerstaaten waren. „In der hellenistisch-römischen Welt waren Bibliotheken zahlreich, aber vergänglich gewesen" (Canfora, 1988, S. 185). Die Bibliothekare Boethius und Cassiodorus vermittelten das Wissen der Antike und schufen so das duale Wissen aus christlichen und antiken Elementen, das in den klösterlichen Bibliotheken nach Sachgruppen geordnet zur Grundlage des Mittelalters wurde. Über die Übersetzerschule von Toledo drangen die Werke des Aristoteles und der arabischen Wissenschaften in die Bibliotheken ein, und es kam im 14. Jahrhundert zu einer sprunghaften Produktion von Texten: In der Bibliothek der Sorbonne in Paris verdoppelte sich von 1290 bis 1338 der Bestand der Handschriften. Bibliotheken waren zunächst ein Phänomen der Kirchen und der Klöster, doch nachdem Papier statt Pergament, die gotische Schrift statt Minuskeln zum Schreiben verwendet wurden, verlagerte sich das Wissen von der Kirche hin zu den Universitäten und zu höfischen Bibliotheken. Der Buchdruck ermöglichte zudem ab dem 15. Jahrhundert die Gründung privater Bibliotheken, so daß zur Zeit des Humanismus und der Reformation verschiedenartige Bibliotheken existierten, die unter der Verwaltung verschiedener gesellschaftlicher Gruppen standen. Dieser Plural der Bibliotheken ermöglichte die Entdekkung der Antike durch die Humanisten und der Bibel durch die Reformatoren und wurde abrupt durch die kriegerischen Auseinandersetzungen während des Dreißigjährigen Krieges unterbrochen, bei denen Bibliotheken geplündert und gebrandschatzt wurden. Das Barock entdeckte die mittelalterlichen Klosterbibliotheken neu und gestaltete Bibliotheken als prachtvolle Museumsstücke. Dies war der Grabschmuck einer bestimmten Art der Produktion und Rezeption von Wissen. Durch den Buchdruck konnte das Wissen unabhängig vom Ort des Schreibens, der Bibliothek, produziert und verbreitet werden. Die Konsequenzen daraus zog die Aufklärung: Aus Bibliotheken für Gelehrte, die im Zentrum der Macht an Universitäten, Fürstenbibliotheken und Königlichen Bibliotheken arbeiteten, wurden öffentliche Bibliotheken. Die Aufklärung des 18. Jahrhunderts trat an im Kampf gegen das Wissen in den Bibliotheken des Barock und erzeugte ein plurales Wissen, das immer weiterer Ordnungen bedurfte, um von der Fülle der Bücher nicht erschlagen zu werden. Es wurden alphabetische Autoren- und Schlagwortkataloge, Bibliographien und Bibliographien der Bibliographien erstellt. Die moderne bürgerliche Gesellschaft konstituierte sich nicht allein durch die Guillotine, sondern auch dadurch, daß sie die feudalen Bibliotheken zerstörte. Zu Beginn der Säkularisation stand nicht nur das Fallen der Köpfe, sondern auch das Verbrennen und Vergessen von Büchern. Demgegenüber standen die permanenten Renaissancen und Erneuerungsbewegungen, die durch die noch vorhandenen Bibliotheksbestände ausgelöst und ermöglicht wurden.
Leibniz, seit 1676 Bibliothekar in der barocken Fürstenbibliothek zu Hannover, konnte noch von einer Universalsprache und einer Universal-

HTTP://WWW.INFO.DE

Surfen im Internet
Von Link zu Link

Allzeitbereiter Normproduzent
Bewußtsein-Manager
Gerüstet mit Wertgeneratoren
zum Sitten-Controller

E-Mail ohne Antwort
Wenn es hoch kommt
Drei Mal formatiert

Escape

Manfred Matheis

bibliothek träumen, in der alles wahre und sichere Wissen aufbewahrt ist, um so dem Denker ein Instrument an die Hand zu geben, Wahres von Falschem zu unterscheiden. Hegel erneuerte diesen Traum von einem absoluten Wissen, mußte aber in diesen Traum das Phänomen „Geschichte", das Werden, miteinbeziehen. In der „Phänomenologie des Geistes" heißt es: „Dies Werden stellt eine träge Bewegung und Aufeinanderfolge von Geistern dar, eine Galerie von Bildern, deren jedes, mit dem vollständigen Reichtume des Geistes ausgestattet, eben darum sich so träge bewegt, weil das Selbst diesen ganzen Reichtum seiner Substanz zu durchdringen und zu verdauen hat" (Hegel, 1984, S. 590). Bei Hegel gilt die Bibliothek, „eine Galerie von Bildern", als Bewahrerin des Wissens, in der die Geschichte des Weltgeistes aufgehoben ist. Aufgrund dieses Wissens können in jeder Galerie positive Utopien gebildet werden, die den Weg des Weltgeistes vorzeichnen und – wenn auch träge – vorantreiben. Die permanente Präsenz der Geschichte jedoch, die Gleichzeitigkeit des Ungleichzeitigen, verwandelte sich am Ende des 19. Jahrhunderts zu einem Alptraum, und Nietzsche stellte die Frage, ob es nicht an der Zeit sei, „die Bibliotheken als Holz, Stroh und Gestrüpp zu behandeln": „Es wäre also möglich, daß einem späteren Jahrhundert vielleicht gerade unser Zeitalter als saeculum obscurum gälte; weil man mit seinen Produkten am eifrigsten und längsten die Öfen geheizt hätte. Wie glücklich sind wir demnach, daß wir diese Zeit noch kennen lernen dürfen" (Nietzsche, 1976, S. 229). Nietzsche sollte diese Zeit nicht mehr erleben. Jedoch formulierten Hegel und Nietzsche jene Hoffnungen und Ängste, die mit dem Phänomen Bibliothek verbunden waren. Nietzsches Alptraum sollte sich in literarischer Form erfüllen, wenn in Canettis Roman „Die Blendung" die Bibliothek des Privatgelehrten Kien in Flammen aufgeht, und in realer Form, als im Mai 1933 die Schlägertruppen des Nationalsozialismus zu Bücherverbrennungen schritten. Der Traum von der Vollständigkeit der Bibliothek und die Vorstellung eines Lebens ohne Bibliotheken hintergehen die oben angeführten historischen Befunde: Bibliotheken waren nie vollständig, wurden immer wieder zerstört und neu aufgebaut. Der Zugang zum Wissen wurde von Faktoren ausserhalb der Bibliothek bestimmt. Die in der Bibliothek gesammelten Bücher unterlagen immer schon Ordnungen, die darüber entschieden, ob ein Buch ausgestellt oder magaziniert wurde. Trotzdem nährten Bibliotheken die Illusion, daß es einen Ort gäbe, an dem alles Wissen über die Welt vorhanden sei, und schürten die Ängste der Bibliotheksbenutzer, denn die Fülle des gespeicherten Wissens überstieg bei weitem die Erfahrungswelt und Lebenszeit des einzelnen Lesers. Nirgendwo traten so sinnfällig Weltzeit und Lebenszeit auseinander wie in der Bibliothek: Bücher leben länger, und Bibliotheken überleben Kriege und Katastrophen.

Ende des 20. Jahrhunderts wurden die Ängste und Hoffnungen, die durch die Existenz von Bibliotheken entstanden waren, von einem allegorischen Gebrauch des Bildes „Bibliothek" überlagert, um damit den neuen Status des Wissens anzuzeigen. Nicht real existierende Bibliotheken und ihre Geschichte wurden zum Thema des Nachdenkens über das Wissen, sondern es entwickelte sich eine bildhafte Rede im Zeichen des vermeintlichen Verschwindens der Bibliotheken durch die neuen Informationssysteme. Die Allegorie als bildhafte Darstellung eines abstrakten Begriffs wie „Wissen" wird von Schopenhauer als „ein Kunstwerk" definiert, „welches etwas anderes bedeutet, als es darstellt" (Schopenhauer I, 299). Wenn der Übergang vom Bild zum abstrakten Begriff festgelegt ist, spricht Schopenhauer von einem Symbol. Aufgrund des Übergangs – vom Bild, das Wahrheit verbirgt, zur Idee, die ihrer Unverständlichkeit wegen die Möglichkeit des Irrtums enthält – verwirft Schopenhauer die Allegorie als ein Mittel der Kunst, läßt sie jedoch für Literatur und Philosophie gelten. Er führte dafür drei Beispiele an: Platons „Höhlengleichnis", Cervantes' „Don Quichote" und Swifts „Gullivers Reisen". Diese Beispiele sind für das 20. Jahrhundert um die Erzählung „Die Bibliothek von Babel" von Jorge Luis Borges zu ergänzen, die den Leser mit einer paradoxen Definition konfrontiert: „Das Universum (das andere die Bibliothek nennen) setzt sich aus einer unbegrenzten und vielleicht unendlichen Zahl sechsekkiger Galerien zusammen, mit weiten Entlüftungsschächten in der Mitte, die mit sehr niedrigen Geländern eingefaßt sind" (Borges, S. 145). Mit diesem

Die moderne bürgerliche Gesellschaft konstituierte sich nicht allein durch die Guillotine, sondern auch dadurch, daß sie die feudalen Bibliotheken zerstörte.

Satz wird in der Erzählung eine Fiktion eröffnet und zugleich negiert. Es wird eine Bibliothek dargestellt, und zugleich ist die Erzählung – da die Bibliothek das Universum ist – Teil jener „Bibliothek von Babel". Die Fiktion, daß das Universum eine Bibliothek ist, wird durch die eingefügte Klammer untergraben, die im Beiseite-Sprechen eines Erzählers auf die „anderen" verweist, für die das Universum die Bibliothek ist. Für den Erzähler selbst, der von sich sagt, daß er in seiner Jugend „die Fahrt nach einem Buch angetreten" hat und in der Bibliothek sowohl geboren ist als auch sterben wird, gilt diese Definition jedoch nicht, da er ja in diesem Universum, einem Ort der räumlichen und zeitlichen Totalität allen Wissens, eine Erzählung schreibt, die nur eine vorhandene Erzählung reproduzieren kann. In einer vollständigen Bibliothek kann es keine neue Erzählung geben, sondern nur eine Kompilation aus vorhandenen Büchern. Dadurch ist die Erzählung „Die Bibliothek von Babel" eine antihegelsche Utopie des absoluten Wissens. Aus Hegels „Galerien von Bildern" werden in Borges' Erzählung dürftig beleuchtete sechseckige Galerien, durch die Bibliothekare irren, die durch „Selbstmorde und Lungenkrankheiten" immer weniger werden. Die Bibliothekare können ihre Aufgaben nicht erfüllen, da das Licht für das Lesen der Bücher nicht ausreicht. Die Bibliothek ist autonom und bedarf keiner Menschen mehr, und die Ängste und die Hoffnungen des Erzählers richten sich allein darauf, daß „die Gattung Mensch im Aussterben begriffen ist", „die Bibliothek (aber) fortdauern wird" (Borges, S. 154). In der „Bibliothek von Babel" werden durch die Vollständigkeit des Wissens die Hoffnungen von Leibniz und Hegel außer Kraft gesetzt. Die Bibliothek ist wie die Erzählung und der Erzähler selbst eine Fiktion, denn „Sprechen heißt: in Tautologien verfallen" (Borges, S. 153). Der Erzähler beschreibt drei Reaktionen auf die Totalität des Wissens in dieser Bibliothek.

Zuerst fühlen sich die Menschen von der totalen Ordnung entlastet und befreit. Alle Probleme sind gelöst, da es zu jedem eine Lösung in einem Buch in den Galerien gibt. Diese Freude war allen Aufklärungen gemein. Sie versprachen die Erlösung von dem mündlich ungenauen und ortsgebundenen Wissen, das immer droht, durch Entstellung und Verzerrung dem Mythos zu verfallen, und setzen dagegen das überall verfügbare Buch, dessen Lektüre dem Subjekt die Möglichkeit gibt, auf sicherer Grundlage Entscheidungen für das Handeln zu treffen. Nachdem sich ein „überwältigendes Glücksgefühl" (Borges, S. 149) breitgemacht hat, setzen auch Reaktionen auf das nur in der Möglichkeit vorhandene sichere, aber dem einzelnen Leser nicht mehr zugängliche Wissen ein. Jeder macht sich auf die Suche nach dem ihm gemäßen Buch. Das vollständige Wissen zerfällt in Weltanschauungen, die in je einer Galerie ihren Ort haben. Parallel dazu entwickelt sich die Suche nach dem falschen Wissen. Ausgerüstet mit einer imaginären Norm machen sich „Inquisitoren" (Borges, S. 150) auf den Weg durch die Bibliothek. Sie denunzieren das gefährliche Wissen der Häretiker, der Freidenker, der Illuminaten, schüren Scheiterhaufen und inszenieren Bücherverbrennungen.

Die zweite Reaktion auf die totale Ordnung steht ganz im Zeichen einer „übermäßige(n) Verzagtheit" (Borges, S. 150). Es wird ein Kanon an Büchern erstellt, Überflüssiges ausgemerzt. Darin erkennt man die Methoden der Klassiken aller Epochen: Reduktion, Ausschließung, Vereinfachung, Abgrenzung. Aus der Sicht des Erzählers ist dies Ignoranz und

Nirgendwo treten so sinnfällig Weltzeit und Lebenszeit auseinander wie in der Bibliothek: Bücher leben länger, und Bibliotheken überleben Kriege und Katastrophen.

Verdrängung der unendlichen Möglichkeiten der Bibliothek. Die dritte Reaktion, welcher der Erzähler sein Leben gewidmet hat, ist die Suche nach dem Buch der Bücher in der unbegrenzten Bibliothek. Eine aussichtslose Suche zwar, aber eine, die das Eingeständnis der eigenen Unwichtigkeit angesichts der Bibliothek aufhebt und Raum für Hoffnung schafft: „Die Gewißheit, daß alles geschrieben ist, macht uns zunichte oder zu Phantasmen" (Borges, S. 154). Der Erzähler geht von der prinzipiellen Nicht-Hintergehbarkeit der Bibliothek aus. Nicht das Hinzufügen isolierter Einzelteile, sondern das Herum-

Anzeige

Ethik-Letter

LayReport

Herausgegeben von Prof. Dr. Rupert Lay und Dr. Norbert Copray M.A.

Für Führungskräfte, Experten, Personalleiter und andere Nachdenkliche

4 x im Jahr, im 3. Jahrgang

Jede Ausgabe enthält:
Cronique à scandale, Kommentar zur Zeit, Exklusiv-Interview, Ethische Grundlagen, Rezensionen, Standpunkt

***Autoren und Interviewpartner der letzten Ausgaben u.a.*: Prof. Dr.Ing. Günter Ropohl, David J. Herman, Martin Kohlhaussen, Hans-Olaf Henkel, Prof. Dr. Ernst Ulrich von Weizsäcker, Prof. Dr. Klaus M. Leisinger, Dr. Martin Löhner, Dr. Bernhard A. Grimm. Dr. Baldur Kirchner, Dr. Renate Hauser, Dr. Carolyn Cassan, Prof. Dr. Rupert Lay, Dr. Reinhard K. Sprenger, Dr. Winfried Bauer, OA Wolfgang Schaupensteiner, Dr. Maximilian Gege, Prof. Dr. Detlef Horster**

***Infos anfordern bei*: gimas, Leberberg 4, 652193 Wiesbaden, Fon (0 611) 9 59 09 85, Fax (0 611) 9 59 08 68**

Die Totalität der Information führt dazu, daß der einzelne Benutzer gar nichts mehr weiß.

wandern in der Bibliothek, das Anfügen von Anmerkungen, das Hineingravieren in die Bücher nimmt er als Aufgabe an. Ihm bleiben das Berichtigen und Überzeichnen des aufgezeichneten Wissens, die Schaffung von Palimpsesten (wiederverwendetes Pergament, dessen früherer Text lesbar gemacht werden kann) angesichts der Totalität des Wissens: Eine Reaktion ist in dieser Allegorie von der Bibliothek jedoch nicht enthalten, nämlich jene, daß das Wissen in der Bibliothek weder Ängste noch Hoffungen gebiert, sondern nur stumpfe Gleichgültigkeit. Die nunmehr ein halbes Jahrhundert andauernden pekuniären und politischen Verhältnisse lassen es zu, das Wissen in der Bibliothek einfach zu vergessen, da man sich seines Besitzes gewiß ist. Doch das Wissen der Bibliothek muß stets neu durch Lesen erarbeitet werden. Wenn von einem Verschwinden der Bibliothek die Rede sein kann, insofern, als man sich der Arbeit des Lesens nicht mehr unterzieht. Die „Bibliothek von Babel" wurde als Untergangsphantasie der realen Bibliotheken durch die neuen Medien am Ende des zwanzigsten Jahrhunderts rezipiert, da sie grundlegende Lebensverhältnisse widerspiegelt, also Wirklichkeit. In dieser Wirklichkeit geht es aber nicht um Bücher und Bibliotheken, sondern um Verwaltungs- und Informationssysteme, die sich über das wissenwollende Subjekt gelegt haben, die ihm die Illusion vorgaukeln, daß sich Denken und Wissen gar nicht mehr lohnten, weil ja jederzeit irgendwo ein Fachmann, ein Fachwissenschaftler zur Verfügung steht, wenn man nur das richtige Programm anschaltet, ins richtige Netz sich einklinkt. Dabei ist das Internet nicht das Ende der Bibliothek, sondern nur ein Mittel, die Produktion und den Vertrieb von Informationen schneller, effizienter und rationeller zu gestalten. Das bringt zwar den Verlust der Bücher und Bibliotheken mit sich, aber es schont wenigstens die Wälder. An die Stelle eines Bibliothekswesens hat sich ein Infor-mationswesen gesetzt, das nicht mehr die Aufgabe hat, Wissen zu vermitteln, sondern lediglich zur Beschaffung und Verarbeitung von Informationen dient, ebenjener Vielzahl von Details, die in keinen Zusammenhang mehr zu bringen sind und bestenfalls zum Zeitvertreib, als Infotainment sich eignen. Die Totalität der Information führt dazu, daß der einzelne Benutzer gar nichts mehr weiß, denn die vielen Antworten, die das Subjekt im Netz erhält, sind so gut wie keine Antwort. Das Lesen ist nicht mehr Zugang zum Wissen, sondern das Beschaffen und Verarbeiten von Informationen. Das einzige Wissen, das die neuen Medien dem Subjekt bieten, ist das Medium selbst, die Anwesenheit der Empfangsgeräte in den Privathaushalten. Doch dieses Wissen ist seit der Einführung der Leitungen für Gas und Strom, seit dem Verlegen von Glasfaserkabeln für Telefon und Fernsehapparat altbekannt. Die durchlöcherte Wand liefert das Subjekt einer Außenwelt und einer Öffentlichkeit aus, gegen die in der bürgerlichen, einst aufgeklärten Gesellschaft Persönlichkeitsrechte formuliert und mit Begriffen wie Lesen, Wissen und Subjekt benannt wurden. Wenn die Diskurse über den Diskurs der Diskurse, wenn alle richtigen und gefälschten Forschungsergebnisse endgültig im Internet verschwunden sein werden, wird der Blick vielleicht wieder frei auf jenes Universum, das andere die zivilisierte Welt nennen und das doch nur ein begrenzter Landstrich auf der Erdoberfläche ist. Es wird dann wieder bewußt, daß die Menschen von Informationen nicht satt werden, daß monatliche Gebühren keine Krankheiten heilen und die Totalität der Informationen keine Kriege verhindert. Das bloße Buch in der Hand des Lesers wird der Fiktion von dem totalen Wissen in einem vollständigen, weltumfassenden Netz widersprechen.

Auf Kants erkenntnistheoretische Frage im 18. Jahrhundert, was man wissen könne, antwortete Blumenberg im 20. Jahrhundert mit der Frage, was es denn war, was wir wissen wollten. Diese Frage konnte als Antwort nur einen retrospektiven Blick zur Folge haben. Was wir wissen wollten, während wir vorwärts kamen, fragen wir im nachhinein, jetzt, da es „fünf vor zwölf" ist, wie das Ende, der Overkill und die Ökokatastrophe, heute heißt. Doch führt vielleicht eine dritte Frage weiter, die danach fragt, was es denn war, was wir wußten und vielleicht immer noch wissen, bevor wir uns daran machten zu erforschen, was wir wissen können und daraufhin daran gingen, uns zu informieren. Vielleicht wird dadurch ein Erkennen möglich, das uns weiterbringt, wenn auch damit kein Fortkommen mehr möglich ist.

Vom Autor empfohlene weiterführende Literatur:

– Blumenberg, Hans: Die Lesbarkeit der Welt. Frankfurt a. M. 1986

– Borges, Jorge Luis: Gesammelte Werke. 11 Bde. München und Wien 1981. Bd. 3/1: Die Bibliothek von Babel, S. 145–154

– Canfora, Luciano: Die verschwundene Bibliothek. Berlin 1988

– Hegel, Georg Wilhelm Friedrich: Werkausgabe. 20 Bde. Frankfurt a. M. 1970. Bd. 3: Phänomenologie des Geistes.

– Kant, Immanuel: Werkausgabe. 10 Bde. Frankfurt a. M. 1982. Bd. VII: Metaphysik der Sitten – Leibniz, Gottfried Wilhelm: Philosophische Schriften. 5 Bde. Darmstadt 1985

– Mummendey, Richard: Von Büchern und Bibliotheken. Darmstadt 1984

– Nietzsche, Friedrich: Unzeitgemäße Betrachtungen. Stuttgart 1976

– Raabe, Paul: Die Bibliothek als humane Anstalt betrachtet. Plädoyer für die Zukunft der Buchkultur. Stuttgart 1986

– Schopenhauer, Arthur: Werke. 10 Bde. Zürich 1977. Bde. 1–4: Die Welt als Wille und Vorstellung.

Martin Holoch studierte Philosophie und Romanistik in Tübingen und Freiburg. Er ist zur Zeit Lektor im Rahmen eines Projektes des Deutschen Akademischen Austausch-Dienstes in Frankreich.

Marie-Cécile Bertau

Eros und Metapher

Die Verbindung, die Platons Eros zum Geliebten herstellt, ist eine besondere, denn sie führt zur Erkenntnis. Der Liebesdialog, das Miteinandersein zweier Menschen, ist zugleich philosophische Praxis. Und in dieser Praxis des intensiven Redens trifft sich die Vorstellung vom Eros mit dem, was geschieht, wenn ein Sprecher Metaphern verwendet: Es entsteht eine nahe Verbindung zwischen dem Sprecher und seinem Hörer, durch welche die Möglichkeit eines tiefen, persönlichen und unkonventionellen Verstehens entsteht. So ist der Dialog, das Geschehen zwischen Zweien, der Kernpunkt der Erkenntnis. Die Lust an der Erkenntnis wird getragen von der Lust, sich dem anderen mitzuteilen.

Eros und Schönheit

Der Eros bezeichnet bei Platon eine Kraft, einen Drang nach dem Schönen, aber auch nach dem Wahren und Guten. Diese Kraft treibt den Menschen an, zur wahren Erkenntnis aufzusteigen, nämlich zur Schau der Ideen. Die höchste Idee ist die Idee des Guten, das auch schön ist. Platons Beschreibung dieser Kraft, ihres Weges und ihrer Wirkung hat die Gestalt einer Allegorie: Eros ist ein Gott, genauer gesagt ein Daimon. Nichts Dämonisches, Unheimliches oder gar Satanisches wie in unserer modernen Auffassung haftet ihm an, sondern er ist ein positives und produktives Wesen, das eine Zwischenstellung einnimmt: Er steht zwischen den Menschen und den Göttern, er vermittelt zwischen ihnen. Damit vermittelt Eros auch zwischen den Gegensätzen sterblich/unsterblich und unwissend/weise. In dieser Zwischenstellung hat Eros die Rolle eines Dolmetschers, seinem Wesen ist also von vornherein eine Bewegung mitgegeben, sie ist die Dynamik des Antriebs, der von der Stelle wegführt, an der man sich befindet. In seiner Bewegung verbindet Eros die Gegensätze, führt von einem Pol zum anderen, und zwar in aufsteigender Richtung.

Die antreibende, wegführende Kraft zeigt sich zunächst in der Liebe zu einem schönen Knaben. Sie erinnert in Platons Vorstellung die Seele an die frühere Schau des Schönen an sich, der Idee des Schönen. Das Auge nimmt die Schönheit des Knaben auf, sie ergießt sich auf die Seele des Schauenden und läßt ihr Gefieder wieder wachsen. Denn ehedem war die Seele ganz befiedert und konnte sich so aufschwingen bis zur „äußersten unterhimmlischen Wölbung", von wo aus sie in den überhimmlischen Ort schauen und sich an den Ideen laben konnte.

Den süßen Schmerz und die Unruhe des Verliebtseins beschreibt Platon sehr anschaulich als das Neuwachsen des Seelengefieders:

„... und was die Zahnenden an ihren Zähnen empfinden, wenn sie eben ausbrechen, Jucken und Reiz im Zahnfleisch, eben das empfindet auch die Seele dessen, dem das Gefieder hervorzubrechen anfängt, es gärt in ihr, und juckt sie, und kitzelt sie, wenn sie das Gefieder heraustreibt. (...) und aus dieser Unruhe gerät sie in Geistesverwirrung, und bei diesem Wahnsinn kann sie weder des Nachts schlafen, noch bei Tage irgendwo ausdauern, sondern sehnsüchtig eilt sie immer dahin, wo sie den, der die Schönheit besitzt, zu erblicken hofft." („Phaidros", 251 c-e)

So heftig die Liebe zum schönen Knaben auch ist, sie erfüllt sich doch nicht in ihm, denn der Schöne ist zwar Auslöser der erotischen Begeisterung, aber er ist nicht ihr eigentliches Ziel, es geht letztlich nicht um *ihn*, um seine Person, seine besondere Schönheit. Die Erinnerung an das Schöne an sich, die die Seele aus ihrem vorhergehenden körperlosen Dasein mitbringt, leitet die Begeisterung auf den Knaben, um dann aber von ihm wegzuführen und wieder zur Idee zu gelangen. Hier wird eine Bewegung beschrieben, die von einer rein geistigen (bei Platon: seelischen) Schau zu einem sinnlich bestimmten Sehen herunterführt, um von da aus wieder aufzusteigen in den rein geistigen Bezirk. Für den Liebenden verweist daher der Geliebte nur auf etwas, das über ihn hinausgeht, der Eros interessiert sich nur für das Universale (die Idee), nicht für das Besondere, Individuelle. Das erotische Begehren ist insofern nicht persönlich; es ist universelles Begehren nach dem Schönen und Guten. Das Schöne an sich wird gegen das besondere Schöne ausgespielt, im Aufstieg wird die geliebte Person verlassen, der Liebende hört schließlich auf, ein Liebender zu sein – auf eine Person bezogen zu sein – und wird ganz zum Zuschauer: Er schaut die Idee des Schönen selbst, allein, abgelöst von der Immanenz der Körper und der Beziehungen der Menschen.

Der stufenweise Aufstieg, der in Platons „Symposion" beschrieben wird, führt vom sinnlich schönen Knabenleib zu allen schönen Körpern (das Einzelne wird zugunsten des Allgemeineren aufgegeben), von da aus zur Schönheit in der Seele, die zum Schauen des Schönen in Handlungen, Sitten und Gesetzen veranlaßt (das Körperliche wird gegenüber dem Geistigen wertlos), sodann zu den schönen Erkenntnissen und schließlich zu der einen Erkenntnis: der Erkenntnis des Schönen.

Eros ist also bei Platon nicht Lust – dies ist ein anderes Konzept, griechisch *hedonè* (Hedonismus: nur auf persönlichen Lustgewinn ausgerichtet) – und schon gar nicht Lust am Anderen. Der Andere steht am Anfang eines Weges, den der Einzelne *für sich* gehen wird. Der anfängliche Liebesdialog der Perso-

In seiner Bewegung verbindet Eros die Gegensätze, führt von einem Pol zum anderen, und zwar in aufsteigender Richtung.

nen, ihre Beziehung, löst sich auf in einen Monolog (der Seele mit sich selbst) und schließlich im stummen und erlösten Schauen der höchsten Wesenheiten, der Ideen. Eros ist das Streben nach dem Guten selbst, welches sich außerhalb der menschlichen Sphäre befindet.

Dialog und Bewegung

Gegenüber dieser personenlosen Konzeption wahrer Erkenntnis (die im Grunde Erlösung ist: Erlösung von falschem oder unvollständigem Wissen, aber auch vom Körper) erstaunt und berührt die philosophische *Praxis*, die in allen platonischen Dialogen eindrucksvoll vorgeführt wird. Die Philosophie wird in einem fortwährenden Gespräch praktiziert, sie ist nicht allgemein festgesetzte Lehre, sondern begriffen in einer ständigen Bewegung (zwischen den Gesprächspartnern), welche die immer stattfindende Bemühung um Erkenntnis widerspiegelt. Hierbei spielt der Andere, der Gesprächspartner des Sokrates, eine besondere Rolle. Er muß *da* sein, präsent mit seiner ganzen und besonderen Person, mit seinem Wissen (oder Scheinwissen) und mit seinem Verstehen und Nichtverstehen. Sokrates beharrt auf dem Hier und Jetzt des Sprechens, er spricht immer sein Gegenüber als einen Bestimmten an, besteht auf seiner besonderen Anwesenheit für das gemeinschaftliche Untersuchen eines philosophischen Problems: „... ich verstehe für das, was ich sage, nur einen Zeugen aufzustellen, den, mit dem ich jedesmal rede, die andern alle lasse ich gehen, und nur von dem einen weiß ich die Stimme einzufordern ..." („Gorgias" 474a). Diese Radikalität bringt die Gesprächspartner des Sokrates oft in schwierige, manchmal unangenehme Lagen, denn Sokrates entläßt sie nicht, sie und das, was sie für ihr Wissen halten.

Die Dialoge beruhen auf einer grundsätzlichen Gemeinsamkeit, denn „es ist schwer zu wissen", gemeinschaftlich aber ist es zu versuchen. Oft geht dem sokratischen Partner die Luft aus, aber Sokrates überredet ihn immer wieder, fortzufahren, einen neuen Weg zu suchen, an einem früheren Punkt des Gesprächs erneut zu starten und das Problem anders durchzunehmen. Dadurch wirken die Dialoge gleichermaßen gewunden und radikal. Damit aber das gemeinschaftliche Gespräch überhaupt stattfinden und weitergehen kann, muß der Andere nicht nur zuhören, sondern auch *zugestehen*: nach jedem erreichten Gedanken, oft ist es nur ein Satz, gibt er eine kleine, unbedeutend erscheinende Antwort, aus welcher sich aber die Bewegung des Dialogs speisen kann. Es sind meist Partikeln wie „ja", „notwendig", „gewiß", „offenbar doch". Diese kleinen Antworten wirken sehr belanglos, oft möchte man sie überlesen, sie scheinen keinen Sinn zu enthalten. Aber durch sie wird verhindert, daß Sokrates einfach nur Reden hält, durch sie wird der Gesprächspartner in einen minimalen Dialogzug eingebunden, und das bedeutet: er ist aktiv, zusammen mit Sokrates an der Klärung des philosophischen Problems *beteiligt*. Weil er sprechen muß, muß er (mit-)denken.

In dieser dialogischen Bewegung wird die dialektische Methode gezeigt und angewendet. Der Weg des Sprechens ist also auch ein Weg des Denkens: des Nicht-Ablassens im Versuch, Klarheit zu erlangen und somit zur wahren Erkenntnis zu finden. Die enge Verbindung von Dialog und Dialektik bringt Sokrates selbst zum Ausdruck, wenn er im „Kratylos" sagt, daß der Dialektiker der sei, *der zu fragen und auch zu antworten verstehe.*

Dialektik ist ein „Weg der Unterscheidung": Es gilt, Klarheit über Begriffe zu gewinnen, festzustellen, was vom Wesentlichen getrennt werden kann, aber auch, was zum Wesentlichen untrennbar gehört, was an ihm teilhat. Das dialektische Denken ist also eine zweifache Bewegung: Auseinanderhalten und Zusammensehen, Für-sich-Stellen und In-Beziehung-Setzen, Ausschließung und Einschließung. Und hier kann man eine strukturelle Ähnlichkeit zum Eros sehen: denn der Impuls des Eros ist nicht nur verbindend, sondern *auch* trennend.

Die Dialektik im Dialog ist die Bewegung des Denkens im Reden. Das Auseinanderhalten, das Unterscheiden in Gattung und Art, das Herausarbeiten der höchsten Begriffe findet statt im Hin-und-Her von Sprechen und Hören, von Fragen und Antworten, von Feststellen und Zugestehen. In sehr reiner Form wird dies im „Sophistes" vorgeführt. Daß der dialektischen Übung auch eine erotische Dimension zukommen kann, läßt sich im „Phaidros" nachlesen: Sokrates und der schöne Phaidros treffen sich an einem wunderbaren Ort, unter dem Schatten einer Platane, an einem frischen Flüßchen, und sprechen über die Liebe. Dabei wird Sokrates immer wieder von seiner Begeisterung fortgerissen, und es ist klar, daß Phaidros die Ursache ist. Das Sprechen der beiden erinnert immer wieder an ein feines, erotisches Spiel – diesmal (noch) ganz sinnlich verstanden. Auch die Formel, die Sokrates im selben Dialog auf sich selbst anwendet, zeigt den erotischen Aspekt des Redens: er nennt sich einen *logõn erastû*, einen Liebhaber von Reden.

In der starken Bindung von Sprecher und Hörer, der intensiven, personennahen Auseinandersetzung, im gemeinsamen Durchdenken der Dialoge scheint die platonische Philosophie auf der Stufe zu verharren, auf welcher der Eros noch eine persönliche Dimension hat und noch keine Ablösung zum Aufschwung in die Universalität der Ideen stattgefunden hat.

Dies ist sicherlich in der Notwendigkeit begründet, die Philosophie überhaupt mitteilbar zu machen und zu halten – im Reich der Ideen spricht ja keiner mehr. Aber zum anderen liegt dies wohl auch an der Ambivalenz der platonischen Philosophie, ihrer grundsätzlichen Schwierigkeit, die sie zwischen dem intensiven, eingebundenen und dialogischen Hier und

Der Liebende schaut die Idee des Schönen selbst, allein, abgelöst von der Immanenz der Körper und der Beziehungen der Menschen.

dem abgelösten, autonomen Dort, zwischen der Sphäre der Phänomene und der der Ideen schweben läßt. Es ist das Problem, zwei Welten zu unterscheiden und doch in eins denken zu müssen.

Metapher – individuelles Verstehen

Metapher ist Bewegung. Schon im Wort ist die Bewegung mitgegeben: griechisch bedeutet *metaphérein* „hinübertragen". Im Griechischen wurde das Hinübertragen zunächst auf die Ortsveränderung sichtbarer Gegenstände angewendet, es war ein konkretes Hinübertragen von hier nach dort, das beobachtet werden konnte. Spätere Verwendungen wandelten diesen ersten Sinn ab, abstrahierten ihn bis hin zu einer uneigentlichen – eben übertragenen – Bedeutung: es sind nicht mehr Dinge, die von hier nach dort bewegt werden, sondern Wörter und Bedeutungen. Auf diese Weise entstand der Terminus, mit dem in der Rhetorik und Poetik Bedeutungsübertragungen bezeichnet werden, sprachliche Bilder, die oft poetischen Charakter haben (etwa *der Himmel weint* für „es regnet").

Metaphern werden meistens in der Schriftsprache angesiedelt, vor allem in Gedichten. Aber ein genaueres Hinsehen zeigt, daß in der Alltagssprache viele Metaphern verwendet werden, oft auch originelle, wie zum Beispiel im Fall einer häufig nicht funktionierenden Rolltreppe ein Passant zum anderen sagt: „Diese Treppe ist ganz schön faul!"

Eros ist das Streben nach dem Guten selbst, welches sich außerhalb der menschlichen Sphäre befindet.

Durch das Übertragen eines Wortes und seiner Bedeutung auf einen Bereich, in dem dieses Wort normalerweise nicht verwendet wird („weinen" wird normalerweise nur im Zusammenhang mit Personen verwendet), weicht die Metapher vom konventionellen Sprachgebrauch ab. Dieses Abweichen kann unterschiedliche Ausprägungen aufweisen. Einer toten Metapher wird ihre metaphorische Bedeutung nicht mehr angemerkt, sie ist nur noch sprachgeschichtlich nachzuvollziehen („Kopf" ursprünglich „gewölbte Schale", übertragen auf das menschliche Haupt), die konventionelle Metapher ist etwas deutlicher als solche wahrzunehmen, aber sie ist bereits sehr geläufig („spitze Bemerkungen"), schließlich ist die innovative, aktuell von einem Sprecher erfundene Metapher am auffälligsten: hier ist das Abweichen vom Konventionellen deutlich. Um diese Art der Metapher soll es im folgenden gehen.

Was geschieht, wenn der Sprecher eine Metapher verwendet? Der Hörer kann die neue, abweichende Gebrauchsweise, den neuen Sinn, nicht aus den bekannten Verwendungen ableiten: er muß einen *Sprung* machen, er muß selbst schöpferisch vorgehen, seine Phantasie spielen lassen, die Bedeutung erraten. Dazu wird der Hörer sein sprachliches Wissen, sein Wissen über die aktuelle Situation und nicht zuletzt sein Wissen über den Sprecher aktivieren. Vollführt der Hörer diesen Sprung und versteht in diesem Sinn, was der Sprecher meint, dann ist die Metapher „angekommen". Und erst dann ist sie auch als solche erkannt. Denn eine Metapher, die der Hörer nicht versteht, der der Hörer mit Unverständnis begegnet, ist keine Metapher, sondern nur ein mißlungener Versuch, sich verständlich zu machen. Der Sprecher wird eine andere Möglichkeit suchen müssen.

Durch die Metapher werden Sprecher und Hörer also in besonderer Weise miteinander verbunden. Anders als im konventionellen Sprachgebrauch, wo sie sich auf Bekanntes stützen können, müssen sie bei der Abweichung intensiv aufeinander zugehen, den jeweils anderen und die Situation in ihr Meinen und Verstehen einbeziehen. Die Metapher schafft eine in jeder Hinsicht besondere Situation: besonders, weil nicht konventionell, besonders aber auch, weil sie eingebettet ist in eine ganz bestimmte Situation, in der ganz bestimmte Menschen einander begegnen und sich verständigen wollen. Insofern erinnert die metaphorische Kommunikation an die radikal besondere Situation der platonischen Gespräche: auch hier geht es um das Sich-Verständigen bestimmter Gesprächspartner.

Der Sprecher appelliert an den Hörer, die konventionellen Bahnen des Verstehens zu verlassen und *ihm* als besonderer Person zuzuhören, *ihn* zu verstehen. Dieser Appell bindet die Gesprächspartner eng aneinander. Was der Sprecher mit dieser besonderen Sprachform ausdrückt, ist seine Sicht auf die Wirklichkeit, wie er – der Sprecher – einen Gegenstand, eine Person, eine Handlung, irgendeinen Ausschnitt unserer Wirklichkeit sieht, welche individuelle Perspektive er einnimmt. Eine Metapher könnte man so wiedergeben: Ich sehe dies als so und so, ich zeige dir dieses Sehen, siehst du es auch?

Und weil eine Metapher Ausdruck einer individuellen Perspektive ist, weist sie zurück auf das Wahrnehmen und Denken. Wie ein Sprecher einen bestimmten Aspekt der Wirklichkeit wahrnimmt, wie er ihn einordnet, mit welchen Gefühlen er ihn verbindet, wie er also darüber denkt: das kann er in einer Metapher ausdrücken. Metaphern sind daher auch Möglichkeiten, sich und anderen die Welt zu erklären. Sie sind kognitive Instrumente.

Wesentlich ist dabei, daß die Metapher eine grundlegend dialogische Struktur aufweist. Sie existiert nicht „an sich", sondern nur innerhalb einer bestimmten Situation, *für* einen bestimmten Hörer: dieser muß sie anerkennen. Verstehen und Erkennen (des Sprechers) realisieren sich im Austausch, im Dialog, als Verstandenwerden. Die Metapher bleibt in der Bezüglichkeit zur Person. Nur hier besteht überhaupt die Möglichkeit, einen Sinn zu „treffen" und damit, etwas zu verstehen. Der Sprung, der vom Hörer gemacht werden muß, ist ein tiefgehender, echter Versuch, den Anderen zu erreichen, dem auf der Seite des Sprechers das individuell verankerte Bedürfnis gegenübersteht, verstanden, erreicht zu werden – beide sind abseits der sicheren, aber überindividuellen Konventionalität. Der Augenblick der gelungenen (verstandenen) Metapher

ist der magische Moment: eine hohe, intensive Lust, die nur mit dem und für den Anderen geht. Und wie im platonischen Eros hat diese Lust (die kein Spaß ist) eine ästhetische, sinnliche Komponente, die Lust am Sprechen, die Lust am schönen Wort.
Platons Eros und die Metapher haben beide eine relationale Struktur. Aber während der Eros nur zu Beginn eine andere Person einbezieht, um sie dann zu verlassen und sich in eine personenlose Sphäre wahrer Erkenntnis aufzuschwingen, ist und bleibt die Metapher in höchstem Maße personenbezogen. Das Erkenntnisziel ist im ersten Fall außerhalb des menschlichen Bereichs, im zweiten ist es in ihm: immanent. Der Reiz des Denkens ist hier (bei der Metapher) der Reiz des Sich-Mitteilens. Der Dialog, vor allem der platonisch-sokratische Dialog, verbindet beide Konzepte, denn Sokrates hört nie auf, mit dem Anderen zu sprechen, ihn mit allen Mitteln aus den gewohnten Bahnen seines Denkens zu werfen. Nichts anderes tut die Metapher. Und so entsteht Erkenntnis.

Bücher zum Thema:

Bertau, Marie-Cécile: Sprachspiel Metapher. Denkweisen und kommunikative Funktion einer rhetorischen Figur. Opladen 1996

Benardete, Seth: On Plato's „Symposium". Über Platons „Symposium". Carl Friedrich von Siemens Stiftung, München 1994

Gadamer, Hans-Georg: Plato. Texte zur Ideenlehre. Frankfurt/Main 1986

Platon: Das Trinkgelage. Über den Eros. Übertragen von Ute Schmidt-Berger. Frankfurt/Main 1985

Dr. Marie-Cécile Bertau promovierte in Psycholinguistik und Philosophie. Sie lehrt an der Universität München und arbeitet an einem Projekt zur Förderung jugendlicher funktionaler Analphabeten.

Anzeige

MÖCHTEN SIE ÜBER UNSERE **PHILOSOPHIE-NEUERSCHEINUNGEN** INFORMIERT WERDEN – PROSPEKT ANFORDERN:
Tel.: 02 28/7 29 01-84
Fax: 02 28/7 29 01-79
BOUVIER VERLAG

Elmar Holenstein

Intuition und maschinelles Wissen

Drei erkenntnistheoretische Funktionen der Intuition

„Gerade die Grundauffassung der Phänomenologie vom Anschauungscharakter des Erkennens ist es, wogegen sich die heutige Philosophie zur Wehr setzt. Aber alle Berufung auf Kant gegen die Phänomenologie scheitert schon grundsätzlich am ersten Satz der *Kritik der reinen Vernunft*.
Daß Erkennen auch Denken ist, das wird seit der Antike nie bestritten, aber daß alles Denken auf Anschauung ruht, im Dienst der Anschauung steht und in welcher Weise, das ist ein zentrales Problem, das bei der Interpretation der philosophischen Erkenntnis immer wieder entgleitet." [1]

Typisch für die menschliche Form der Erkenntnis ist das Ineinander von Denken (Rechnen) und Anschauung (der mißverständliche deutsche Ausdruck für „Intuition"), von Repräsentation und Intuition. Nach einem der berühmtesten Sätze Kants sind Gedanken ohne Inhalt leer und Anschauungen ohne Begriffe blind: „Daher ist es ebenso notwendig, seine Begriffe sinnlich zu machen (das ist, ihnen den Gegenstand in der Anschauung beizufügen) als seine Anschauungen sich verständlich zu machen (das ist sie unter Begriffe zu bringen)."
Computer scheinen über eine Form der Erkenntnis zu verfügen, die Kant nicht als eine reale Möglichkeit ins Auge gefaßt hat, eine Form der Erkenntnis, die nur mit der ersten seiner beiden Komponenten auskommt, mit Denken. Kant hat jedoch die Implikation einer Erkenntnis, die ausschließlich begrifflich und diskursiv ist, klar gesehen. Eine solche rein gedankliche Erkenntnis sei „leer". Statt „leer" sagen wir heute mit Quine „unbestimmt". Quines These der Unbestimmtheit (siehe Extrakasten) von sprachlichen Ausdrücken hängt zusammen mit dem von ihm vertretenen Physikalismus (es gibt nur physikalisch Seiendes), mit der Bestreitung von unmittelbar zugänglichen mentalen Formen der Wahrnehmung und des Denkens. Wenn der Physikalismus die angemessene Lehre für einen Erkenntnisträger ist, dann zuallererst für Maschinen.
Wenn man nun nach dem fragt, was natürliche und künstliche Intelligenz über die gemeinsame systemtheoretische Analysierbarkeit hinaus unterscheidet, ist man gut beraten, primär nach einem materialen, qualitativen Unterschied zwischen Mensch und Computer zu fragen und dann in Abhängigkeit vom materialen Unterschied nach möglicherweise funktionalen Unterschieden. Als Kandidat bietet sich das Bewußtsein an, mit einem Fachausdruck: Intuition.

Als „Intuition“ wird jene Komponente menschlicher Erkenntnis bezeichnet, über die das Erkannte – zu Recht oder naiv, allen ihm zugrundeliegenden Vermittlungsprozessen zum Trotz – als unmittelbar gegeben erfahren wird.

Die Intuition[2] ist nach Kant durch zweierlei bestimmt, struktural durch ihren phänomenalen (unmittelbar erlebten) Charakter und genetisch durch die kausale Abhängigkeit vom Gegenstand der Erkenntnis. Die kausale Komponente bleibt der maschinellen Erkenntnis erhalten. Konstitutiv für maschinelle Erkenntnis sind die kausale Abhängigkeit vom Erkenntnisgegenstand beziehungsweise von einer physikalischen Repräsentation des (abwesenden oder abstrakten) Erkenntnisgegenstandes und das Denken (begriffliche Repräsentationen und ihre Verrechnung). Konstitutiv für menschliches Erkennen ist zusätzlich ein phänomenaler Charakter, eine Intuition.

Was verdankt die menschliche Form der Erkenntnis ihrer intuitiven Komponente? In der Tradition werden der Intuition vor allem zwei Funktionen zugeordnet, eine Rechtfertigungsfunktion (Descartes' Position) und eine Entdeckungsfunktion (Poincarés Position). Eine dritte, vielleicht die wichtigste, eine Determinationsfunktion (Festlegungsfunktion) drängt sich auf, wenn man Quines Bewußtseinskritik ihrerseits kritisch nachgeht.

Funktionen der Intuition

Descartes	*Rechtfertigung*
Poincaré	*Entdeckung*
anti-Quine	*Determination*

1. Das Rechtfertigungspotential von Intuitionen gilt heute zu Recht als angeschlagen. Wie es bereits Husserl bei der Proklamation seines phänomenologischen „Prinzips aller Prinzipien“ vorgesehen hat, kann, was sich uns in der Intuition darbietet, nur in den Schranken, in denen es sich da gibt, hingenommen werden als was es sich gibt, das heißt nur soweit, wie es nicht anderen Intuitionen widerspricht und mit anderem ausgewiesenem Wissen verträglich ist. Für (nichtsinnliche) Intuitionen gilt dasselbe wie für gewöhnliche sinnliche Wahrnehmungen. Wie deren Glaubwürdigkeit abhängig ist von ihrer Verträglichkeit mit anderen sinnlichen Wahrnehmungen und großen Teilen unseres begrifflichen Wissens, so hängt die Glaubwürdigkeit unserer Intuitionen ab von ihrer Verträglichkeit mit anderen Intuitionen und großen Teilen unseres begrifflichen Wissens.

Willard Van Orman **Quines These** *von der prinzipiellen Unbestimmtheit jeglicher Übersetzung besagt, daß der Sinn sprachlicher Äußerungen nicht eindeutig bestimmbar ist. Ein und dasselbe Sprachverhalten läßt sich durch viele miteinander unverträgliche Übersetzungen wiedergeben. Es hat deshalb keinen Sinn, von einer richtigen Übersetzung zu sprechen.*

Über unser weitgehend unkontrolliertes Hintergrundwissen spielen Intuitionen in der Rechtfertigung unseres Wissens, zum Teil über verdrängte Ungereimtheiten hinweg, jedoch eine größere Rolle, als sie dies nach den Regeln der klassischen Erkenntnislehren dürften. Hinzu kommt, daß wir Identität und Widerspruch, Übereinstimmung und Nichtübereinstimmung zwischen Schlußfolgerungen, zu denen wir gelangen, letztlich intuitiv entscheiden. Gleichheit und Ungleichheit (zum Beispiel zwischen zwei Aussagen) sind geradezu Schulbeispiele für etwas, das wir unmittelbar und nicht aufgrund einer Schlußfolgerung als solches erfassen können – und zwar in einer Form der Intuition, die man nicht als sinnlich bezeichnen kann. Gegenstand einer sinnlichen Intuition sind zum Beispiel rotes und grünes Licht. Ebenso unmittelbar wie rote und grüne Farbflächen ist uns ihre Verschiedenheit gegeben. Das Erfassen dieser Verschiedenheit ist nicht anhand von roten und grünen Farben antrainiert worden, wie das für den Gebrauch des Wortes „Verschiedenheit“ zutreffen mag.

Eine Maschine hat nur ein begriffliches Wissen von Gleichheit und Verschiedenheit. Sie ist so gebaut oder programmiert, daß sie bei zwei voneinander abweichenden Resultaten die Verschiedenheit sprachlich speichert und/oder ausdruckt. Ihre sprachlich strukturierte Feststellung der Verschiedenheit ist nicht unmittelbar als solche bewußt, sondern schlicht kausiert oder aber deduziert (Deduktion: Schluß vom Allgemeinen auf das Besondere).

2. Zum Entdeckungspotential von Intuitionen vorab das historische Zitat: „C'est par la logique qu'on démontre, c'est par l'intuition qu'on invente.“ Frei übersetzt: „Mit der Logik macht man Beweise, mit der Intuition Entdeckungen“ (Poincaré 1912). Es soll nicht bestritten werden, daß Computer zu Entdekkungen fähig sind, die ihr Programmierer nicht vorausgesehen hat. Es soll allein die These vertreten werden, daß Menschen dank ihrer Intuition über ein zusätzliches Kreativitätspotential verfügen.

Es gilt, dem Entdeckungspotential unserer Intuitionen (von dem wir bloß eine vage Intuition haben) auf die Spur zu kommen. Assoziationen scheinen eine Rolle zu spielen. Assoziative Verweisungen gehen nun jedoch nicht nur vom Inhalt, sondern ebenso von der Form unserer Repräsentationen aus. Dies ist ein Grund, warum keine Sprache in jeder Beziehung semantisch gleichwertig ist mit einer von ihr verschiedenen Sprache. Unterschiedliche lautliche und grammatische Strukturen führen zu unterschiedlichen Nebenbedeutungen. Ist dasselbe, das für die natürlichen menschlichen Sprachen der Fall ist, nicht auch für die „Sprache des Geistes“ anzunehmen, für die internen Repräsentationssysteme von Menschen und von Maschinen?

Beim Vergleich von Mensch und Maschine stehen einander ein Repräsentationssystem, das in einem gewissen Ausmaß intuitiv zugänglich ist, und ein Repräsentationssystem, das ausschließlich sprachlich-zeichenhaft realisiert ist, gegenüber. Nun sind einem Wissen, das doppelt codiert ist, abstrakt-zeichenhaft und konkret-intuitiv, die Wissenskomponenten untereinander mit Beziehungen verbunden, die in einem ausschließlich abstrakt reprä-

sentierten Wissen entweder nicht oder nicht mit derselben Zugänglichkeit und Auffälligkeit gegeben sind. Denken Sie an die natürliche Zahlenreihe! Wenn sich Menschen eine Zahlenreihe vorstellen, stellen sie sich diese gewöhnlich der Größe nach geordnet vor, im allgemeinen räumlich. Für einen Computer ist es belanglos, ob die Zahlen der Größe nach codiert und in seinem Gedächtnis gespeichert sind oder nicht. Von einer räumlichen Dimension ihrer Zahlrepräsentationen kann überhaupt keine Rede sein, vor allem nicht von einer Anordnung ihrer Repräsentationen in einem Anschauungsraum. Ein beachtenswerter Unterschied zwischen Computer und Mensch liegt darin, daß der Computer nur einen *Begriff* vom Raum hat, der Mensch aber vor dem Raumbegriff auch Raum*anschauung* und den Raum als Medium (Form) seiner konkreten Anschauungen.
Eine Anekdote aus dem Leben des Mathematikers Gauss mag hier als Illustration dienen. Von ihrem Dorflehrer vor die Aufgabe gestellt, die Zahlen von 1 bis 100 zusammenzuzählen, machten sich Gauss' Mitschüler daran, Zahl für Zahl – sicherlich geschwind, wie es ein Computer erst recht tun würde – zu addieren, während Gauss intuitiv aufging, daß die Zahlenreihe, in zwei Hälften geteilt und in umgekehrter Anordnung übereinandergelegt, 50 mal 101 ergibt. Mit dem Resultat hatte Gauss zugleich und ebenso intuitiv die Verallgemeinerungsfähigkeit dieser Vorgehensweise und damit die Summenformel von arithmetischen Reihen $(n + 1) \times {}^{n}/_{2}$ entdeckt (n = die höchste der zu addierenden Zahlen).

Gauss' Intuition

	100	*99*	*98*	...	*53*	*52*	*51*
	1	*2*	*3*	...	*48*	*49*	*50*
(50 x)	*101*	*101*	*101*	...	*101*	*101*	*101*
	(= 5050)						

Die in der Vorstellung der konkreten Zahlzeichen 1 bis 100 (nicht der abstrakten Zahlbegriffe) enthaltene räumliche Struktur und Anordnung war aller Wahrscheinlichkeit nach die Grundlage für Gauss' Entdeckung.

3. Das dritte Potential von Intuitionen, ihr Determinationspotential, erweckt den Anschein eines in seinem Zustandekommen nicht erklärbaren *factum brutum* (lat.: bloße Tatsache). Es wurde in der Vergangenheit unbedacht hingenommen und erst eigentlich als solches erkannt, als Quine entdeckte, daß mit der Leugnung der von ihm als „Museumsmythos" abgetanen mentalen Vorstellungen auch die Bestimmtheit unserer sprachlichen Äußerungen entschwindet. Quines berühmte These der Unbestimmtheit von Übersetzungen hängt unmittelbar mit seinem Physikalismus (es gibt nur physikalisch Seiendes) und Lingualismus (es gibt nur sprachlich strukturierte „Erkenntnis") zusammen. Wenn Physikalismus und Lingualismus für ein intelligentes System die angemessene Philosophie sind, dann für Maschinen. Solange man ausschließlich physikalische Kriterien hat, ist die Bedeutung einer sprachlichen Äußerung nicht eindeutig zu bestimmen. Anders als ein Physikalist und ein Computer weiß ich jedoch für mich unmittelbar und mit Bestimmtheit, daß ich einen Hasen meine und nicht einen unabgetrennten Hasenteil oder was immer mit meinen Äußerungen verträglich ist, wenn ich auf einen Hasen zeige und das Wort „Hase" gebrauche. Mit dem Determinationspotential ist eine Funktion von Bewußtseinsphänomenen ansichtig geworden, für die es, soweit ich zu sehen vermag, außer dem durch Selbstdurchsichtigkeit ausgezeichneten Bewußtsein keinen funktional gleichwertigen Träger gibt. Jedes physikalische Surrogat (Ersatz), das wir uns zur Zeit denken können, ist von seiner „opaken" (sich selber nicht durchsichtigen) Struktur her unbestimmt.
Ein Computer hat von dem, was in seine Hardware eingebaut ist, nur ein Wissen, wenn er fähig ist, sich davon eine begriffliche Repräsentation zu verschaffen. Dem Menschen sind seine intuitiv vollzogenen Prozesse – potentiell – transparent. Er verfügt über sie sowohl begrifflich als auch und in eins unvermittelt.
Wenn man an die Bedeutung denkt, die für einen Menschen die Bestimmtheit seines Wissens in bezug auf die Annahmen über sich selber und seine Mitmenschen hat, kann man sich ausdenken, was die Ausgestaltung des Bewußtseins im Verlauf der Entwicklung begünstigt hat. Unser Selbstbewußtsein mag wissenschaftlich betrachtet noch so problematisch sein, nicht unähnlich unserem Freiheitsbewußtsein, unser menschliches Handeln und Wandeln ist mit dem einen wie mit dem anderen untrennbar verwoben. Wir können die Determiniertheit unseres Wissens, vor allem das Wissen um uns selbst, wie den Glauben an unsere Freiheit nur zusammen mit dem uns Menschen eigentümlichen, nämlich unvermeidbar verantwortungsbewußten Handeln aufgeben.

Anmerkungen:

1. Heidegger, Martin: Vorlesung im WS 1927/28
2. Nach Kant ist menschliche Intuition sinnliche Intuition (Introspektion als innerer Sinn mit eingeschlossen). Auch wenn man eine intellektuelle oder kategoriale Anschauung annimmt, dank der die Leerheit der Begriffe über den Bereich der sinnlichen Veranschaulichung hinaus zurückgedrängt werden kann, wird man doch an der fundierenden Rolle der sinnlichen Intuition festhalten. Wenn der Mensch Begriffe bildet, deren Gegenstand den sinnlich zugänglichen Bereich übersteigt, handelt es sich immer um Begriffe, die zumindest teilweise in sinnlichen Anschauungen fundiert sind. Darüber hinaus ist die sinnliche Anschauung nicht nur das, mit dem alle begriffliche Erkenntnis anhebt, sondern nach Kant zugleich das, worauf alle begriffliche Erkenntnis „als Mittel abzweckt".

Der Gedankengang des Beitrages wird vertieft in: Elmar Holenstein: Maschinelles Wissen und menschliches Bewußtsein. In: studia philosophica, Bern 46, 1987, S. 145–163

Elmar Holenstein ist Professor für Philosophie an der Eidgenössischen Technischen Hochschule in Zürich.

Philosophie bei Schöningh

Wolfgang R. Köhler (Hrsg.)
Davidsons Philosophie des Mentalen

1997. 234 Seiten, kart.,
DM 58,-/öS 423,-/sFr 51,80
ISBN 3-506-74761-4

Dieter Sturma
Philosophie der Person
Die Selbstverhältnisse von Subjektivität und Moralität

1997. 376 Seiten, geb.,
DM 68,-/öS 496,-/sFr 60,80
ISBN 3-506-79100-1

Rudolf A.Makkreel
Einbildungskraft und Interpretation
Die hermeneutische Tragweite von Kants »Kritik der Urteilskraft«
Aus dem amerikanischen Englisch übersetzt von
Ernst Michael Lange

1997. 235 Seiten, kart.,
DM 68,-/öS 496,-/sFr 60,80
ISBN 3-506-75330-4

Stimmen zum Buch:
»...one of the most interesting and original studies of Kant to appaer in recent decades – an indispensible contribution to scholarship...«
Philosophical Review

»...an invaluable addition to recent philosophical debates.«
Philosophy & Social Criticism

Achim Lohmar
Anthropologie und Vernunftkritik
Hegels Philosophie der menschlichen Welt

1997. ca. 270 Seiten, kart.,
ca. DM 78,-/öS 569,-/sFr 69,50
ISBN 3-506-75241-3

Thomas Metzinger (Hrsg.)
Bewußtsein
Beiträge aus der Gegenwartsphilosophie

3. Auflage 1996. 792 Seiten, Franz. Broschur,
DM 68,-/öS 496,-/sFr 60,80
ISBN 3-506-75513-7

»In den letztenJahren hat es keine Veröffentlichung gegeben, die so kenntnisreich und informativ in die Gegenwartsdiskussion um das Bewußtsein einführte.«
Frankfurter Allgemeine Zeitung

»Ein hervorragender Überblick! «
Die Zeit

Reiner Hedrich
Erkenntnis und Gehirn
Realität und phänomenale Welten innerhalb einer neutralistisch-synthetischen Erkenntnistheorie

1997. 340 Seiten, kart.,
ca. DM 88,-/öS 642,-/sFr 78,50
ISBN 3-506-73818-6

Georg Northoff (Hrsg.)
Neuropsychiatrie und Neurophilosophie

1997. 226 Seiten, kart.,
DM 58,-/öS 423,-/sFr 51,80
ISBN 3-506-76116-1

Michael Egerding
Die Metaphorik der spätmittelalterlichen Mystik
Band I: Systematische Untersuchung
Band II: Bildspender – Bildempfänger – Kontexte: Dokumentation und Interpretation

1997. 2 Bände, zus. 1000 Seiten, geb.,
DM 298,-/öS 2.175,-/sFr 265,30
(nur geschlossen beziehbar)
ISBN 3-506-72186-0

1997/1847 150 JAHRE
Schöningh

Verlag Ferdinand Schöningh GmbH · Postfach 2540 · D-33055 Paderborn
Tel. 0 52 51 / 127-5 · Fax 0 52 51 / 127-860

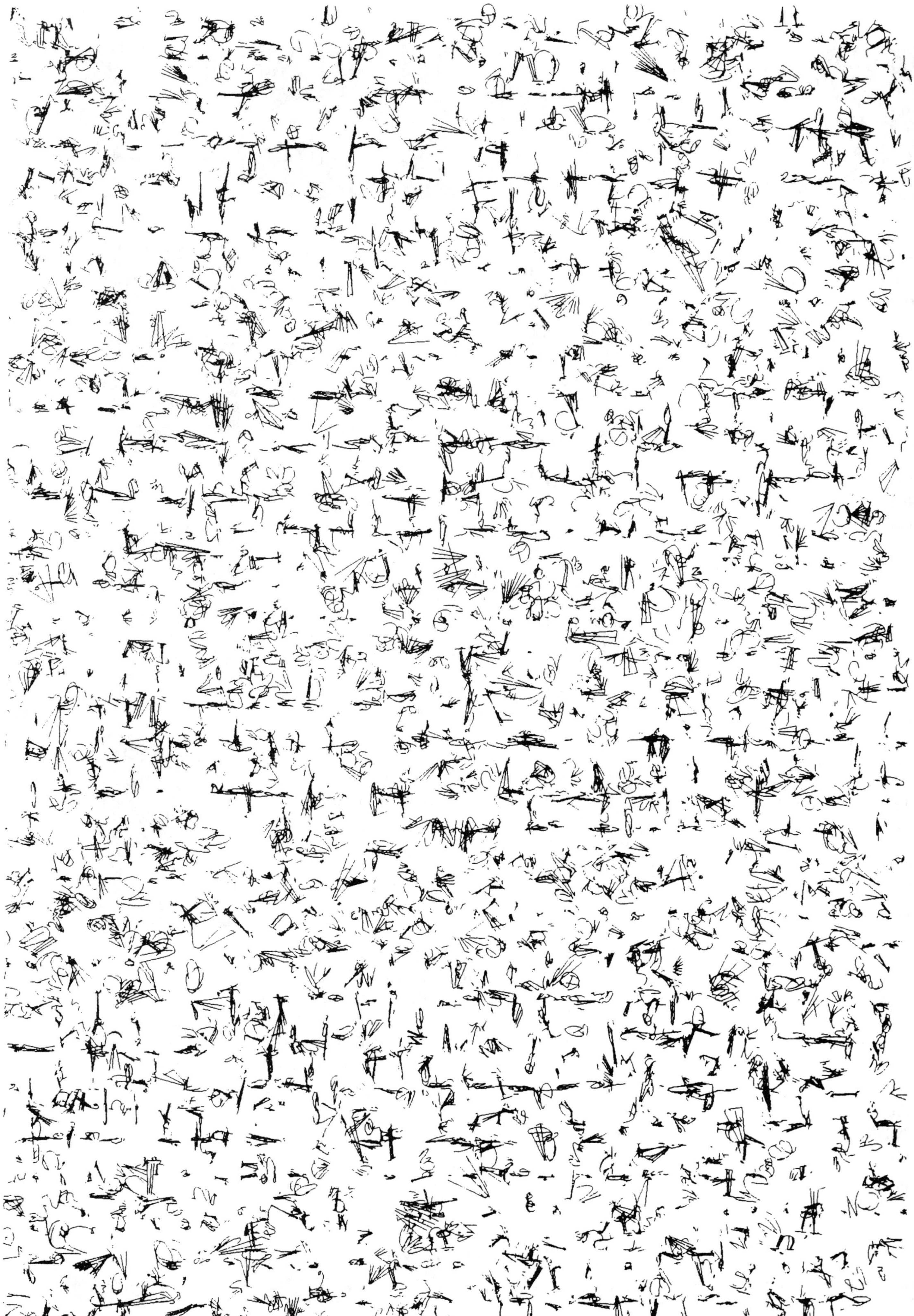

Unmittelbar danach

Rüdiger Vaas

Sprache, Denken, Wirklichkeit

In der ersten Hälfte des 20. Jahrhunderts formulierten amerikanische Sprachwissenschaftler eine für den Alltagsverstand irritierende, wenn nicht sogar schockierende Behauptung. Ihre Tragweite und alarmierenden Konsequenzen kann man nur vor dem Hintergrund der Tatsache verstehen, daß bis weit ins 18. Jahrhundert im abendländischen Kulturraum die fast allgemeinverbindliche Auffassung herrschte, die Sprache stelle lediglich eine Art Spiegel des Denkens dar – ein bloßes Hilfsmittel des Verstandes, der die Wirklichkeit getreu zu erfassen vermag. Franz Boas (1858–1942), seinem Schüler Edward Sapir (1884–1939) und dessen Schüler Benjamin Lee Whorf (1897–1941) bedeutete Sprache jedoch viel mehr. Sie gelangten aufgrund ihrer Erfahrungen mit der für europäische Sprecher ganz fremdartigen Grammatik vieler Indianersprachen zu der Überzeugung, daß menschliches Denken entscheidend von der Struktur der jeweiligen Sprache abhängt, daß die Einzelsprache (und nicht nur das Sprachvermögen allgemein!) ein grundlegender Faktor im Erkenntnisprozeß ist, daß in jeder Sprache gleichsam eine besondere Weltsicht steckt und daß Sprecher verschiedener Sprachen sich in verschiedenen gedanklichen Welten bewegen. Wie plausibel ist diese Vermutung?

Die Sapir-Whorf-Hypothese

„Menschen leben weder in der objektiven Welt noch in der, die man gewöhnlich die Gesellschaft nennt, sondern stehen auch im Bann der besonderen Sprache, die zum Ausdrucksmittel ihrer Gesellschaft wurde“, schrieb Sapir 1929. „Es ist eine Illusion zu meinen, man passe sich der Wirklichkeit im wesentlichen ohne Hilfe der Sprache an, und diese Sprache sei lediglich ein zufälliges Mittel für die Lösung der spezifischen Probleme der Mitteilung und der Reflexion. Tatsächlich beruht die ‚reale Welt‘ weitgehend unbewußt auf den Sprachgewohnheiten der Gruppe. Keine zwei Sprachen sind ähnlich genug, um anzunehmen, sie repräsentierten dieselbe Realität. Die Wirklichkeit, in der verschiedene Gesellschaften leben, besteht aus verschiedenen Welten, nicht bloß aus derselben Welt, an die verschiedene Etiketten angeheftet sind.“
Und Whorf formulierte einige Jahre später mit einem Seitenblick auf Einsteins Relativitätstheorie „ein neues Relativitätsprinzip, das besagt, daß nicht alle Beobachter durch die gleichen physikalischen Sachverhalte zu einem gleichen Bild des Universums geführt werden, es sei denn, ihr sprachlicher Hintergrund ist ähnlich oder kann in irgendeiner Weise auf einen gemeinsamen Nenner gebracht werden.“ Und weiter: „Menschen, die Sprachen mit sehr verschiedenen Grammatiken benützen, werden durch diese Grammatiken zu typisch verschiedenen Beobachtungen und verschiedenen Bewertungen äußerlich ähnlicher Beobachtungen geführt. Daher sind sie als Beobachter einander nicht äquivalent, sondern gelangen zu ziemlich verschiedenen Ansichten der Welt.“
Dieses Prinzip, das fortan meist unter der Bezeichnung *Sapir-Whorf-Hypothese* diskutiert wurde, ist ohne große Übertreibung dramatisch zu nennen – wenn es zutrifft. Ganz neu war es freilich nicht, was Sapir und Whorf aber nicht wissen konnten.[1]
Doch wie schlüssig sind diese Thesen? „Sind unsere Begriffe von *Zeit*, *Raum* und *Materie*“, so ist mit Whorf zu fragen, „wesentlich durch die Erfahrung bestimmt und daher für alle Menschen gleich, oder sind sie zum Teil durch die Struktur besonderer Sprachen bedingt?“ Werden unser Denken und Erkenntnisvermögen, unser Weltbild und unsere Kultur von unserem Sprachsystem zutiefst und ausweglos bedingt? Sind die Grenzen unserer Sprache also die Grenzen unserer Welt?

Determinismus, Relativität oder Abhängigkeit?

Ursprünglich war die Sapir-Whorf-Hypothese gegen einen grammatischen Dogmatismus gerichtet, der alles in das Prokrustesbett der europäischen Sprachstrukturen zu pressen versuchte – getreu dem Motto: wenn mein einziges Werkzeug ein Hammer ist, dann muß jedes Problem ein Nagel sein. Boas, Sapir und Whorf argumentierten also gegen eine isolierte Betrachtung von Sprache, Denken und Kultur, das heißt gegen die Trennung von Linguistik, Kognitionspsychologie und Anthropologie.
Bei genauer Betrachtung stecken mindestens zwei Behauptungen in der Sapir-Whorf-Hypothese, nämlich eine *deterministische* (Denken und Weltsicht eines Individuums sind durch die Sprache bestimmt) und eine *relativistische* (die Einzelsprache bedingt durch ihre Struktur die Weltsicht eines Individuums beziehungsweise einer Gesellschaft, und unterschiedliche Sprachstrukturen beinhalten unterschiedliche Weltbilder). Beide Behauptungen können *in einem schwachen und in einem starken Sinn* gelesen werden, also entweder im Sinn einer mehr oder weniger großen Beeinflussung oder im Sinn einer notwendigen (kausalen), womöglich unhintergehbaren Bedingung.
Sapir und Whorf wollten ihre Hypothese auf Gewohnheiten, alltägliche Handlungen sowie auf den üblichen Gebrauch der Sprache und auf das „normale“ Denken beschränkt wissen und zielten nicht auf das in höchster Selbstreflexion schwelgende Räsonieren. Ihren Relativismus verstanden sie nicht im absoluten Sinn, da sie nicht bezweifelten, daß gewisse Erfahrungen sprachunabhängig und von jedem gleich gemacht würden.
Whorf versuchte seine These vor allem auf den Ebenen des Wortschatzes und der Grammatik zu illu-

> *Als die Mücke zum ersten Male den Löwen brüllen hörte, da sprach sie zur Henne: „Der summt aber komisch."*
> *„Summen ist gut", fand die Henne.*
> *„Sondern?" fragte die Mücke.*
> *„Er gackert", antwortete die Henne. „Aber das tut er allerdings komisch."*
>
> *Günther Anders: Der Löwe*

strieren und zu belegen. Nachfolgende Untersuchungen haben freilich gezeigt, daß das sprachliche Relativitätsprinzip selbst zu relativieren ist.
Der Grund dafür, daß Whorfs Thesen nicht nur unter Linguisten, sondern auch bei Philosophen für Aufsehen gesorgt haben, besteht darin, daß er die Schwierigkeit, das Verhältnis von Sprache und Denken zu klären, mit der Brisanz der *Relativismus*-Problematik verknüpft hat. Dies bereitet besonders demjenigen Unbehagen, der einen *Objektivismus* vertritt, also Denken rein logisch, abstrakt, mechanisch und unkörperlich versteht sowie Sprache als direkte, eindeutige Repräsentation einer objektiven Wirklichkeit ansieht.

„Gib mir die nördliche Tasse"

Daß mit verschiedenen Sprachen verschiedene Begriffssysteme für bestimmte Gegenstandsbereiche einhergehen können, ist unbestritten. Daraus folgt jedoch nicht deren wechselseitige Unübersetzbarkeit und Unverständlichkeit.
In Chalcatongo-Mixtekisch, einer Sprache im Westen Mexikos, die keine Präpositionen oder Kasus besitzt, werden beispielsweise räumliche Beziehungen über metaphorische Projektionen von Körperteilbezeichnungen auf die Objekte ausgedrückt. So bedeutet „yuù wã hìyaà cì-mesá" („Der Stein ist auf dem Tisch") wörtlich „Stein der lokalisierte Bauch-Tisch" und „hyaà-de sini-yúku" („Er ist auf dem Gipfel des Berges") „Er ist lokalisiert Berg-Kopf". Ganz anders dagegen werden räumliche Beziehungen in der Maya-Sprache Tzeltal im Süden Mexikos konzeptualisiert, nämlich nicht relativ zum Körper des Sprechers oder gar zu dessen Körperteilen, sondern mit Hilfe von geographischen Begriffen. Statt „Gib mir die linke Tasse" heißt es hier sinngemäß zum Beispiel: „Gib mir die Tasse bergab von dir." In Guugu Yimithirr, einer Sprache der australischen Ureinwohner im Norden von Queensland, gilt sogar ein für irdische Verhältnisse absoluter Bezugsrahmen – die Himmelsrichtungen („Gib mir die nördliche Tasse"). Diese beiden Sprachen setzen ein wesentlich größeres Bewußtsein von Geographie voraus. Das gilt auch für andere Sprachen mit einem mehr oder weniger *absoluten* Raumkonzept im Gegensatz zu Sprachen mit *relativen* oder (wie in Yukatekisch und Totonac, gesprochen in Mexiko, und der Maya-Sprache Mopan in Belize) *intrinsischen* Raumkonzepten; im ersten Fall beziehen sich die Sprecher eben auf meteorologische, landschaftliche oder astronomische Merkmale, im zweiten auf ihre eigene Position und Orientierung, und im dritten versetzen sie sich gleichsam in bestimmte Objekte, um von diesen aus andere Objekte zu lokalisieren. In vielen Sprachen gibt es Mischformen dieser Raumkonzepte. Untersuchungen zeigten nun, daß diese Raumkonzepte in Testsituationen einen Einfluß auf Gedächtnisleistungen und das Lösen bestimmter nichtsprachlicher, aber räumlich angelegter Probleme haben.
Trotzdem brauchen unterschiedliche Begriffsschemata entgegen Whorfs Auffassung nicht als unveränderliche, monolithische Blöcke betrachtet werden, innerhalb derer man unwiderruflich gefangen ist. Sie sind also nicht unhintergehbar. Wesentlich ist vielmehr, daß bestimmte Begriffssysteme in manchen Sprachgemeinschaften *automatisch, ohne Anstrengungen, unbewußt, konventionell, ohne Ausnahme und fast jederzeit* (im Sprechen, Hören und sogar Träumen) verwendet werden und auch *grammatisch fixiert* sind, in anderen Sprachgemeinschaften jedoch nicht. Für die Praxis entscheidend sind also nicht die philosophischen Schreckgespenster von unüberbrückbaren Abgründen.[2]

Die Welt im Spiegel der Worte

Für Sapir war der Wortschatz „ein komplexes Inventar aller Vorstellungen, Interessen und Tätigkeiten, die im Blickpunkt einer Gesellschaft stehen". Auch Whorf war davon überzeugt, daß der Wortschatz für die Vergegenständlichung der Wirklichkeit eine viel wichtigere Rolle spielt, als man gewöhnlich denkt. Sprache ist Whorf zufolge kein Abziehbild der Wirklichkeit, sondern für ihre Erfahrung konstitutiv: „Wir gliedern die Natur an Linien auf, die uns durch unsere Muttersprachen vorgegeben sind. Die Kategorien und Typen, die wir aus der phänomenalen Welt herausheben, finden wir nicht einfach in ihr – etwa weil sie jedem Beobachter in die Augen springen; ganz im Gegenteil präsentiert sich die Welt in einem kaleidoskopartigen Strom von Eindrücken, der durch unseren Geist organisiert werden muß – das aber heißt weitgehend: von dem sprachlichen System in unserem Geist."

> **„Keine zwei Sprachen sind ähnlich genug, um anzunehmen, sie repräsentierten dieselbe Realität."**

Ein berühmtes Beispiel stammt von Boas. Ihm zufolge besitzen Eskimos vier Wörter für „Schnee" (Schnee auf dem Boden, Schneewächte, fallender und treibender Schnee). Diese Wortfülle mag deutschen Muttersprachlern im Hinblick auf ihr eigenes Vokabular („Harsch, Firn, Papp- und Pulverschnee" und so weiter) nicht sonderlich dramatisch erscheinen, auch wenn sich bei großzügiger Zählung sogar ein Dutzend Schnee-Wörter ausmachen lassen. In manchen Sprachen Mittelamerikas oder Afrikas gibt es jedoch bloß ein Wort für das ganze Bedeutungsfeld „Schnee, Eis, Frost". Analoge Beispiele betreffen die Vielzahl der Benennung von „Reis" im Japanischen, „Korb" und „Ameise" bei den Garo im indischen Assam oder „Kokosnuß" in polynesischen Sprachen.

Unterscheidet sich die Wahrnehmung der jeweiligen Weltausschnitte bei Sprechern mit einem verschieden differenzierten oder anders geordneten Wortschatz? Freilich muß man mit Whorf gar nicht behaupten, daß Sprecher verschiedener Sprachen nicht fähig seien, bestimmte Unterscheidungen zu machen (beziehungsweise diese nicht erlernen könnten). Es geht vielmehr darum, *ob Unterscheidungen auch wirklich (und häufig und systematisch) gemacht werden und welchen Anteil daran die jeweilige Sprache hat!* Tatsächlich ist bei komplizierteren Wortfeldern, die etwa psychische Zustände und abstrakte soziale Systeme wie Recht oder Religion betreffen, eher anzunehmen, daß bestimmte Unterscheidungen sprachabhängig sind und deshalb typischerweise getroffen werden, etwa im Deutschen die zwischen „klug", „weise", „intelligent", „schlau" und „vernünftig", als daß sie unabhängig von der Einzelsprache gemacht, aber in manchen Kulturen nicht ausgedrückt werden (können).
Andere Beispiele für den Einfluß des Wortschatzes auf das Denken und Vorstellen betreffen *das „Ungesagte" und die Nebenbedeutungen*. So ruft das Personalpronomen „er" häufig auch dann eine männliche Assoziation in einem hervor, wenn es geschlechtsneutral gebraucht wird. Und heißt es „Sie hört ein Klavier", dann wird der Klavierspieler gleich mitgedacht. Nebenbedeutungen spielen in der Kommunikation und insbesondere in der Dichtung eine wichtige Rolle. Andererseits kann Sprache zum regelrechten Manipulationsinstrument werden, wenn beispielsweise von „Nullwachstum" oder „ethnischer Säuberung" die Rede ist. In dem Roman „1984" hat George Orwell diesen Einfluß der Sprache auf das Denken und seine Gefahren mit der Konzeption von „Neusprech", einem totalitären Sprachtorso, eindrucksvoll vorgeführt.

Sind die Grenzen unserer Sprache die Grenzen unserer Welt?

Grammatik und das Fundament des Seins

In viel stärkerem Ausmaß konstant als der Wortschatz einer Sprache bleiben, wenn diese sich weiterentwickelt, ihre grammatischen Grundstrukturen. Und sie überdauern lange Zeiten, in denen sich eine Kultur drastisch verändern kann. Sie sind dem bewußten Zugriff und einer willkürlichen Steuerung auch viel weniger zugänglich. Sie sind daher fundamentaler als der Wortschatz. Ihre weitreichendste Einflußmöglichkeit auf das Weltbild besteht wohl in ihrem – bislang noch viel zuwenig verstandenen – Zusammenhang mit der Ontologie (Seinslehre).
Was wirklich existiert, gehört zu den schwierigsten Fragen der Philosophie. Die geläufige Unterscheidung zwischen Dingen (auch Personen), Attributen (oder Zuständen beziehungsweise Eigenschaften) und Ereignissen als *ontologische Kategorien* (Arten des Seins) steht in auffälliger Übereinstimmung mit den für europäische Sprecher besonders wichtigen grammatischen Kategorien Substantiv, Adjektiv und Verb. Spiegelt die Sprache diese Architektur der Wirklichkeit? Oder steckt umgekehrt das Fundament der Welt in der Grammatik? Dann aber läge das Rätsel der Realität nicht in der Natur verborgen, sondern in der Dunkelkammer des menschlichen Bewußtseins, das bei verschiedenen Individuen oder Kulturen möglicherweise sprachlich ganz verschieden strukturiert sein könnte. Tatsächlich geht die moderne analytische Philosophie seit Beginn des 20. Jahrhunderts ontologische Fragestellungen nun häufig aus der Perspektive von Sprache und Logik an. Da Referenz (Bezug auf einen Gegenstand) und Prädikation (Aussage über einen Gegenstand) meist mit der Nomen-Verb-Adjektiv-Distinktion zusammenfallen, verwundert es nicht, daß Behauptungen, es gäbe Sprachen, denen eine dieser Kategorien fehlt, Schwindelgefühle auslösen.

Wenn mein einziges Werkzeug ein Hammer ist, dann muß jedes Problem ein Nagel sein.

Problematisch ist auch die Subjekt-Objekt-Unterscheidung, weil sie ein Tätersubjekt impliziert, das eine ontologische Fiktion sein kann (oder ein mythisches Relikt – wenn es etwa heißt „Der Wind weht" oder „Das Meer rauscht"). Aktionssätze machen beispielsweise in der deutschen Umgangssprache die überwiegende Mehrheit aller Sätze aus. Die Möglichkeit, unpersönliche Sätze wie „Es regnet" oder „Es ist kalt" zu bilden, zeigt aber, daß deutsche Sprecher nicht alles Geschehen im Subjekt-Prädikat-Schema ausdrücken müssen.
Wenn die Sapir-Whorf-Hypothese ontologische Entitäten generell betrifft, ist der ontologische Status von speziellen Entitäten erst recht fragwürdig. Whorf hat dies eindrucksvoll am Beispiel der Sprache der Hopi (seßhafte Indianern in Arizona) illustriert. In ihr werden alle Vorgänge von relativ kurzer Dauer als Verben ausgedrückt. Was im Deutschen mit den Substantiven „Blitz", „Flamme", „Meteor", „Wolke", „Welle", „Sturm", „Faust" gefaßt wird, ist bei den Hopi ein Ereigniswort. Sie sagen nicht, daß die Flamme hell leuchtet, sondern daß es hell brennt. Nachfolgende Untersuchungen haben die meisten Thesen Whorfs bezüglich der Hopi-Sprache (daß die Hopi keine Zeitbegriffe hätten, eine andere Art von Physik formulieren müßten usw.) aber eindeutig widerlegt.

Weitere Untersuchungen und Argumente zur Reichweite der Relativitätsthese

Entwicklungspsychologische Studien haben in zahlreichen Fällen gezeigt, daß unterschiedliche Sprachstrukturen den Zeitpunkt des Erwerbs bestimmter kognitiver Leistungen (etwa mathematischer Fähigkeiten oder räumlicher Konzepte) beeinflussen. Dabei handelt es sich aber um statistische Aussagen und um graduelle Differenzen, die in der Regel aufgeholt werden. Andererseits hängen beispielsweise Unterschiede im Ziehen logischer Schlüsse nicht von

der jeweiligen einzelsprachlichen Struktur, sondern der Art des Unterrichts ab. Immerhin ließ sich feststellen, daß bereits sehr junge Kinder aus verschiedenen Kulturen ganz unterschiedlich über die gleichen Bilder sprechen, die man ihnen vorgelegt hatte. Daraus wurde gefolgert, daß Sprachen keine neutralen Codierungssysteme sind, sondern subjektive Orientierungen für die Erfahrung liefern.
Daß viele beachtliche *Denkleistungen ohne Sprache* möglich sind, demonstrieren höhere Wirbeltiere, besonders Menschenaffen, sehr eindrucksvoll. Auch Kleinkinder sind lange bevor sie sprechen können

Sprache kann zum regelrechten Manipulationsinstrument werden, wenn beispielsweise von „Nullwachstum" oder „ethnischer Säuberung" die Rede ist.

zu zahlreichen kognitiven Operationen fähig. Beispielsweise schaffen sie es bereits wenige Wochen nach der Geburt, einfache arithmetische Schlüsse zu ziehen. Daß der Spracherwerb viele komplexe geistige Leistungen wenig berührt, belegen ferner taubstumme Kinder. Sie sind in der Lage, viele nichtsprachliche Denkaufgaben im wesentlichen genausogut wie eine hörende Kontrollgruppe zu bewältigen. Zudem können Gehörlose über eine hohe Intelligenz verfügen, selbst wenn sie nicht oder erst nach vielen Jahren Gelegenheit hatten, eine Gebärdensprache zu erlernen; sie verfügen über abstrakte Konzepte, soziale Kompetenz und sind durchaus fähig, allein ihren Lebensunterhalt zu bestreiten. Schließlich spricht gegen eine Identifikation von Sprechen und Denken auch, daß Wissenschaftler wie Einstein, Faraday oder Maxwell und Dichter wie Coleridge immer wieder berichten, sie hätten bei ihren bedeutendsten Einfällen nicht in Wörtern, sondern in Bildern gedacht.
Da die kognitive Kapazität eines Sprechers im allgemeinen eine viel größere Reichweite und Flexibilität hat, als das jeweils vorhandene Begriffssystem nahelegt, auch wenn das faktisch oft nicht unter Beweis gestellt wird, ist es sehr wichtig, die *konzeptuellen Fähigkeiten nicht mit dem konzeptuellen System* zu identifizieren. Das läßt sich mit mehreren Beobachtungen illustrieren: Einerseits können Erfahrungen verschieden gegliedert werden. Zum Beispiel unterscheiden die Cora, ein Bergvolk in Mexiko, nicht nur sehr genau eine beträchtliche Anzahl von Bergformen, sondern diese Unterscheidungen sind auch in die Grammatik ihrer Sprache eingegangen. Andererseits motiviert die Erfahrung die Ausprägung konzeptueller Systeme, determiniert sie aber nicht eindeutig. Der Begriff „vorne" beispielsweise, der vom Körper metaphorisch auf andere Objekte ausgedehnt wird, meint im Deutschen diejenige Seite eines Objekts, die dem Sprecher zugewandt ist, in Haida dagegen die Seite, die dem Sprecher abgewandt ist und somit in dieselbe Richtung zeigt wie die Vorderseite des Sprechers.
Als völlig ungerechtfertigt hat sich die Behauptung erwiesen, daß das Fehlen bestimmter grammatischer Strukturen gleichbedeutend ist mit dem Fehlen der (zum Beispiel in anderen Sprachen ausdrückbaren) Konzepte beziehungsweise kognitiven Fähigkeiten. So gibt es etwa in chinesischen Sprachen keine sprachlichen Merkmale (keine lexikalische oder grammatische Form, auch keine bestimmte Intonation), um Kontrafaktizität (der Wirklichkeit nicht entsprechender Sachverhalt) auszudrücken, vergleichbar mit dem Konjunktiv in „wenn ich König *wäre, würde* ich ...". Trotzdem wäre es absurd zu behaupten, Chinesen hätten kein Bewußtsein vom Unterschied zwischen real und irreal. Tatsächlich können sie entsprechende Unterscheidungen auf andere Art sehr wohl durchführen (mit Wenn-dann-Sätzen und verneinter Prämisse: „Ich bin nicht König. Wenn ich König bin ..."). Sie schneiden beim Beantworten von Fragen zu kontrafaktischen Situationen auch nicht schlechter ab als Vergleichspersonen, die beispielsweise Englisch sprechen. Mitunter müssen sie jedoch eine größere Anstrengung betreiben, etwa zusätzliche Informationen heranziehen oder Schlüsse ziehen, die die Sprache Europäern gewissermaßen „automatisch" abnimmt.
Es wäre also ein naiver Trugschluß, würde man bei der Beschreibung bestimmter einzelsprachlicher Eigenheiten diese sofort auf das Bewußtsein (oder ein tieferliegendes Unterbewußtsein) des Sprechers projizieren. So ist zum Beispiel aus dem grammatischen Geschlecht nicht auf das natürliche zu schließen – kein Sprecher des Deutschen würde das Mädchen für sachlich, die Tür für weiblich und den Busen für männlich halten. Es ist also gar nicht so relevant, ob eine bestimmte Sprache etwas grammatisch ausdrücken *kann* oder nicht, sondern ob sie es *mit relativ wenig Aufwand* auszudrücken vermag oder nicht. Aber diese Unterschiede können durchaus einen Einfluß auf Alltag und Kommunikation haben, wie Humboldt und Whorf ganz richtig erkannten. In einer Sprache, deren grammatisches Ausdrucksvermögen in einer bestimmten Hinsicht weniger reichhaltig oder eindeutig ist als in einer anderen, müssen die Informationslücken deshalb, wo nötig, auf andere Weise gestopft werden. Hinzu kommt die unterschiedliche Lastenverteilung von Sprecher und Hörer: Je detaillierter der Sprecher das sagt, was er mitteilen will, und um so höher also sein Aufwand ist, desto leichter fällt es dem Hörer, ihn zu verstehen. Und je weniger die Grammatik einer Sprache zu bestimmten Differenzierungen zwingt, desto mehr muß der Hörer leisten, damit Mißverständnisse oder Informationsdefizite vermieden werden können.
Sprachkontakte lassen die Grenzen der Relativitäts-

Dort, wo eine Sprache nicht hinreichen mag, um bestimmte Denkweisen einer anderen Kultur zu erfassen, bleibt noch immer die Möglichkeit, sich diese auf andere Weise anzueignen – indem man mit den Menschen dieser Kultur zusammenlebt.

these besonders klar hervortreten. Wären zumindest einige Sprachen durch unüberbrückbare Unterschiede getrennt, könnte man sie nicht übersetzen. Übersetzungen sind durchaus problematisch und sorgen bekanntlich nicht selten für Mißverständnisse. Dennoch läßt sich das allermeiste wenigstens sinngemäß und mitunter durch lange Umschreibungen und Erklärungen mitteilen. Überdies sind viele Menschen zwei- oder mehrsprachig. Zu klinischen Symptomen einer Schizophrenie oder multiplen Persönlichkeit führt das aber nicht. Und mit der Sprache wechselt man nicht zugleich seine Denkgewohnheiten und sein Weltbild. Wenn Chomskys Theorie der Universalgrammatik richtig ist, besitzen alle menschlichen Sprachen ohnehin eine gemeinsame Tiefenstruktur, so daß die Relativitätsthese auf keinen Fall absolut gültig wäre.

Ein anderes wichtiges Indiz gegen die starke Relativitätsthese ergibt sich aus dem *Vergleich unterschiedlicher Sprachen und Kulturen*: Einerseits haben manche Völker trotz ähnlicher Sprachen ganz andersartige Lebens- und Denkweisen entwickelt, zum Beispiel ungarische Ackerbauern und skandinavische Nomaden. Sogar in ein und derselben Sprache sind höchst unterschiedliche Denkweisen möglich (das wird rasch deutlich, wenn man beispielsweise die

Die einzelnen Sprachen sind Schnittpunkte zwischen Individuum und Gesellschaft, zwischen Mensch, Kultur und Welt.

philosophischen Schriften von Kant, Schelling, Nietzsche, Heidegger und Wittgenstein vergleicht). Und umgekehrt sind zahlreiche Völker bekannt, beispielsweise Indianerstämme im Umkreis der Hopi, die sehr ähnlich leben, aber äußerst verschieden strukturierte Sprachen besitzen. Vor diesem Hintergrund betrachtet, bedeutet die Reduktion von Sprachen auf grammatische Strukturen eine unzulässige Verkürzung. Und dort, wo eine Sprache nicht hinreichen mag (oder die Phantasie zu schwach ist), um bestimmte Denkweisen einer anderen Kultur zu erfassen, bleibt noch immer die Möglichkeit, sich diese auf andere Weise anzueignen – indem man mit den Menschen dieser Kultur zusammenlebt.

Primat der Sprache oder des Denkens?

Mittlerweile gibt es einige hundert Arbeiten zur Sapir-Whorf-Hypothese. Erkenntnistheoretische und sprachphilosophische Argumente wie auch linguistische und psychologische Untersuchungen zeigen, *daß Sprache und Denken beziehungsweise Weltsicht in vielfacher Wechselwirkung stehen, ohne jedoch vollständig voneinander abhängig zu sein.*

Die Sprache stellt also nicht das alleinentscheidende Primat dar. Sprache, Denken und Weltbild sind keine autonomen, voneinander unabhängigen Größen, sondern interagieren in verschlungener und komplexer Weise miteinander. Die einzelnen Sprachen

Anzeige

Scientia Nova

Neuerscheinungen & Neuauflagen

Ökonomie und Moral
Beiträge zur Theorie ökonomischer Rationalität
Beiträge von U. Wolf, W. Kersting, G. Kirsch, A. Suchanek, Chr. Chwaszcza, J. Nida-Rümelin, K. R. Lohmann, I. Bohnet, B. S. Frey, M. Leschke und B. P. Priddat.
Herausgegeben und eingeleitet von K. R. Lohmann und B. P. Priddat.
1997. 205 S., DM 98,– ISBN 3-486-56293-2
Fragen der Wirtschaftsethik werden oft ausschließlich als Problem der institutionellen Rahmenbedingungen aufgefaßt. In diesem Band wird diskutiert, unter welchen Bedingungen Moral auch in ökonomischen Entscheidungen relevant sein kann und sollte.

Moral und Interesse
Beiträge von R. Hegselmann, B. Lahno, M. Baurmann, B. S. Frey, R. Zintl, H. Kliemt, V. Vanberg und R. Schüßler.
Herausgegeben von H. Kliemt und R. Hegselmann.
1997. 216 S., DM 98,– ISBN 3-486-56311-4
Moral kann nur dort einigermaßen verläßlich wirken, wo ihr entweder direkte gleichgerichtete Interessen beispringen oder aber keine derartigen Interessen signifikant berührt werden. Das gilt jedenfalls im moralischen Alltag des moralischen Normalbürgers. Es ist deshalb nicht nur ein intellektuelles, sondern ein moralisches Anliegen, das Verhältnis von Moral und Interesse besser zu verstehen.

Geo Siegwart
Vorfragen zur Wahrheit
Ein Traktat über kognitive Sprachen.
1997. X, 547 S., DM 148,– ISBN 3-486-56024-7
Was ist Wahrheit? Zufolge welcher Standards erkennt man, was wahr oder falsch ist? Wie lassen sich derartige Kriterien rechtfertigen?
Die Erörterung dieser *Hauptfragen* zur Wahrheit führt auf *Vorfragen*: Von welchen Gebilden sagen wir in welcher Weise, sie seien wahr oder falsch? Was sind und was leisten Definitionen, Kriterien, Regeln, Bedingungen der Wahrheit und Falschheit? Die vorliegende Schrift entfaltet einen systematischen Rahmen, in dem die Vorfragen zur Wahrheit beantwortet und die Hauptfragen in neuer Weise organisiert werden.

Robert Axelrod
Die Evolution der Kooperation
Übersetzt und mit einem Nachwort von W. Raub und Th. Voss.
4. Auflage 1997.
X, 235 S., DM 38,–
ISBN 3-486-53994-9

Erwin Schrödinger
Was ist ein Naturgesetz?
Beiträge zum naturwissenschaftlichen Weltbild
5. Auflage 1997. 147 S., DM 38,–
ISBN 3-486-46277-X

Rudolf Schüßler
Kooperation unter Egoisten: Vier Dilemmata
1997. 178 S., DM 58,–
ISBN 3-486-56325-4

In Vorbereitung:

Paul W. Thurner
Wählen als rationale Entscheidung
Die Modellierung von Politikreaktionen im Mehrparteiensystem
1998. Ca. 312 S., ca. DM 98,–
ISBN 3-486-56340-8

Oldenbourg

sind Schnittpunkte zwischen Individuum und Gesellschaft, zwischen Mensch, Kultur und Welt. Wenn ein Mensch ausreichend Bereitschaft, Intelligenz und Zeit mitbringt und genug Informationen und Praxis erhält, sollte er in der Lage sein, sich ausreichend gut in die sprachliche und gedankliche Welt anderer Kulturen einzufinden. *Prinzipielle* einzelsprachliche Hürden scheint es insofern nicht zu geben, wenngleich *faktische* Unterschiede bestehen, die in der überwiegenden Mehrzahl wohl auch nicht überbrückt werden.

Dies heißt aber nicht, daß die Sprachstrukturen die Denkweisen schon vollständig bestimmen – eine Beeinflussung ist noch keine Determination. Und wenn auch in den konkreten Einzelfällen Denken und Sprechen häufig zeitlich nicht getrennt sind, folgt daraus nicht eine Einheit oder Ununterscheidbarkeit von Sprache und Denken.

Ontogenetisch (entwicklungsgeschichtlich) betrachtet muß man zugeben, daß die sprachliche Umgebung die geistige Entwicklung des Kindes entscheidend anregt, wenn seine elementaren kognitiven Schemata einmal ausgebildet sind. Freilich liefert die sprachliche Umwelt die komplexeren kognitiven Schemata nicht einfach mit. Sie führt aber dazu, daß diese ausgebildet werden. Sprachen sind für die Individualentwicklung des Denkens also weniger Anleitungen und Konstrukteure als Katalysatoren oder Kondensationskeime. In einem schwachen Sinn trifft die Sapir-Whorf-Hypothese deshalb wohl zu. „Jeder, der in die Sprache hineinwächst, übernimmt unbewußt die in ihr ausgeprägten Sehweisen und Wertungen, lange bevor er sich selbst bewußt denkend und urteilend mit seiner Lebenswelt auseinandersetzt", schreibt Helmut Gipper. „Die somit vorgegebene sprachliche Gliederung der Welt, die dem Sprachteilhaber ‚zuhanden' ist, ... ist zweifellos von Sprache zu Sprache verschieden, ohne daß damit Gemeinsamkeiten ausgeschlossen wären. Sprachlicher Einfluß auf Denken und Handeln ist daher mit an Sicherheit grenzender Wahrscheinlichkeit anzunehmen, wenn auch der direkte Nachweis nicht immer leicht zu erbringen ist."

Rüdiger Vaas studiert Philosophie, Germanistik/Linguistik und Biologie an den Universitäten Stuttgart, Hohenheim und Tübingen.

Nicht theoretisierbar sind etwa Gott, die Schönheit, unser Leben und die Theorieproduktion selbst. Deshalb werden aus der Theologie, Ästhetik, Ethik und Epistemologie nie strenge wissenschaftliche Disziplinen, sondern es bleibt beim Spiel der Intuitionen, bei jenem wundersamen Wildwuchs, dessen Urform Paradies heißt.

Ulrich Horstmann

Anmerkungen:

1. Denn schon bei Johann Georg Hamann (1730–1788) und Johann Gottfried Herder (1744–1803) finden sich Ansätze zu solchen Überlegungen. Und Wilhelm von Humboldt (1767–1835), einer der ersten großen Kenner indianischer Sprachen in Europa, hat in seinem 1836 posthum publizierten Aufsatz „Über die Verschiedenheit des menschlichen Sprachbaues und ihren Einfluß auf die geistige Entwicklung des Menschengeschlechts" die „Untrennbarkeit des menschlichen Bewußtseins und der menschlichen Sprache" postuliert. Seine Überlegungen wirkten auch im 20. Jahrhundert noch nach, insbesondere bei dem idealistischen Philosophen Ernst Cassirer (1874–1945), der die Sprache als „das unerläßliche und vorzügliche Organ der Welt- und Selbsterschließung des Menschen" bezeichnete, und bei dem Bonner Sprachwissenschaftler Johannes Leo Weisgerber (1899–1985), der Humboldts These von der „sprachlichen Weltansicht" zu einer Lehre von den „sprachlichen Weltbildern" ausgebaut hat und sogar behauptete: „tatsächlich denkt ... nach der Spracherlernung nicht mehr der Mensch, sondern die Muttersprache denkt für ihn."

2. Dagegen hat Donald Davidson auch ein wichtiges philosophisches Argument formuliert. Wenn zwei Sprachen beziehungsweise Begriffsschemata oder Weltbilder völlig unvereinbar wären, obwohl sie sich auf dieselbe Realität beziehen, dann müßten sie beide wahr sein. Die Feststellung, daß Wahrheitsbedingungen erfüllt sind, *erfordert Übersetzbarkeit.* Wäre eine gegenseitige Übersetzbarkeit nicht möglich, und genau das behauptet ja die Relativitätsthese in ihrer starken Form, dann wären wir gar nicht in der Lage festzustellen, daß es Sprachen mit radikal verschiedenen Weltauffassungen und Begriffsschemata gibt. Denn wir könnten sie weder verstehen noch überhaupt als Sprache erkennen. Daher hat Davidson dafür argumentiert, daß wir, um mit einem Sprecher über die Wahrheit bestimmter Sätze zu diskutieren (und also auch: um die Unterschiede der Weltbilder festzustellen), schon voraussetzen müssen, daß seine Sprache sich im Prinzip wenigstens teilweise in unsere übertragen läßt. Erst mit einer solchen *Zurückweisung eines globalen Relativismus sind lokale Relativismen sinnvoll, begreiflich und erkennbar.* Die Anerkennung anderer Begriffsschemata und Weltbilder setzt ein gewisses Verständnis von ihnen nämlich immer schon voraus.

Literaturempfehlungen zur Vertiefung:

- Davidson, D.: Wahrheit und Interpretation. Frankfurt am Main 1990
- Franzen, W. in Trabant, J. (Hrsg.): Sprache denken. Frankfurt am Main 1995, S. 249–268
- Hill, J. H., Mannheim, B.: Annual Review of Anthropology 21, S. 381–406 (1992)
- Gipper, H.: Gibt es ein sprachliches Relativitätsprinzip? Frankfurt am Main 1972
- Gipper, H.: Sprache und Denken in sprachwissenschaftlicher und sprachphilosophischer Sicht. Münster 1992
- Kutschera, F. v.: Sprachphilosophie. München 1971
- Mandelbaum, D. (Hrsg.): Selected Writings of Edward Sapir. Berkeley 1949
- Seebaß, G.: Das Problem von Sprache und Denken. Frankfurt am Main 1981
- Vaas, R.: Naturwissenschaftliche Rundschau. 50, S. 110–111 (1997)
- Werlen, I.: Sprache, Mensch und Welt. Darmstadt 1989
- Whorf, B. L.: Sprache – Denken – Wirklichkeit. Reinbek 1963

UNIVERSITAS

ZEITSCHRIFT FÜR INTERDISZIPLINÄRE WISSENSCHAFT

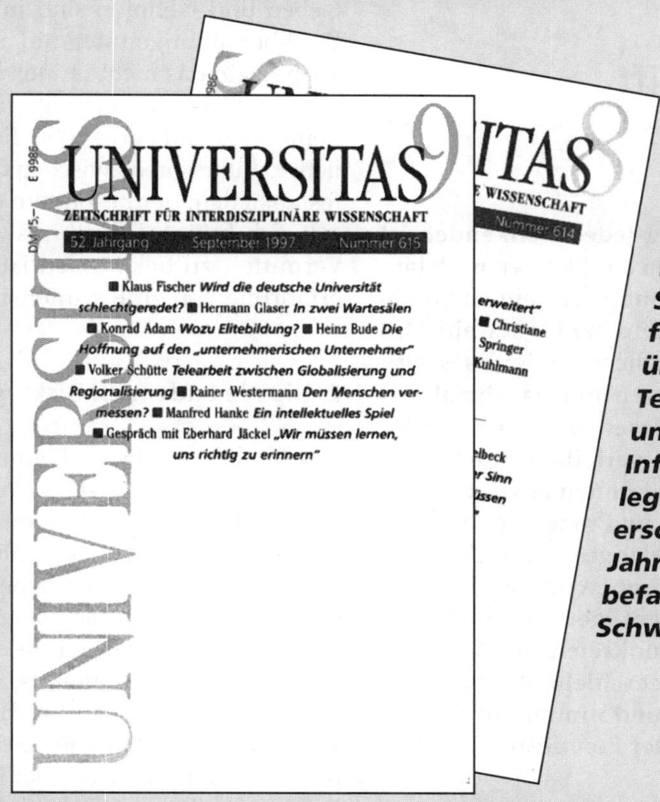

UNIVERSITAS: die Zeitschrift für den Dialog zwischen Geistes-, Sozial- und Naturwissenschaften. Sie ist unentbehrlich für alle, die gerne über ihren fachlichen Tellerrand blicken und auf fundierte Informationen Wert legen. UNIVERSITAS erscheint zwölfmal im Jahr. Jede zweite Ausgabe befaßt sich mit einem Schwerpunktthema.

Wenn Sie meinen, dies sei eine neue Zeitschrift, haben Sie recht.

(Seit über 50 Jahren jeden Monat neu)

Zur Probe: 2 Monate kostenlos

Diese Bestellung kann ich binnen einer Woche durch schriftliche Erklärung gegenüber der Wissenschaftlichen Verlagsgesellschaft mbH, Postfach 10 10 61, 70009 Stuttgart, widerrufen. Zur Wahrung der Frist genügt die rechtzeitige Absendung des Widerrufs.

Ja, *ich bestelle aus der Wissenschaftlichen Verlagsgesellschaft mbH, Postfach 10 10 61, 70009 Stuttgart*

- ❑ ***Probeabonnement UNIVERSITAS für 2 Monate kostenlos.*** *Wenn ich UNIVERSITAS nicht weiterlesen möchte, teile dies innerhalb einer Woche nach Erhalt der 2. Ausgabe dem Verlag mit. Anderenfalls wünsche ich Weiterlieferung zum Abonnementspreis bzw.* ❑ *Vorzugspreis (gegen Nachweis)*
- ❑ *Abonnement UNIVERSITAS (mtl. 1 Heft) zum Preis von jährlich DM 123,– zzgl. Versandkosten*
- ❑ *Abonnement zum Vorzugspreis für Schüler/Azubis/Studenten (Nachweis bitte beilegen) jährlich DM 93,60 zzgl. Versandkosten*
- ❑ *Einzelheft Nr. ________ DM 15,–*
- ❑ *Kostenloses Probeexemplar (ältere Ausgabe)*

Absender:

Stand der Preise 1. 1. 1997

Name

Straße

PLZ, Ort

Datum, Unterschrift

Vertrauensgarantie

Ich bin darüber informiert, daß ich diese Bestellung binnen einer Woche durch schriftliche Erklärung gegenüber der Wissenschaftlichen Verlagsgesellschaft, Postf. 10 10 61, 70009 Stuttgart widerrufen kann. Zur Wahrung der Frist genügt rechtzeitige Absendung des Widerrufs.

Datum

Unterschrift

Internet: http://www.Wissenschaftliche-Verlagsgesellschaft.de eMail: service@wissenschaftliche-verlagsgesellschaft.de

Heinz Kimmerle

Die Auto-Erotik des Schreibens

Denken und Schrift bei Derrida

Eine elementare Erfahrung jedes Denkenden ist die Erkenntnisfreude. Wenn das Denken nach längeren oder kürzeren Bemühungen zu einem Ergebnis gelangt, stellt sich unmittelbar Freude ein. Das Wissen um die Möglichkeit dieses Ereignisses wird dem Denkenden in mühsamen und manchmal aussichtslos erscheinenden Phasen seiner Arbeit Mut machen und neue Energie verleihen. Auch Zwischenschritte des Denkens können etwas von dieser Freude vermitteln. Wer im Prozeß der Analyse zu einer klaren Übersicht gelangt, welche Elemente zu einem Sachverhalt gehören, wird darüber froh sein. Das Wiederzusammenfügen der Elemente, die „Reproduktion des Konkreten im Wege des Denkens", wie Marx sagt, geschieht oft über mehrere Stufen bzw. Schritte und nimmt auf diesem Weg jedesmal etwas von der Freude am Ergebnis vorweg.

1. Denken als Dialog

Nicht jede Denkbemühung führt zum Ziel. Die Arbeit des Analysierens und Wiederzusammenfügens kann steckenbleiben, weil sich vorübergehend keine Klarheit ergibt, oder ganz mißlingen, weil kein stimmiges oder überzeugendes Resultat erreicht wird. Das hat Enttäuschung oder sogar Verzweiflung zur Folge. Es kommt in solchen Fällen darauf an, nicht aufzugeben oder sich solche Aufgaben zu stellen, die man auch lösen kann. Poppers Devise einer stets weitergehenden Serie von „Versuch und Irrtum", weil kein Ergebnis für immer gültig ist, kann in schwierigen Situationen der Denkarbeit hilfreich sein.

So gesehen scheint das Denken eine einsame Tätigkeit. In Wahrheit ist es aber von Anfang an und auf jeder Stufe dialogisch. In diesem Punkt ist Gadamers Hermeneutik zuzustimmen. Das Denken ist ein „inneres Sprechen", ein „Dialog der Seele mit sich selbst", um eine Formulierung Platons aufzugreifen. Im inneren Dialog des Denkens melden sich in der Regel auch andere, frühere Denker zu Wort, die sich eine vergleichbare Aufgabe gestellt haben. Das zeigt sich schon in dieser kleinen Übung, das Erotische im Denken zu denken; es galt, an Marx, Popper, Gadamer und Platon zu erinnern.

Indessen wird das Denken in vielfacher Hinsicht belebt, angeregt, vorangetrieben, wenn der Dialog auch nach außen hin mit einem oder mehreren Partnern geführt wird. Die erotische Dimension des Denkens kann sich erst voll entfalten, wenn die Erkenntnisfreude geteilt wird, die Dialogpartner gemeinsam zu ihr gelangen.

Geben und Nehmen sind in diesen gemeinsamen Denkbemühungen stets auf allen beteiligten Seiten, auch wenn das nicht immer unmittelbar zu bemerken ist. Dies gilt ebenfalls für das Verhältnis von Lehrenden und Lernenden. Freilich ist hier ein deutlicher Unterschied zwischen Geben und Empfangen festzustellen, der besondere erotische Spannungen mit sich bringt. Erkenntnis zu vermitteln und sie vermittelt zu bekommen ist eine geistige Liebeserfahrung von großer Intensität.

2. Die nie endenden Diskurse

Die Aufgabe, erotische Elemente in Derridas Denkbemühungen sowie seine Auffassungen zum Eros des Denkens herauszuarbeiten, läßt sich angehen, indem zunächst deren Offenheit, Unabgeschlossenheit und die damit gegebene innere Dynamik, das Getriebensein oder Sich-stets-weiter-Treibende betont werden. Die Arbeit des Dekonstruierens setzt kein eigenes Wissen voraus. Sie nistet sich in bestehenden Denksystemen ein, folgt den darin sich vollziehenden Bewegungen und sucht ihre Schwachpunkte, Inkonsistenzen oder fehlerhaften Konstruktionen aufzuweisen. Diese Arbeit selbst soll auch ein positives Ergebnis haben, etwas über eine andere, diese Schwächen oder Fehler vermeidende Art des Denkens sagen. In der Tat ergibt sich aus der Vielzahl der Dekonstruktionen ein Richtungssinn dieses Denkens, sie verweisen gewissermaßen auf einen dritten geometrischen Ort, der zwar anvisiert wird, aber selber leer oder unbestimmt bleibt. Dieser geheime Ausgangspunkt der Dekonstruktionen, der auch dem Dekonstruierenden nicht bekannt ist, erweist sich zugleich als eine Quelle ihrer Kraft, die sich in ihren immer wieder neu ansetzenden, stets wiederholten und doch auch stets wieder überraschenden Denkbewegungen äußert.
Auch nachdem viele andere, zum Teil umfangreichere Bücher Derridas vorliegen, scheint mir sein Hauptwerk noch immer das Nicht-Buch oder Doppel-Buch „Glas"[1] aus dem Jahr 1974 zu sein. Zwei Texte, als Spalten nebeneinander gedruckt, beginnen mitten in einem Satz und enden mitten in einem Satz, um deutlich zu machen, daß sie Ausschnitte aus Diskursen sind, die viel eher beginnen und die weitergehen. Es gibt keine Kapitel oder

Erkenntnis zu vermitteln und sie vermittelt zu bekommen ist eine geistige Liebeserfahrung von großer Intensität.

Zwischentitel, sondern nur Zäsuren, etwas größere Einschnitte als ein gewöhnlicher neuer Absatz. Textpassagen, die selber schon vorgegebenen Texten Hegels oder Genets folgen, die in diesen durch Kursivierung oder Anführungszeichen eigene Sinnakzente anbringen, Sinnverschiebungen zu Wege bringen, wechseln sich mit anderen ab, in denen ausführlich nur zitiert wird. Ferner gibt es Einfügungen in beide Texte, die nicht die volle Breite einer Spalte einnehmen. Sie bieten freie Assoziationen, ergänzende Gesichtspunkte, weiterführende Gedanken, zusätzliche kritische Argumente.

Das Thema ist die Philosophie der Familie oder eigentlich der Liebe, die ihr zugrunde liegt. Auf der einen Seite steht Hegels Intention, die Liebe zu vergeistigen, die zu peinlichen Einseitigkeiten der nur heterosexuell begründeten Ehe und Familie in der bürgerlichen Gesellschaft führt, insbesondere zur Unterdrückung der Liebesbeziehung zwischen Bruder und Schwester und zur Verdrängung der väterlichen Liebe zum unehelichen Sohn. Hegels eindringliche Deutung der Abschiedsreden Jesu im Johannes-Evangelium, die im Liebesmahl mit seinen Jüngern kulminieren, und seine eigenen unbeholfenen Liebesgedichte für Nanette Endel, die er viel später erneut für seine Braut Marie von Tucher verwendet, und ebenso seine tiefsinnige Antigone-Deutung und sein stets auf Abstand bedachtes Verhältnis zur eigenen Schwester Christiane stehen in merkwürdigem Kontrast zueinander und bilden doch die beiden Seiten ein und derselben Medaille. Vergleichbares ließe sich für die subtile dialektische Interpretation der ausschließlichen Vater-Sohn-Beziehung in der Trinität und die abweisend-unfreundliche Haltung Hegels gegenüber seinem eigenen unehelichen Sohn Ludwig Fischer sagen.

Das Denken ist ein „inneres Sprechen", ein „Dialog der Seele mit sich selbst".

Das Gegenbild oder die Kontrastfolie, der Umschlag, in den der Brief eingelegt ist, oder die Scheide, in die das Messer eingeführt wird, findet sich in den Romanen des französischen Schriftstellers Genet, der als Delinquent deutlich außerhalb der bürgerlichen Gesellschaft steht. Die Symbolik der Blumen wird benutzt, um das Geschlechtliche gerade nicht zu verdrängen und zu verdecken, sondern offenzulegen und nach außen zu kehren. Auf diese Weise wird mit Freud gegen die Verdrängung des Geschlechtlichen in der Liebe, aber zugleich auch gegen ihn und seine Forderung einer ständigen Sublimierung des Erotischen argumentiert, die zur Hervorbringung der Kultur notwendig sein soll.

Ein anderes Beispiel für Diskurse ohne Anfang und ohne Ende, die zu Wiederholungen, aber auch immer wieder zu neuen Überraschungen führen, ist „La Dissemination",[2] das Ausstreuen des Samens auf ein Feld. Hierfür sind Planung und Berechnung erforderlich, aber es geschieht doch auch mit einem Schlag, es ist wie das Einschlagen eines Blitzes oder eines sonstwie unerwarteten Ereignisses. Auch hier begegnen wir Hegel, der aufgrund der Abgeschlossenheit seines philosophischen Systems mit der Schwierigkeit ringt, keine Einleitung in dieses System oder Hinführung zum Philosophieren verfassen zu können. Ferner wird auch Platon behandelt, der die Schrift als *pharmakon*, Heilmittel *und* Gift bezeichnet, und der französische Dichter Mallarmé, der zeigt, daß Literatur keinen direkten Weg zur Wahrheit bietet, sondern sich in einer „Ecke" befindet, zu der es immer einen doppelten Zugang gibt.

3. Die Wort-Spiele und ihre sinnerschließende Funktion

Denken und Sprache sind unauflöslich miteinander verbunden. Das Denken ist ein Arbeiten in der Sprache und mit der Sprache. Dieses Arbeiten nimmt bei Derrida und anderen die Form des Spieles an. Das ist kein Gegensatz. Denn es ist gewiß nicht ein unverbindliches Spiel gemeint oder ein Geschehen, das den nötigen Ernst vermissen ließe. Die Sprache gibt neben der strengen Ableitung, der schrittweise ausgewiesenen Argumentation die Möglichkeit des spielerischen Umgangs mit ihr vor, die spezifische Formen des Erkenntnisgewinns beinhaltet. Damit gelangt das Denken in die Nachbarschaft des künstlerischen Schaffens. Gadamer hat diese Affinität (Wesensverwandtschaft) zwischen Spiel und Kunstwerk deutlich herausgestellt. Im spielerischen Philosophieren zeigt sich, daß die Sprache im Prozeß des Denkens eine „ewige Mitspielerin" ist, die erst die entscheidenden Einsichten möglich macht, wie es in dem Rilke entlehnten Motto von „Wahrheit und Methode" [3] heißt.

Dekonstruktion

Jacques Derrida nennt das Verfahren seines Umgangs mit philosophischen Texten der europäisch-westlichen Tradition „Dekonstruktion". Er schließt mit diesem Begriff an Martin Heideggers Programm einer „Destruktion der Metaphysik" an, das sich ebenfalls auf diesen philosophischen Traditionszusammenhang richtet. Weil aber Destruktion auch schon bei Heidegger nicht nur Zerstören bedeutet, sondern mit demselben Unternehmen zugleich etwas Konstruktives beabsichtigt ist, nämlich etwas Neues, Positives zu erreichen (ein anderes, nicht mehr „metaphysisches" Denken im Sinne der genannten Tradition), wählt Derrida den Ausdruck „De-kon-struktion". Dabei greift er auf ein bestehendes, aber kaum noch gebrauchtes Wort der französischen Sprache zurück: déconstruction. Es handelt sich um eine Form der konstruktiven Kritik, die ihr Kriterium nicht benennen, wohl aber im Vollzug des Kritisierens zur Anwendung bringen kann.

Es ist nicht unangebracht zu sagen, daß das Sprach-Spiel ebenso wesentlich zum Denken gehört wie das Liebesspiel zum Liebesvollzug. Indessen sind es bei Derrida nicht Sprach-Spiele im Sinne Wittgensteins, sondern vor allem Wort-Spiele, *jeux de mots*, die er für sein Philosophieren gebraucht. Häufig ist es der doppelte Sinn eines Wortes, der für ein Problem aufschlußreich ist. Während *gift* in der englischen Sprache „Geschenk, Gabe" bedeutet, meint *Gift* im Deutschen etwas Negatives oder jedenfalls Gefährliches. Das bringt Derrida auf den Gedanken, daß jede Gabe vergiftet ist, weil sie auf irgendeine Weise die Erwartung einer Gegengabe enthält. Diese Art von Doppeldeutigkeit und Unbestimmtheit trafen wir bereits im Pharmakon-Begriff Platons an.

Das Denken ist ein Arbeiten in der Sprache und mit der Sprache.

In „La religion"[4] folgt Derrida den beiden möglichen Etymologien (Wortentwicklungen) dieses Wortes. Sofern es von *relegere* im Sinne Ciceros abgeleitet wird, bedeutet es „Wiederversammeln", um wiederkommen und aufs Neue beginnen zu können. Andererseits rückt die Herleitung von *religare* im Sinne von Lactanz und Tertullian die 'Rückbindung' und damit Gebundenheit, Verpflichtung und Schuld in den Vordergrund. Auch wenn Derrida im Gebrauch von Etymologien kritischer ist als Heidegger, verleiten sie ihn in diesem Fall dazu, bei der Interpretation der Doppeldeutigkeit des Phänomens „Religion" nicht nur eine Unbestimmtheit dieses Bedeutungsfeldes anzunehmen, sondern von „den zwei Quellen der 'Religion'" auszugehen. Wer sagt ihm, daß es nicht drei oder mehr sind oder daß neben der lateinischen Etymologie nicht andere Mitbedeutungen sprachlicher Zeichen (semantische Konnotationen) wichtig sind?

Der Gebrauch von Wörterbüchern ist häufig der Leitfaden und auch eine objektivierende Instanz, wenn Derrida spielerisch mit der Sprache umgeht. Während er in der Genet-Spalte von Glas (T., S. 7–8) zunächst ankündigt, er werde für Hegels Philosophie ein Grabmal errichten, das dann weithin sichtbar ist, das heißt mit dem Läuten der Totenglocke zugleich etwas Neues einläuten, veranlassen ihn später bestimmte Wortverbindungen in Genets Werken, die die Blumen-Symbolik mit christlichen Namen verknüpfen, zu einer genauen etymologischen Erforschung des Wortstammes, der dem „Klassifizieren" durch Namen-geben zugrunde liegt (T., S. 100 ff.). *Classicus* hieß im alten Rom ein „Bürger der ersten Klasse"; und erst im 18. Jahrhundert bedeutet es auch „Vorbild". *Classis* ist traditionell das Wort für „Abteilung", aber auch für „Flotte"; in dieser Bedeutung wird es später für „Einteilen" im Sinne von „Klassifizieren" gebraucht. Schließlich führt diese „grammatologische Lektüre" über *classum* = „Lärm" zum altfranzösischen *glas* für das „Läuten aller Kirchenglocken" und zum „Läuten der Totenglocke". So zeigt sich, wie beide Spalten aufeinander einspielen.

Das wichtigste Wort-Spiel Derridas – neben dem Aufgreifen des kaum noch gebräuchlichen Ausdrucks *déconstruction*, der Destruktion und Konstruktion miteinander verbindet, für sein gesamtes philosophisches Programm – ist zweifellos die Schreibung von „différance" (mit a) statt des gebräuchlichen *différence* (mit e). Dieser „unauffällige graphische Eingriff" ist in der mündlichen Sprache nicht zu vernehmen. Dieses Wort-Spiel liegt wie überhaupt „der Begriff von *Spiel*" jenseits der Opposition von philosophisch-logischem und empirisch-logischem Diskurs, es „kündigt in der Nachtwache vor der Philosophie und jenseits von ihr die Einheit des Zufalls mit der Notwendigkeit an in einem Kalkül ohne Ende".

„Was sich *différance* schreibt, wäre also jene Spielbewegung, welche die Differenzen, diese Effekte der Differenz … ‚produziert' … Die *différance*, die diese Differenzen hervorbringt, geht ihnen nicht etwa in einer einfachen und an sich unmodifizierten, in-differenten Gegenwart voraus. Die *différance* ist der nicht-volle, nicht-einfache (strukturierte und differierende) Ursprung der Differenzen."[5]

4. Die Auto-Erotik des Schreibens

Die Schrift ist für Platon eine „vergiftete Gabe". In seinem *Siebten Brief* sagt er unzweideutig, daß man die Wahrheit nicht aufschreiben kann; nur im lebendigen Dialog sei sie gegenwärtig. Für Hegel steht die gesprochene Sprache deshalb höher als die Schrift, weil diese dem Geist näher ist; sie benötigt kaum noch ein natürliches Substrat. Nach der Auffassung Rousseaus, der in seinen Werken, ähnlich wie Platon und Hegel, „phonozentrisch" argumentiert, das heißt das gesprochene Wort höher einschätzt als die Schrift, ist die Schrift lediglich Gedächtnisstütze für die Erinnerung an das gesprochene Wort. In diesem Sinn ist sie Ergänzung, Ersatz, Supplement. Was Sprache ist – in allen ihren Dimensionen und Möglichkeiten –, zeigt sich in der Situation des mündlichen Sprechens. Diese Einschätzung durchzieht alle Werke Rousseaus, nach Derrida wird die „Stimme der Schrift entgegengesetzt wie die Präsenz der Absenz und die Freiheit der Knechtschaft".[6] Aber in seinen Tagebüchern und in den *Bekenntnissen* (1778) spricht nicht Rousseau, sondern Jean-Jacques, der sich meist von der kultivierten Gesellschaft und ihren Konversationen zurückzieht und sich der Praxis des Schreibens widmet. Diese ist für ihn geradezu lebensnotwendig; sie ist für ihn das

Die Masturbation gleicht der Schrift und wird wie diese als ein gefährliches und äußerliches Supplement erklärt.

eigentliche Leben, dessen Vervollständigung und Vervollkommnung. Auch in diesem Sinn ist das Schreiben Supplement.

Dieser Doppelsinn von *Supplement* bildet für Derrida den Schlüssel seiner Rousseau-Interpretation. Wo in der Erziehung die Natur nicht selbst den richtigen Weg weist, tritt ein Supplement ein, das sie ergänzt *und* vervollkommnet. Indessen kann sich ein Supplement auch von selbst anbieten und muß in diesem Fall, besonders in der Erziehung, auf seine Brauchbarkeit überprüft werden. So ist die Masturbation ein „gefährliches Supplement", dem entgegengewirkt werden muß (G., S. 244 ff.). Wie sich aus den *Bekenntnissen* entnehmen läßt, steht sie bei Rousseau selbst in einer „Kette von Supplementen", die mit *maman* beginnt, der Pflegemutter Jean-Jacques', und in der Thérèse, die Freundin und Geliebte, eine wichtige Stellung einnimmt, die ihm auf dem Gebiet der Erotik gibt, was er braucht. Die Rolle der Schrift in dieser Kette ist schwer zu bestimmen. Rousseau beschreibt die Sprachwerdung der Sprache auch als ihre Schriftwerdung. Zwischen der „äußeren Gestik" als erster Form der Schrift und der gesprochenen Sprache gibt es ein „Verhältnis wechselseitiger und unaufhörlicher Supplementarität" (G., S. 404). Rousseau kann sich nicht auf *einen* Ursprung der Sprache und nicht auf *eine* Erklärung der Schrift festlegen. Die Auto-Erotik, das Berührend-Berührtwerden, ist einerseits der gesprochenen Sprache zuzuordnen, dem „Sich-hören-Sprechen" bei Hegel und in der übrigen europäisch-westlichen Metaphysik. Andererseits gleicht die Masturbation der Schrift und wird wie diese als ein gefährliches und äußerliches Supplement erklärt. Für beide gilt: sie sind eigentlich kein Supplement, sondern ein „Substitut, das schwächt, versklavt, tilgt, trennt und verfälscht" (G., S. 371).

Anmerkungen:

1. Derrida, J.: Totenglocke. Editions Galilée; Paris 1972 (Im Text: T.)
2. Derrida, J.: La Dissemination. Editions du Seuil; Paris 1972
3. Gadamer, H. G.: Wahrheit und Methode. J. C. B. Mohr (Paul Siebeck), Tübingen 1960
4. Derrida, J.: La religion. Editions du Seuil; Paris 1996, S. 49–52
5. Derrida, J.: Randgänge der Philosophie. Ullstein, Frankfurt am Main u. a. 1976, S. 17; die Wörter, die im Zitat in Klammern stehen, fehlen in der hier gebrauchten deutschen Übersetzung.
6. Derrida, J.: Grammatologie. Frankfurt am Main 1974, S. 288 (Im Text: G.)

Heinz Kimmerle ist Professor für Philosophie an der Erasmus-Universität in Rotterdam; zur Zeit lehrt er an der University of Venda in Südafrika.

Anzeige

Psychologie – endlich verständlich

Warum muß den Philosophen die Seelenlehre interessieren? Weil die Zentralkraft der Seele das Bewußtsein ist, das ausnahmslos als Doppelbewußtsein vorkommt. Es besteht aus dem Verstand und der Vernunft, wobei der Verstand das Meß- oder Sinnesbewußtsein der materiellen Kräfte und die Vernunft das Maß- oder Sinnbewußtsein der immateriellen Kräfte ist.
Das ist zwar neu, aber nachvollziehbar, sofern man sich die übliche und notwendige Mühe des Nach-Denkens und Nach-Erlebens macht. Trotzdem ist dieses Neue auch einfach, wie die Definition des Bewußtseins zeigt. Es ist das Wissen von etwas, das mit einer Wahrnehmung und deren Bewertung beginnt. Schwieriger wird es wieder, allen Lebewesen ein Bewußtsein zuzugestehen. Aber da Leben beseeltes Sein ist, kann es kein Lebewesen ohne Seele und keine Seele ohne Bewußtseinsstufe geben. Dabei steigern sich die Selbstbewußtseinsgrade bis zum Ichbewußtsein des Menschen.
Die Analyse der Seelenkräfte überzeugt, weil sie vergleichsweise so wahr ist, wie die Gleichungen 2x2=4 oder 2+2=4 richtig sind. Allerdings führt die Analyse der Seele zur auf dem Buchdeckel abgebildeten Ungleichung, deren Übersetzung lautet: Das immaterielle Unendliche ist größer als die materielle Endlichkeit der Schöpfung.

Fritz Preuß
Psychologie – endlich verständlich
Grundlagen einer neuen Psychologie
208 Seiten – DM/sFr 29,80, öS 218
ISBN 3 8280 0324 9

Im Buchhandel erhältlich oder direkt zu bestellen bei Verlag Frieling und Partner
Hünefeldzeile 18
D-12247 Berlin Steglitz
Telefon (0 30) 7 74 20 11
Telefax (0 30) 7 74 41 03

Frieling

Peter Lutzker

Der Sprachsinn

Bis heute gilt es als ein ungelöstes Rätsel, wie das Wunder des menschlichen Spracherwerbs zu erklären ist. Wie schafft es das Kleinkind, aus dem unvollkommenen „Material" der Sprache, die es in seiner Umgebung hört, eine Fülle kompliziertester Strukturen, von denen es keinen Begriff hat, zu „verstehen" und schon mit sechs Jahren weitgehend korrekt zu benutzen?

Während manche Wissenschaftler die Lösung dieses Rätsels in der Wechselbeziehung (Interaktion) des Kindes mit seiner Umwelt suchen (sog. Environmentalisten), vermuten viele andere, daß die Antwort eher im „Innern" liegt und forschen anhand von Untersuchungen des Gehirns oder der Gene nach einer angeborenen Grundlage (sog. Nativisten). Jedoch scheint trotz intensivster Forschungen und jahrzehntelanger Auseinandersetzungen der Satz des Psycholinguisten George Miller den Erkenntnisstand immer noch am treffendsten zu beschreiben: „The trouble with language acquisition is that the nativists have proved that it's a mystery and the environmentalists have proved that it's impossible." (Das ärgerliche am Spracherwerb ist, daß die Nativisten bewiesen haben, daß er ein großes Rätsel ist, und die Environmentalisten, daß es ihn gar nicht geben kann.) In dieser Situation wundert es nicht, daß in den letzten Jahren renommierte Wissenschaftler offen fragen, ob nicht völlig andere Wege eingeschlagen werden müssen.

Indem man die zentralen Fragen der Sprachwahrnehmung und des Spracherwerbs im Zusammenhang mit der Erforschung der Sinne und der Sinneswahrnehmungen betrachtet, eröffnen sich ganz neue Verbindungen zwischen zwei umfangreichen Forschungsbereichen. Beiden liegt der Versuch zugrunde, die Umwandlung von Phänomenen in Bedeutung zu verstehen. Indem wir von der Annahme ausgehen, daß diese Wahrnehmungsvorgänge eine gemeinsame *sensorische* Grundlage haben, könnten einige der fundamentalen Erkenntnisse, die beim Studium der Sinneswahrnehmungen gewonnen worden sind, zur Erhellung der noch ungeklärten Probleme beim Versuch, das „Wie" der Sprachwahrnehmung und des Spracherwerbs zu erklären, beitragen.[1] Diese Hypothese, daß Wahrnehmung und Verstehen von Sprache als spezifischer Sinnesprozeß zu erklären seien, entstand erstmals bei der Erweiterung der Sinneslehre, die Rudolf Steiner zwischen 1909 und 1916 entwickelte.

Steiners Forschungen standen ganz in der Tradition Goethes, der die Sinneslehre als ein zentrales philosophisches und naturwissenschaftliches Anliegen betrachtete. Im scharfen Gegensatz zu Kant verstand Goethe die Sinneslehre als vorrangiges zukünftiges Aufgabengebiet der Philosophie. Er war davon überzeugt, daß der sinnlichen Wahrnehmung *objektive* Qualitäten innewohnen. „Die Sinne trügen nicht, das Urteil trügt."[2] Er glaubte, daß ein wesentlicher Aspekt der Entwicklung und Erziehung des Menschen in der Möglichkeit liege, durch die weitere Entwicklung von Sinnesorganen die Wahrnehmung ständig zu verfeinern. Das Individuum hat die Möglichkeit, sinnliche Fähigkeiten und Organe (!) zu entwickeln, indem es sich eine feinere Wahrnehmungsebene erschließt. „Jeder neue Gegenstand, wohl beschaut, schließt ein neues Organ in uns auf."[3] Goethes Glaube an eine grundsätzliche Übereinstimmung zwischen objektiven Phänomenen und innerer Erfahrung wurde die Grundlage für seine ausgedehnten naturwissenschaftlichen Studien in der Botanik, der Morphologie (Gestaltlehre) und für die Entwicklung seiner Farbenlehre. Die Erfahrung der Phänomene durch die Sinne war der Anfangs- und Bezugspunkt eines intensiven Beobachtungsvorgangs, der in einer „exakten Imagination" gipfelt.

In diesem Jahrhundert gibt es eine Reihe von philosophischen und sinnesphysiologischen Beiträgen, die sich Goethes Ansichten über die zentrale Stellung der Sinneslehre anschließen und diese in verschiedenen Bereichen weiterentwickeln.[4] In Zusammenhang mit Fragen der Sprachwahrnehmung und des Spracherwerbs stellt die von Rudolf Steiner entworfene Erweiterung des Sinnesspektrums die signifikanteste dar.

„Der Anfang der Anthroposophie soll gemacht werden mit einer Betrachtung der menschlichen Sinne."[5] Indem Rudolf Steiner die menschlichen Sinne als eine Grundlage der Anthroposophie darstellte, knüpfte er nicht nur bewußt an die Tradition Goethes an, sondern er formulierte in derselben Schrift eine bedeutende Erweiterung der herkömmlichen Sinneslehre. Das ganze Spektrum der menschlichen Sinne wurde erweitert, insofern als erstmals sprachliche und gedankliche Wahrnehmungen als Sinneswahrnehmungen betrachtet wurden. Steiner postuliert das Vorhandensein von „Erkenntnissinnen", die es dem Menschen ermöglichen, einen anderen Menschen wahrzunehmen und dadurch in allen Formen der sozial-kommunikativen Interaktion entscheidend sind. Er stellte vier solche Erkenntnissinne fest: den Gehörsinn, den Sprachsinn (Sinn für die Wahrnehmung der Worte einer anderen Person), den Gedankensinn (Sinn für die Wahrnehmung des Denkens einer anderen Person) und den Ichsinn (Sinn für die Wahrnehmung des „Selbst" einer anderen Person).

Steiner nahm an, daß sich die direkte sensorische Erfahrung von Sprache und Denken nicht auf die durch den Gehörsinn wahrgenommenen Wörter beschränkt, sondern an alle Erscheinungsformen von Gestik, Mimik und Physiognomie gebunden ist, die Sprache ausmachen. Die Integration dieser kinesischen und der verbalen Elemente, aus denen sich eine Äußerung zusammensetzt, betrachtete er nicht nur als naturgegebenen Faktor bei der

Anthroposophie:
Lehre R. Steiners (seit 1913), die das „Wissen vom Menschen" und seiner Verflechtung mit dem Übersinnlichen vertiefen will.

Hervorbringung von Sprache, sondern auch als entscheidend für die Wahrnehmung. Dies stellt eine direkte Verbindung zu dem her, was Steiner für das wesentliche Element jeder sensorischen Wahrnehmung hielt: das Zusammenwirken der verschiedenen Sinne bei der Hervorbringung einer bewußten Wahrnehmung. In der Regel tritt ein Sinn deutlich ins Bewußtsein. Im Sinne Goethes geht Steiner von der Annahme aus, daß die Sinneswahrnehmung „objektiv" wirkt. Im Zusammenhang mit seiner Auffassung der „Erkenntnissinne" zeigt sich die Unmittelbarkeit der Sprachwahrnehmung in der Tatsache, daß wir Worte verstehen, bevor wir sie deuten oder beurteilen.

Die neuartigste Idee, die er im Zusammenhang mit dem Sprachsinn vorlegte, war seine Annahme eines entsprechenden Sinnesorgans. Die klassischen fünf Sinne verdanken ihre Geltung in erster Linie den direkten Verbindungen zwischen dem Sinn und einem offensichtlich dazugehörigen physischen Organ. Indem Steiner über diese Übereinstimmung hinausging, brachte er physiologische Reaktionen und Verarbeitungsprozesse in einen neuen ganzheitlichen Zusammenhang. Er glaubte, daß es eine grundlegende Verbindung zwischen der Fähigkeit, sich zu bewegen, und der sprachlichen Wahrnehmung gibt. Steiner faßt den gesamten menschlichen Bewegungsorganismus („Der in sich bewegbare Mensch") als Sinnesorgan für die Sprache auf. „Wir könnten keine Worte verstehen, wenn wir nicht in uns einen physischen Bewegungsapparat hätten. Wahrhaftig, insofern von unserem Zentralnervensystem die Nerven zu unserem gesamten Bewegungsvorgang ausgehen, liegt darinnen auch der Sinnesapparat für die Worte, die zu uns gesprochen werden."[6] In seiner Hervorhebung des Bewegungspotentials als Grundlage der menschlichen Spracherwerbsfähigkeit entwickelte er eine Verbindung, die erst fünfzig Jahre später anhand von Forschungsergebnissen aus dem Fachbereich der Kinesik eingehend geprüft werden konnten.

Eine modulare Auffassung von „Sprachinformation" als ein von menschlicher Erfahrung abgetrennter Bereich kann die Realität von Sprache und Sinneswahrnehmung nicht widergeben.

Das Gebiet der Kinesik (kinesics) beschäftigt sich mit den Körperbewegungen des Menschen in einem kulturellen Kontext. Ihre Grundannahme ist die Überzeugung, daß die unbewußten Körperbewegungen in der menschlichen Interaktion von entscheidender Bedeutung sind. Bei der Betrachtung des ganzen Kommunikationsvorgangs haben Forscher auf dem Gebiet der Kinesik das Einbezogensein der motorischen und sensorischen Funktionen des ganzen Körpers betont. Um dies genau zu untersuchen, werden Menschen im Gespräch gefilmt, und zwar mit speziellen Tonfilmen, die wie eine „Zeitlupe" funktionieren, insofern als eine Sekunde in 48 Einzelbilder unterteilt werden kann. Diese Tonfilme können entsprechend als eine Art „Mikroskop" für die sonst unsichtbaren Körperbewegungen während des Sprechens und Zuhörens dienen. Beim wiederholten Betrachten dieser Filme werden gewisse Bewegungseinheiten und Bewegungsmuster allmählich erkennbar, die mit bloßem Auge nicht wahrnehmbar wären. Erst nachdem einzelne Bewegungseinheiten festgelegt wurden, war es möglich, ganze Organisationen von Bewegungen, die aus den gleichzeitigen (synchronen) und überlappenden Bewegungen der ganzen Person bestanden, wahrzunehmen.

Aus der Fülle von hochinteressanten Ergebnissen, die durch diese Forschungen zutage traten, waren die entscheidenden im Zusammenhang mit der Hypothese eines Sprachsinns diejenigen, die sich auf die Analyse der unbewußten Bewegungen während des Zuhörens hin ergaben. Es stellte sich heraus, daß es nicht nur eine stetige und exakte Koordination der Bewegung des Sprechers mit seinen eigenen Wörtern gibt (self-synchrony), sondern daß sich der Hörer mit einem zeitlichen Abstand von 50 Millisekunden fast ebenso exakt synchron zur artikulierten Struktur der Worte des Sprechers bewegt wie dieser selbst (interactional synchrony). Innerhalb dieser 50 Millisekunden spiegelt die Organisation der Körperreaktion des Hörers sein „Entrainment" auf die herankommenden Worte wider. (Die Begriffe „Entrainment" bzw. „entrain" werden im linguistisch-kinesischen Bereich benutzt, um das unmittelbare Reagieren des gesamten beweglichen physischen Organismus auf gesprochene Laute zu beschreiben.) Mit jeder Lautveränderung gibt es parallel verlaufende Bewegungen der Hörer. Der führende Wissenschaftler auf diesem Gebiet, William S. Condon, schreibt: „Bildlich gesehen ist es, als ob der ganze Körper des Hörers in präziser und fließender Begleitung zur gesprochenen Sprache tanzte."[7]

Der Schlüssel zum Verständnis dieser Verhaltensorganisation liegt in der Grundthese der Kinesik, daß es selbst auf der Mikroebene des Verhaltens keine separaten Elemente gibt, die dann ein „Ganzes" ergeben, sondern daß diese kleineren Einheiten nur als Teil einer größeren Organisation von gleichzeitigen und überlappenden Mustern verstanden werden können. Entsprechend lassen sich die durch und auf gesprochene Sprache hin erzeugten Reaktionen nicht auf die Bewegungen eines einzelnen Organs reduzieren. Diese Synchronie der Bewegungen umfaßt den ganzen Menschen. Dabei wird diese synchrone Organisation von überlappenden, fortlaufenden Bewegungen als eine zeitliche Organisation erkennbar.

Eine (auch für den Forscher) erstaunliche Entdekkung war, daß Säuglinge ähnliche Muster des synchronen Entrainments auf Worte zeigten. Diese Reaktion von Neugeborenen scheint nur im Zusammenhang mit Sprachphänomenen aufzutreten, da es keine Beweise für eine synchrone Interaktion mit Geräuschen oder nichtsprachlichen Lauten irgendwelcher Art gab. In Japan hat T. Kato einige der umfassendsten Versuchsreihen auf diesem Gebiet geleitet. Er berichtet: „Unsere Untersuchungen zeigten, daß das Neugeborene bereits innerhalb der ersten Lebenswoche Stimmen unterscheiden kann und daß es seine Bewegungen nicht nur mit der Stimme seiner Mutter, sondern auch mit der eines Arztes oder einer Schwester, die sich um es gekümmert haben, korrelieren kann ... Unsere Ergebnisse weisen nicht nur darauf hin, daß die Organisation des motorischen Verhaltens des Neugeborenen auf das organisierte Sprechverhalten der Erwachsenen in seiner Umgebung reagiert und sich synchron verhält, sondern auch, daß die Bewegungen des Neugeborenen die Worte der Erwachsenen beeinflussen."[8] Die ganze linguistisch-kinesische Entwicklung von Sprachfähigkeiten fängt offensichtlich bereits mit der Entrainment-Reaktion des Säuglings an und bildet sich dann sprachspezifisch zu der jeweiligen Muttersprache über die nächsten Jahre aus. Lange bevor Worte lautlich (geschweige denn inhaltlich) als Worte wahrgenommen werden, reagiert das Kind auf Intonations- und Bewegungsmuster und ahmt sie nach. Innerhalb des ersten Lebensjahres hat das Kind schon eine beträchtliche Kontrolle über die körperlichen Bewegungsmuster seiner Muttersprache gewonnen. Dieser Lernvorgang basiert offensichtlich auf der aktiven Wahrnehmung des Kindes und seiner unbewußten, „begleitenden" inneren Bewegung. Das ist in erster Linie eine Wahrnehmung von Mustern – sei es ein Bewegungsablauf oder die Intonation gesprochener Sprache.

Wie das Auge vom Licht abhängig ist, wenn es sich entwickeln soll, hängt die Tätigkeit und Organisation des Sprachsinns von der sensorischen Interaktion des Erlebens von Sprache ab, ob das nun oral, visuell, kinästhetisch oder taktil geschieht.

Es ist ein entscheidender Fehler der Psycholinguisten, den Erwerb der Muttersprache nur bis zu dem Zeitpunkt zurückzuverfolgen, an dem das Kind zu sprechen beginnt. Die sich ständig wiederholende Entrainment-Reaktion des Säuglings und Kleinkinds mit Lauten und Bewegungen einer spezifischen Sprache ist bereits ein (und vielleicht der) wesentlicher Schritt zum Erwerb der Sprache. Wenn viel später die ersten Wörter gesprochen werden, haben wir nicht den Anfang von Sprache, sondern ein spätes Stadium innerhalb der ganzen Entwicklung von Sprachfähigkeiten vor uns. Vor dieser Perspektive erscheint die bisher ungelöste Frage, wie eine angeborene Spracherwerbsfähigkeit zu erklären wäre, in einem anderen Licht.

Die Hoffnung, eine lokalisierbare und klar definierte „Ursache" für die menschliche Spracherwerbsfähigkeit zu finden, die Noam Chomsky „Language Acquisition Device" (Spracherwerbsvorrichtung) nannte, hat sich in den letzten Jahrzehnten zunehmend von den Neurowissenschaften auf die Genwissenschaften verlagert. Die früher weitverbreitete Annahme, daß die universellen Grundlagen der Sprache in festgelegten Strukturen des menschlichen Gehirns zu finden sein müssen, erscheint heute, in Anbetracht neuerer Forschungsergebnisse, die eine erstaunliche Variabilität und Individualität der Sprachverarbeitung im Gehirn beweisen, wenig überzeugend. Den gegenwärtig intensiven Versuchen, ein spezifisches Gen oder genetische Strukturen als Grundlage der Sprache zu entdecken, liegt die Auffassung zugrunde, daß Intelligenz modular ist, das heißt in verschiedene und getrennte Kategorien unterteilt werden kann, die jeweils auf spezifische genetische Komponenten zurückzuführen sind. Dabei wird an eine grundsätzliche Autonomie der sprachlichen Fähigkeiten gedacht, die sich vor allem in der Universalität des Spracherwerbs unabhängig von allen anderen kulturellen oder individuellen Faktoren zeigen. Auch der ähnliche Verlauf der verschiedenen Phasen der Sprachentwicklung in allen untersuchten Sprachen wird als starkes Argument für ein angeborenes biogenetisch programmiertes Sprachsystem angesehen.

Es ist jedoch sicher, daß dieser scheinbar „vorprogrammierte" Erwerbsprozeß nur im Wechselspiel mit einer menschlichen Umgebung stattfinden kann. Die bekannten Beispiele aus den letzten Jahrhunderten, die zeigen, daß Kinder ohne menschliche Kontakte Sprache nicht lernen können, zeugen eindeutig von der Notwendigkeit der Interaktion mit der Umwelt. Der „Input" dieser Umwelt ist keinesfalls modular aufgebaut, sondern kann nur als allumfassend betrachtet werden. Eine modulare Auffassung von „Sprachinformation" als ein von menschlicher Erfahrung abgetrennter Bereich kann die Realität von Sprache und Sprachwahrnehmung nicht wiedergeben. Sie kann die verschiedenen Ebenen der Kommunikation zwischen Erwachsenen nicht erfassen und versagt noch kläglicher bei dem Versuch, die Erfahrung des Kindes von Sprache und Welt zu erklären. Indem Forscher das geheimnisvolle Phänomen des kindlichen Spracherwerbs auf der materiellen Ebene vorprogrammierter genetischer Strukturen zu erklären versuchen, stellen sie bestimmte Aspekte dieses Phänomens in den Vordergrund, andere dagegen nehmen sie nicht zur Kenntnis.

Die verschiedene Sinnesempfindungen verbindende (synästhetische) Art und Weise, wie Sprache wahrgenommen wird, die vielschichtige und wechselnde Bewegungs- und Bedeutungsebenen umfaßt, muß eine entsprechende physische Grundlage haben. Angeborene Sprachstrukturen für die Wahrnehmung und das Erlernen von Sprache müssen die fortlaufende und gleichzeitige Integration der Wahrnehmung zulassen und einschließen. Sie müssen die menschliche Fähigkeit des direkten und aktiven „Mitvollziehens" in ihrer neurophysiologischen Grundlage erfassen. Dies kann schwerlich durch ein inaktives genetisches System geleistet werden. Die DNA-Moleküle, welche die genetischen Strukturen festlegen (determinieren), sind chemisch statisch (deshalb kann man sie noch bei Säugetieren finden, die Tausende von Jahren im Eis konserviert waren, oder bei bestimmten pflanzlichen Fossilien, die bis zu zwanzig Millionen Jahre alt sind) und stellen nur Möglichkeiten dar, deren sich der Stoffwechsel bedient, um individualspezifische chemische Reaktionen auszuführen. Wie R. Lewontin von der Harvard University schreibt: „Nicht nur kann die DNA, mit oder ohne Hilfe, keine Kopien ihrer selbst herstellen, sondern sie kann auch nichts anderes herstellen."[9]

Es sind vielmehr die dynamischen Vorgänge des Nerven-Sinnes-Systems, die Sinnes- und Sprachwahrnehmung ermöglichen. Die Entwicklungsmöglichkeiten der menschlichen Spezies beruhen zu einem erheblichen Grad auf der einzigartigen Flexibilität und Plastizität (Formbarkeit) seines gesamten Nervensystems. Durch die Interaktion mit seiner Umgebung entwickeln sich neue Dimensionen struktureller Koppelung, und dadurch können „Phänomene" wie Sprache entstehen. Daß sich der Erwerb der Sprache in der Kindheit vollzieht, steht in einem unmittelbaren Zusammenhang mit dem gesamten kindlichen Nerven-Sinnes-System. Mehr als bei jeder anderen Spezies und mehr als irgendein anderer Zeitpunkt im Leben zeichnen sich das Säuglingsalter und die Kindheit durch eine einmalige physiologisch-neurologische Formbarkeit aus. Der Säugling ist für die Ausbildung der Kontaktstellen zwischen den Nervenzellen (synaptische Verbindungen) untereinander beziehungsweise der Verbindungen von Nervenzellen mit Sinneszellen abhängig von seiner Wahrnehmung und der Interaktion mit seiner Umwelt. Das enorme Wachstum des Gehirns in den ersten zwei Jahren (350 Prozent) zeigt die Bedeutung der Aktivität und der Wahrnehmungen des Kindes sowie die Plastizität des Gehirns, die anhand dieser Erfahrungen entwickelt wird.

Es ist jedoch nicht nur das Gehirn, das dieses Ausmaß an Formbarkeit aufweist. Die Bildung spezifischer Organe oder Funktionen in der Kindheit hängt von einer zeitgebundenen Plastizität und dem notwendigen Stimulus ab. Wird das Kind nicht zum richtigen Zeitpunkt dem notwendigen Anreiz ausgesetzt, besteht später wenig oder keine Gelegenheit, diese Organe oder Funktionen auf vergleichbar effektive Weise auszubilden. Die Existenz solch „kritischer Perioden" ist in verschiedenen Bereichen der kindlichen Entwicklung nachgewiesen, vor allem bei der Entstehung des Sehsinns. Die Existenz einer „kritischen Periode" für den Erwerb der Muttersprache ist auch auf vielfältige Weise nachgewiesen worden, obwohl die genaue zeitliche Eingrenzung dieser Periode noch sehr umstritten ist. Hier sind es vor allem die Forschungsergebnisse über Aphasie (Gehirnausfälle durch Schlaganfälle oder Verletzungen), die Aufschluß über die Plastizität des Gehirns vor und nach der kritischen Periode geben. Dieselbe Gehirnverletzung, welche die Sprachfähigkeiten bei Erwachsenen dauerhaft und unwiderruflich beeinträchtigt, wird sich bei Kindern in der Regel nicht auf spätere Sprachfähigkeiten auswirken. Die gesamte Sprachorganisation kann sich in kurzer Zeit (manchmal innerhalb von Wochen) erneut formen.

In der umfassenden körperlichen und seelischen Formbarkeit des Kindes liegt das ganze Potential jeder späteren Entwicklung. Die einmalige Offenheit des Kindes – mit Nietzsches Worten „ein heiliges Ja-Sagen" – ist an eine ihr entsprechende Plastizität des Nervensystems gekoppelt. Die sensorischen Erfahrungen, die der Säugling und das Kleinkind mit ihrer Umwelt machen, lösen gleichzeitig eine innere Aktivität aus: Die Wahrnehmung wird in der kindlichen Nachahmung unmittelbar in den unbewussten Willen des Kindes integriert. Man kann sich die einzigartige Vitalität des Säuglings und Kleinkinds nur vorstellen, wenn man sich seine Wahrnehmungen und sein Tun als ein und dieselbe Aktivität denkt. A. Nitschke schreibt: „Was hier geschieht, geschieht ja gleichzeitig, und man kann es nicht anders nennen als Mitvollziehen. Das Wesen des motorischen Mitvollziehens besteht darin, daß die Bewegung eines anderen während ihrer Entwicklung und im Ablaufen unwillkürlich im Beschauer mitgemacht wird, noch ehe deutlich ist oder zu sein braucht, wohin sie führt."[10]

Insgesamt kann man die Nachahmung des Kindes als „Eintauchen" in das Tun eines anderen Menschen auffassen, was unbewußt und viel umfassender als bei einem Erwachsenen vor sich geht. Man muß sich das Bewußtsein des Kindes außerhalb seiner selbst vorstellen – nämlich in den wahrgenommenen Gegenständen. Wenn wir uns das ganze Wesen des Kindes als unbewußt „in" der Nachahmung vorstellen, läßt sich die zeitliche Integration von Wahrnehmung und Nachahmung erklären. Es gibt einen grundsätzlichen Unterschied zwischen dem Wissen des Erwachsenen, daß „ich" diese Sachen sehe, und dem des Kindes, das kein verbales Selbst-Bewußtsein hat. Für den Erwachsenen besteht die „Umsetzung" von sensorischer Wahrnehmung darin, daß man das Wahrgenommene beurteilt, es „in Erfahrung bringt". Diese Ebene des Verstehens existiert für den Säugling und das Kleinkind nicht. E. Schuberth schreibt: „Wir sehen den roten Pullover und betrachten die Farbe als Eigenschaft (Adjektiv) des ‚eigentlichen' Dinges, wobei gewöhnlich die Gegenstandsvorstellung und ihre funktionale Bestimmung uns viel wichtiger sind als die akzidentellen (zufälligen), veränderlichen Eigenschaften, wie die Farbe usw. Für das Kind ist aber die gegenständliche Funktionsbestimmung noch weitgehend verborgen … Was wirkt, ist das Rot, das Gelb, das Grün, der Ton, der Klang usw. Das Kind ist in diesem Sinne

Anzeige

ein völliger ‚Sinnesrealist'. Nicht was die Dinge für den Menschen bedeuten, was sie sinnlich sind, ist allein ausschlaggebend."[11]

Im Zusammenhang mit jener physiologischen und neurologischen Plastizität, die seinem Organismus zugrunde liegt, kann man von einer radikalen „Verschärfung" aller kindlichen sensorischen Erfahrung im Vergleich zu jedem späteren Lebensalter sprechen. Schuberth schreibt weiter: „Es durchdringt die Sinneswahrnehmung sehr viel geringer mit Begriffen, es antwortet mit Modifikationen seiner Atmung, seines Blutkreislaufes und Stoffwechselsystems. Durch die Sinne strömen ihm nicht ‚Daten' zu, die es zu ‚Informationen' von der Außenwelt denkend formt, um zu ‚wissen', sondern die Sinnesqualitäten sind Gestaltungskräfte für seinen Organismus, die nicht zuletzt seine Sinnesorgane zur Funktionsreife bringen."[11]

Die einmalige Bedeutung und die Auswirkungen der sensorischen Erfahrung auf diesen „Sinnesorganismus" werden deutlich. Obwohl sensorische Fähigkeiten angeboren sind, muß man sie als unauflöslich an die Art des Wahrgenommenen gebunden und von ihm geformt vorstellen. Faßt man den Spracherwerb als sensorischen Vorgang auf, der an die ganze sensorische Organisation gebunden ist, wird die angeborene Spracherwerbsfähigkeit integriert in die umfassende primäre Relation des Kindes zur ganzen Umwelt. Nach der hier vorgebrachten Auffassung sind jene kognitiven, die Erkenntnis betreffenden Strukturen, welche die Nativisten als die angeborene Grundlage der Sprache seit Jahrzehnten suchen, weder in den Genen noch im Gehirn zu finden, sondern sie sind als Sprachsinn vorhanden – integriert in das gesamte Nerven-Sinnes-System. Die „Strukturen" des Sprachsinns werden erst durch die Spracherfahrung des Säuglings und des Kleinkindes gebildet.

Als „Organ" für diesen Sinn wird das linguistisch-kinesische Potential des ganzen Körpers angenommen. Die Manifestation dieses Potentials ist in der Organisation von überlappenden, integrierten Bewegungen zu finden, welche mikrokinesische Reaktionen auf gesprochene Sprache in Zeitlupenfilmen sichtbar machten. Sowohl Selbst-Synchronie als auch interaktionelle Synchronie bestätigen das Vorhandensein dieser Fähigkeit. Das Vorhandensein dieser integrierten Organisation von linguistisch-kinesischem Verhalten in allen untersuchten Sprachen deutet auf ein angeborenes menschliches Potential hin. Sein Vorhandensein während des Säuglingsalters liefert einen weiteren Beweis dafür, daß es angeboren sein muß.

Man muß klar zwischen dem Körper, der als materielle Grundlage, als Instrument des Verhaltens gesehen werden kann, und den integrierten synchronen Bewegungsmustern unterscheiden, welche die tatsächliche Realität dieses Potentials darstellen. Das angeborene Potential ist also nicht identisch mit dem Körper, sondern mit seinen Funktionsmöglichkeiten. Sensorische Fähigkeiten sind angeboren, selbst wenn z. B. bei angeborener Blind- oder Taubheit die ausführenden Sinnesorgane nicht funktionieren. Der Unterschied zwischen dem Sinn und den ausführenden Sinnesorganen ist an dieser Stelle wesentlich. Durch Wahrnehmung und Nachahmung wird die gesamte sensorische Organisation des Kindes geformt. Das ganze Wesen des Kindes ist in diese Erfahrung einbezogen und wird durch sie geprägt. Wie das Auge vom Licht abhängig ist, wenn es sich entwickeln soll, hängt die Tätigkeit und Organisation des Sprachsinns von der sensorischen Interaktion des Erlebens von Sprache ab, ob das nun oral, visuell, kinästhetisch oder taktil geschieht. Diese synchrone Organisation fortlaufender Bewegung ist nur als Organisation in der Zeit vorstellbar. Unter diesem Blickwinkel muß Chomskys „Language Acquisition Device" letztlich als immateriell, nur in der Zeit existierend, betrachtet werden. Dadurch wird die notwendige Übereinstimmung mit dem Phänomen Sprache möglich.

Anmerkungen

1. Vgl.: Lutzker, Peter: Der Sprachsinn. Sprachwahrnehmung als Sinnesvorgang. Stuttgart 1996. Die Arbeit untersucht ausführlich die Fragen der Sprachwahrnehmung und des Spracherwerbs im Zusammenhang mit einer erweiterten Betrachtungsweise der menschlichen Sinne.
2. Goethe, Johann Wolfgang von: Werke. Hamburger Ausgabe in 14 Bänden, hrsg. v. Erich Trunz. München 1988, Bd. 12, S. 443 (Maximen und Reflexionen).
3. Goethe, Werke, Bd. 13, S. 38 (Zur Naturwissenschaft im allgemeinen, Studie nach Spinoza)
4. In diesem Zusammenhang wären besonders zu erwähnen: Scheler, Max: Wesen und Formen der Sympathie. Bern 1973; Husserl, Edmund: Texte zur Phänomenologie des inneren Zeitbewußtseins 1893-1917. Hamburg 1985; Merleau Ponty, Maurice: Die Prosa der Welt. München 1984; Grassi, Ernesto: Macht des Bildes: Ohnmacht der rationalen Sprache. München 1979; Böhme, Hartmut und Gernot: Das Andere der Vernunft. Frankfurt 1985; von Weizäcker, Viktor: Gesammelte Schriften. Band 3, Frankfurt a. M. 1990; Hensel, Herbert: Allgemeine Sinnesphysiologie: Hautsinne, Geschmack, Geruch. Berlin 1996; Scheuerle, Hans Jürgen: Die Gesamtsinnesorganisation. Überwindung der Subjekt-Objekt-Spaltung in der Sinneslehre. Stuttgart 1984
5. Steiner, Rudolf: Anthroposophie. Ein Fragment aus dem Jahre 1910. In: Rudolf Steiner Gesamtausgabe, Bibl.-Nr. 45, Dornach 1980, S. 29
6. Steiner, Rudolf: Das Rätsel des Menschen. In: Gesamtausgabe, Bibl.-Nr. 170, Dornach 1978, S. 243
7. Condon, William S.: „An Analysis of Behavioral Organization". In: Sign Language Studies 59 (1988), S. 76
8. Kato, Tadaaki: „A Computer Analysis of Infant Movements Synchronized with Adult Speech". In: Pediatric Research 17 (1983), S. 628
9. Lewontin, R. C.: „The Dream of the Human Genome". In: The New York Review of Books, 18. Mai 1992
10. Nitschke, Alfred: Das verwaiste Kind der Natur. Ärztliche Beobachtungen zur Welt des jungen Menschen. Tübingen 1968, S. 106
11. Schuberth, Ernst: Erziehung in einer Computergesellschaft. Datentechnik und die werdende Intelligenz des Menschen. Stuttgart 1990, S. 156/157

Peter Lutzker studierte Musik und Linguistik. Er ist Dozent im Bereich der Aus- und Fortbildung von Fremdsprachenlehrern an Waldorfschulen.

Hubert Haider

Jeder kann's, aber keinen wundert's

Zur Sprachbeherrschung – Das Konzept der angeborenen Ideen

Erstmals unterlag dieses Jahr ein Schachweltmeister einem Rechner in einem Wettkampf, und manche wähnten eine Bastion des menschlichen Geistes einstürzen. Zwar wundert sich niemand darüber, daß Rechner allerlei Leistungen zu erbringen vermögen, die die Kapazität eines menschlichen Gehirns übertreffen. Perfektes Schachspiel jedoch gilt als kognitiv äußerst komplexe Aufgabe, so daß der Programmiererfolg, der hinter der Leistung des Rechners steckt, die Beachtung verdient, die er auslöste. Wie kommt es, daß es niemanden verwundert, daß es keine Rechner gibt, die eine Leistung erbringen, zu der jedes Kind befähigt ist, nämlich die Grammatik einer Sprache zu erwerben?

Wenn dies eine offenbar kinderleichte Aufgabe ist, weshalb ist es so schwierig, Rechner dafür zu programmieren? Jedenfalls gibt es keinen Rechner, der die Grammatik irgendeiner menschlichen Sprache so beherrscht, wie der Computer Deep Blue die Grammatik des Schachspiels, nämlich so, daß er der Leistung eines Menschen gleichkommt. Ein geeigneter Test bestünde etwa darin, Abfolgen deutscher Wörter bloß danach sortieren zu lassen, ob sie einen möglichen grammatisch korrekten Ausdruck des Deutschen bilden, ohne Beachtung des Mitteilungsgehalts. Diese Übung schafft jeder Sprecher in seiner Muttersprache geradezu reflexartig. Betrachten wir folgende Abfolgen zehn verschiedener deutscher Wörter:

(1) a. Durch diese stille Arbeit entschwand die Maschine förmlich der Aufmerksamkeit.
 b. Die Maschine entschwand durch diese stille Arbeit förmlich der Aufmerksamkeit.
 c. Der Aufmerksamkeit entschwand die Maschine förmlich durch diese stille Arbeit.

(2) a. Durch diese stille Aufmerksamkeit entschwand der Maschine förmlich die Arbeit.
 b. Durch Aufmerksamkeit der Maschine entschwand der Arbeit förmlich diese Stille.
 c. Durch diese stille Arbeit der Maschine entschwand förmlich die Aufmerksamkeit.
 d. *Diese durch Arbeitstille die entschwand förmlich Maschine Aufmerksamkeit der
 e. *Aufmerksamkeit der förmlich Maschine die entschwand Arbeit stille diese durch

Unter den vielen alternativen, der Grammatik des Deutschen gemäßen Abfolgen hat Kafka[1] (1a) gegenüber anderen den Vorzug gegeben. Er hat dabei wohl ebensowenig die alternativen Abfolgen systematisch geprüft wie der Schachspieler, der auch nicht alle alternativen Züge systematisch durchprüft. Und doch gehört es zum Wissen eines deutsch Sprechenden wie Kafka, daß alle Sätze unter (1) wohlgeformte deutsche Sätze sind, nicht aber alle Ausdrücke unter (2), die aus denselben Wörtern zusammengesetzt sind. Läßt man nämlich Bedeutungsgleichheit für Kombinationen außer acht und verlangt bloß die grammatische Wohlgeformtheit, so lassen sich mit den in (1a) vorkommenden Bestandteilen auch Sätze wie (2a,b,c) formulieren. Selbstverständlich ergeben die meisten anderen Kombinationen der in (1a) vorkommenden Ausdrücke keine grammatisch wohlgeformten Sätze[2] (vgl. 2d,e).

Es ist nun angebracht, sich zu fragen, wie viele Möglichkeiten des Vertauschens (Permutationen) der in (1a) vorkommenden Wörter es überhaupt gibt. Um diese simple Aufgabe der Kombinatorik zu lösen, genügt ein einfacher Taschen- oder konzentrierter Kopfrechner. Stellen wir aber vorher noch ein kleines Gedankenexperiment an. Nehmen wir an, Kafka sitzt an seinem Schreibtisch im Versicherungsgebäude in Prag und denkt über einen kafkaesken Vorschlag nach, der ihm unterbreitet wurde: Er müsse eine einzige Aufgabe erledigen, um anschließend sofort in den Genuß einer stattlichen, lebenslänglichen Pension zu kommen. Die Aufgabe lautet wie folgt: Er müsse seinen Satz (1a) um drei Wörter[3] anreichern und sodann auf der Liste aller Abfolgevarianten seines erweiterten Satzes (1a) die Varianten abhaken, die grammatisch wohlgeformt sind, um so die nicht wohlgeformten auszusondern. Nehmen

Wie schafft es jedes Kind, das Regelwissen zu erwerben, von dem keiner zu sagen weiß, wie es beschaffen ist?

wir ferner an, Herr K. braucht für die Beurteilung je einer Variante mindestens eine halbe Sekunde, und er nimmt sich vor, täglich 16 Stunden dieser ihn letztlich von seinem ungeliebten Versicherungsalltag befreienden Tätigkeit zu widmen. Sollte er unter diesen Umständen dem Vorschlag nähertreten? Gewiß hätte er keinen versicherungsmathematisch geschulten Kollegen zu Rate zu ziehen brauchen, um den Vorschlag als ebenso hinterhältig wie zynisch zu durchschauen. Er wäre ja erst mit einer Lebenserwartung von mindestens zusätzlichen 149 Jahren in den Genuß der Pension gekommen.[4] Und wenn Kafka aus Angst vor der Zahl 13 dem Satz noch ein weiteres Wörtchen dazugefügt hätte? Dann hätte er etwas mehr als 2073 Jahre veranschlagen müssen. Diese anekdotische Überlegung soll eines verdeutlichen: sprachliches Wissen im Sinne von Grammatikbeherrschung ist Regelwissen. Wäre dem nicht so und müßten wir einzelne, konkrete Satzmuster auswendig lernen, würde wohl unser Leben zu kurz sein, um nur einige wenige komplexere Formen beherrschen zu lernen. Auffallend ist aber, daß die Komplexität der Aufgabe, die der Grammatikerwerb bildet, drastisch unterschätzt wird, und zwar deshalb, weil uns diese Leistung keine Schwierigkeit bereitet. Erst die immer wieder von Fehlschlägen begleiteten Bemühungen, das Regelsystem der Grammatik so zu formalisieren, daß es eine Maschine verarbeiten kann, zeigen, daß wir uns an einer nicht einfachen Aufgabe versuchen. Wie schafft es jedes Kind, das Regelwissen zu erwerben, von dem keiner zu sagen weiß, wie es beschaffen ist? Denn jeder, der seine Muttersprache erworben hat, hat zwar diese Aufgabe gemeistert, weiß aber nicht wie. Das Wissen ist ein implizites. Es ist ein kognitiv eingekapseltes Know-how, das der Introspektion unzugänglich ist. Diese Behauptung will an mehr als einem Beispiel demonstriert werden:

(3) a. Ihm ist nicht gelungen, es zu verbergen.
    b. Ihm ist nicht gelungen, sich zu verbergen.
    c. Zu verbergen gelungen ist es ihm nicht.
    d. *Zu verbergen gelungen ist sich ihm nicht

(3a) läßt sich zu (3c) umformen, (3b) aber nicht zur zu (3c) analogen Abfolge (3d). (3d) ist, was jeder Sprecher des Deutschen spontan fühlt, nicht wohlgeformt. Weshalb aber nicht? Die Regel, gegen die (3d) verstößt, steht in keiner Grammatikfibel des Deutschen, aber jeder, der Deutsch als Muttersprache beherrscht, verfügt über dieses Wissen, ohne von diesem je vorher Gebrauch gemacht haben zu müssen. Das Beispiel soll demonstrieren, wie souverän und unreflektiert wir als muttersprachliche Sprachbenutzer über ein exaktes Regelwissen verfügen, von dem wir nicht angeben können, wie es beschaffen ist, und das uns allen in gleicher Weise zu Gebote steht. Wir wissen nicht, was wir wissen, und wir wissen nicht, wie es kommt, daß wir alle das gleiche wissen. Wären wir nicht Menschen, die sich selbst beobachten und beschreiben und sich so im Bewußtsein der Einzigartigkeit im Wege stehen, hätte es nicht so lange gebraucht, um einzusehen, daß wir es hier mit einem Phänomen zu tun haben, das den Verhaltensforschern im Tierreich bereits alltäglich geworden ist: Wir beobachten eine komplexe Fähigkeit, die nicht ausschließlich Ergebnis eines Lernvorgangs sein kann, weil sie durch die mögliche Erfahrung nicht eindeutig bestimmt ist. Sie ist es deswegen nicht, weil mit der notwendigerweise begrenzten, weil endlichen sprachlichen Erfahrung, die uns im Spracherwerb zu Gebote steht, mehr als ein Regelsystem kompatibel ist, das genau diese Erfahrung abdeckt. Jedes dieser Regelsysteme charakterisiert eine potentiell unendliche Menge von Ausdrücken, die jeweils dieselbe endliche Teilmenge enthalten. Die Regelsysteme unterscheiden sich aber in Konstruktionen, die nicht in der Teilmenge enthalten sind. Warum unterscheiden wir uns nicht in unseren Grammatikurteilen in komplexen und seltenen Konstruktionen? Wäre unser Grammatikwissen ein induktiv erworbenes, sollten wir uns in diesem Wissen so unterscheiden wie im Verfügen über den Wortschatz. Kaum zwei Sprecher verfügen über exakt denselben Wortschatz, wenn auch über eine hinreichend große Schnittmenge. Es kommt jedoch nicht vor, daß wir uns genötigt sehen, uns eine uns nicht bekannte syntaktische Konstruktion erklären lassen zu müssen, so etwa wie ein Wort, dem wir zum ersten Mal begegnen. Faktum ist: Wir haben mehr Know-how bezüglich der Grammatik unserer Sprache, als wir aufgrund unserer beschränkten sprachlichen Lernerfahrung haben könnten. In derartigen Fällen nimmt ein Verhaltensforscher gewöhnlich an, daß er es mit einer angeborenen Verhaltenskomponente zu tun haben muß, und beginnt, diese sorgfältig experimentell zu erforschen. Für Biologen wie zum Beispiel Wickler und Seibt (1991, S. 27 f.) ist diese Betrachtungsweise selbstverständlich und lange etabliert: Dilly (sein Werk erschien 1691) hält Dispositionen wie die zum Sprechen für angeboren wie auch viele andere Dispositionen und meint, das Lamm fliehe den Wolf, den es nie zuvor gesehen habe, ohne erst bei Plinius nachlesen zu müssen, daß er sein Feind sei. Schon Seneca brachte dieselbe Einsicht auf den Punkt: Was die Übung lehrt, das entsteht langsam und auf mancherlei Art; was aber die Natur selbst gelehrt, das ist bei allen gleich und allsobald da. Wickler und Seibt (1991, S. 28) betonen auch, daß die auch im Spracherwerb etablierte Annahme, daß angeborene Dispositionen einem Reifeprozeß unterliegen, ebenfalls nicht neu ist. Sie verweisen auf Spalding, der seine 1873 veröffentlichten Studien mit dem Hinweis kommentierte, daß manche Verhaltensweisen wie Organe heranwachsen. Man mußte gar nicht Biologe sein, um zum selben Schluß zu gelangen, wie das Beispiel des englischen Gelehrten Samuel Johnson (1709–1784) lehrt. Boswell notiert in seiner Johnson-Biographie:

Faktum ist: Wir haben mehr Know-how bezüglich der Grammatik unserer Sprache, als wir aufgrund unserer beschränkten sprachlichen Lernerfahrung haben könnten.

Platons Problem

Wie kann man mehr wissen, als man gelernt haben kann? In Anspielung an Platons Dialog „Menon" (Kap. 20), in dem Sokrates einem Ungebildeten geometrisches „Wissen" entlockt, benennt Chomsky ein grammatiktheoretisches Grundproblem: Wie kommt es, daß einem mehr Wissen über die Grammatik seiner Muttersprache im Sinne von Know-how zu Gebote steht, als man je durch Lernen erworben haben könnte? Die Antwort ist die neurobiologisch interpretierte platonische Antwort: Es gibt kognitive Apriori (vor aller Erfahrung liegend). Platons angeborenen Ideen entsprechen angeborene kognitive Strukturen der Organisation grammatischen Wissens (vgl. Chomsky, 1986).

„Über den Ursprung der Sprache äußert sich Johnson folgendermaßen: Sie muß aus höherer Eingebung stammen. Tausend und abertausend Kinder könnten eine Sprache nicht erschaffen. Solange die Organe bildungsfähig sind, reicht der Verstand nicht aus, um eine Sprache zu schaffen; bis dann der Verstand genügend entwickelt ist, haben sich die Organe versteift (...) Wenn ich behaupte, die Sprache müsse aus höherer Eingebung stammen, heißt das nicht, daß es für die Redekunst und für das Sprachkunstwerk überhaupt der Eingebung bedürfe; denn sofern dem Menschen einmal die Sprache gegeben ist, läßt sich annehmen, daß er sie mit der Zeit ausgestaltet. Ich will damit nur sagen, daß es unbedingt Eingebung gewesen sein muß, was überhaupt den Gedanken der Sprache in den Menschen gesenkt hat; ohne Eingebung wäre er ebensowenig darauf verfallen wie Kuh oder Schwein." (J. Boswell: Dr. Samuel Johnson. Leben und Meinungen. Original 1791. dt. Übers. 1981: DTB 294, Diogenes, Zürich. S. 591). Die derzeit etablierten unterschiedlichen akademischen Herangehensweisen an Sprache zeigen deutlich die Grenzlinien zwischen zwei völlig verschiedenen Sichtweisen. Betrachtet man Sprache als eine soziale und kulturelle Institution, denkt man an ein einzeln auftretendes, historisch gegebenes, virtuelles (scheinbares) Objekt. Deutsch, beispielsweise, ist dann ein kultur- und sozialwissenschaftlich zu verortendes Phänomen. Im Vordergrund steht der Werkzeugcharakter der Sprache. Die Verfügbarkeit des Werkzeugs wird vorausgesetzt.

„Was die Übung lehrt, das entsteht langsam und auf mancherlei Art; was aber die Natur selbst gelehrt, das ist bei allen gleich und allsobald da."

Sieht man in Sprache aber das kontinuierliche Produkt einer kognitiven Fähigkeit und richtet sein Augenmerk auf diese Fähigkeit selbst, dann wendet man sich einem konkreten Gegenstand der Erfahrung zu, mit überindividuell unveränderlichen Eigenschaften, die letztendlich biologisch bedingt sind.[5] Nicht das Einzigartige der einzelnen Sprache steht dann im Mittelpunkt, sondern das Allgemeingültige der menschlichen Sprachfähigkeit. Dies ist der kognitionswissenschaftliche Blickwinkel, der Fokus auf eine spezifische mentale Fähigkeit, ihre Beschaffenheit, und ihre kognitive Verfügbarkeit.

Die kognitive Wende in der Sprachwissenschaft, die Noam Chomsky zu verdanken ist, gründet auf der von ihm etablierten Einsicht, daß das Erfolgskriterium der Grammatiktheorie die Antwort auf folgende Frage bildet: Wie schafft es ein Kind, auf Basis der begrenzten sprachlichen Erfahrung, die ihm zu Gebote steht, ein vollständiges und diskret verfügbares Wissen (im Sinne von Know-how) über die Grammatik der als Muttersprache erworbenen Sprache zu erlangen? Damit wurde der zu erforschende Gegenstand als geistige Fähigkeit kognitionswissenschaftlich verortet und ein äußerst erfolgreiches Forschungsprogramm veranlaßt. Der unvermeidliche Schluß aus der hier angesprochenen Tatsache, nämlich der vollständigen und diskreten Verfügbarkeit der Grammatik der Muttersprache, ist, wie Chomsky erkannte, weitreichend. Es muß eine kognitive Kapazität geben, die den Grammatikerwerb steuert und damit erst ermöglicht. Die induktiven Versuch-und-Irrtum-Verfahren menschlicher Problemlösungsfähigkeiten scheiden als Erklärungshintergrund für die souveräne und überindividuell kaum streuende Beherrschung der Grammatik offensichtlich aus. Die von Chomsky propagierte Lösungsstrategie für Platons Problem (siehe Extrakasten

Anzeige

Wie lassen sich unwiederbringliche Zeugnisse der Geschichte verteidigen gegen den immer neuen Zeitgeist und den menschlichen Drang nach symbolischer Zerstörung?

320 Seiten,
27 s/w-Abbildungen,
Leinen
DM 49,90 / ÖS 364,– / sFr 46,–
ISBN 3-88680-624-3

336 Seiten,
60 s/w-Abbildungen,
Leinen
DM 49,90 / ÖS 364,– / sFr 46,–
ISBN 3-88680-611-1

Werner Ross zeichnet das glänzende Porträt der Isar-Metropole um die Jahrhundertwende und erzählt vom Leben der Bohème, ihren Vergnügungen, Kämpfen und Triumphen.

Siedler

Platons Problem) ist mittlerweile hinreichend bekannt:[6] Es gibt eine arteigene kognitive Disposition, er nennt sie Universale Grammatik (UG), zum Erwerb bestimmter komplexer Symbolmanipulationssysteme, nämlich den Grammatiken natürlicher Sprachen. Das Format einer möglichen Grammatik einer natürlichen Sprache ist – so die Annahme – durch die UG eng festgelegt. Die Grammatik einer Einzelsprache ergibt sich durch Fixierung der UG-Optionen auf die Parameterwerte der Grammatik der gegebenen Sprache. Der Erwerb der Grammatik entspricht dem Fixieren der parametrischen Optionen mit den aus der einzelsprachlichen Erfahrung gewonnenen Werten für die Parameter. Wie die Parameterwerte im Zuge des Spracherwerbs operational zu identifizieren und zu fixieren seien, ist allerdings ein ungelöstes Problem (cf. Haider, 1993, Kap. 1).

Nicht das Einzigartige der einzelnen Sprache steht dann im Mittelpunkt, sondern das Allgemeingültige der menschlichen Sprachfähigkeit.

Wenn nun jede natürliche Sprache über dasselbe Steuerprogramm erworben wird, so sollte jede Sprache auch unveränderliche Züge aufweisen, die bestimmte Eigenschaften dieses Steuerprogramms reflektieren. Wie paßt zu dieser Annahme, daß die Sprachen, die wir kennen, ein eher heterogenes Bild bieten?

Der Gegensatz zwischen leichter Erlernbarkeit einer Grammatik aufgrund starker unveränderlicher Beschränkungen und der Vielfalt der Grammatiken natürlicher Sprachen ist nur ein scheinbarer. Das „Erlernen" ist einerseits offensichtlich um so leichter, je mehr durch UG festgelegt ist. Dann bleibt nur wenig, was im engeren Sinne gelernt werden muß. Je mehr aber durch UG festgelegt ist, desto mehr haben Sprachen gemeinsam und desto ähnlicher müßten sie einander andererseits sein. Nun ist es aber ganz offensichtlich so, daß es eine große Zahl sehr verschieden anmutender natürlicher Sprachen gibt und nichtsdestoweniger jede einzelne mühelos von Kindern gelernt wird. Der Schlüssel zu diesem Problem liegt in zwei Begriffen: Parametrisierung und Modularität.

Unter Parametrisierung ist zu verstehen, daß die Prinzipien in der UG nicht völlig festgelegt sind, sondern offene Bestimmungsstücke enthalten. Ein fachfremdes Beispiel soll zur Veranschaulichung beitragen: Aus der Schulphysik kennen wir ein Gesetz, das den Zusammenhang zwischen Fallzeit und Weg des fallenden Körpers angibt:

$s=\frac{1}{2} at^2$ (mit: s=Weg, a=Beschleunigung, t=Zeit)

Dieses Gesetz formuliert einen abstrakten Zusammenhang, der in dieser Form nicht beobachtbar ist. Was man beobachten kann, ist stets nur eine Instanz dieses Gesetzes. Eine Instanz ergibt sich, wenn man den Parameter „a", die Beschleunigungskonstante, fixiert. Für die Verhältnisse auf unserer Erde etwa ist $a=9{,}81\ m/sec^2$ ein guter Mittelwert. Je nachdem, wie „a" fixiert wird, erhält man unterschiedliche mögliche Lösungen der „Fallregel", von denen eine auf der Erde gilt, eine andere vielleicht auf dem Mond und eine dritte in einer fernen Galaxie. Mit dem abstrakten Prinzip sind eine unbestimmte Menge konkreter Instanzen erfaßt. Dies resultiert aus der Parametrisierung.[7]

Modularität ist der zweite Schlüsselbegriff (siehe Extrakasten *Sprachfähigkeit als kognitives Modul*). Ein System soll modular heißen, wenn es aus Teilsystemen, den Modulen, aufgebaut ist. Da die parametrisierten Prinzipien mit anderen im selben Modul und die Module auch untereinander in Wechselwirkung stehen, kann bereits ein einziger Parameter, der unterschiedlich fixiert wird, drastische Unterschiede in den Output-Eigenschaften des Gesamtsystems nach sich ziehen.

Die Konsequenz dieser Hypothese für den Spracherwerb ist offensichtlich: Das, was gelernt werden muß, im strikten Sinn, sind die einzelsprachlichen Eigenschaften, namentlich das Lexikon als Symbolinventar, das heißt der Wortschatz. Eine zentrale Aufgabe ist die Fixierung der Parameter mit den einzelsprachlichen Werten. Hier ist es angebracht, eher von „adaptieren" denn von „lernen" zu sprechen. Der mögliche Werteraum wird auf die aktuellen Werte der jeweiligen Sprache eingeschränkt.

Wenn das allgemeine Format einer Grammatik durch die Prinzipien der UG vorgegeben ist, so hat das mehrere empirisch prüfbare Konsequenzen für den konkreten Spracherwerb (vgl. Details dazu in Haider, 1991, 1993).

1. Teilmengen der relevanten Daten genügen (das heißt variable, lokal verfügbare Information), um über Überlagerungen (Inferenzen) zusätzliches Wissen zu gewinnen.
2. Positive Daten genügen (Information darüber, was in der gegebenen Sprache nicht zulässig ist, ist nicht erforderlich; ebensowenig eine konsequente Analyse der eigenen Fehlschläge).
3. Der Erwerb bedarf keiner Instruktion und erfolgt spontan.
4. Der Erwerb ist unabhängig von der Intelligenz des Menschen.

Aufgrund der vorgegebenen Systemarchitektur der UG wird das Grammatikwissen in einer deduktiven Struktur organisiert, das heißt einer Struktur, die es ermöglicht, aus dem gesamten Bestand auf neues Wissen zu schließen. Das ist die Grundlage der Behauptung, daß wir mehr wissen, als wir der sprachlichen Erfahrung hätten entnehmen können. Daß der

Sprachfähigkeit als kognitives Modul

Unter den menschlichen kognitiven Fähigkeiten (zum Beispiel: Wahrnehmung, Gedächtnis, Orientierung, Schlußfolgern, Sprache etc.) ist, wie Chomsky mit Verweis auf empirische Befunde betont, die Sprachfähigkeit eine geistige Fähigkeit sui generis (seiner eigenen Art), ein kognitives Modul. Die Funktionsarchitektur eines Moduls wird nicht erworben, sondern ist biologisch vorgegeben (vgl. Pinker 1996, S. 471-474).

Grammatikerwerb keiner systematischen Kontrolle auf Fehlschläge bedarf, erkennt man daran, daß Kinder sich in den meisten Fällen nicht um Korrekturversuche kümmern. Überdies werden Kinder nicht systematisch korrigiert, weil man Verstöße gegen die Grammatik als kindgerecht empfindet. Der Grammatikerwerb in der Muttersprache erfolgt ohne Anweisung und ist bis zum Schuleintrittsalter weitgehend abgeschlossen. Die schulischen Bemühungen im Bereich Grammatik konzentrieren sich auf die Vermittlung einer Standardnorm (die sogenannte Schriftsprache) in den Bereichen, die sich von der dialektalen Muttersprache des Kindes unterscheiden. Am Ende des Spracherwerbs schließlich steht ein Wissenssystem mit fast totaler Übereinstimmung über die Sprecher einer Sprache hinweg.

Die erwähnten Eigenschaften wären unerwartet, wenn Spracherwerb bloß eine Facette unserer allgemeinen kognitiven Leistungsfähigkeit wäre. In diesem Fall wäre jedes Kind in derselben mißlichen Lage wie ein Linguist, denn es müßte ausschließlich mit der Kraft seines Verstands die Grammatik seiner Muttersprache enträtseln. Die Linguistik hat dies trotz vereinter Anstrengung in den vergangenen 30 Jahren noch für keine Sprache geschafft. Als Kinder haben wir alle für den Erwerb der Grammatik nicht mehr als gut zehn Jahre gebraucht.

Diese generellen Erwägungen haben ihre empirische Stütze in den konkreten Resultaten der psycholinguistischen Forschung. Deutliche Bestätigung für die Eigenständigkeit der Sprachfähigkeit als Komponente der kognitiven Fähigkeiten des Menschen liefern Fälle von differentieller Störung. Es kann entweder die Grammatikfähigkeit bei intakter kognitiver Entwicklung gestört sein, oder im umgekehrten Fall kann die Grammatikfähigkeit trotz stark beeinträchtigter kognitiver Entwicklung intakt sein.

Ein Beispiel für das erstgenannte Störungsbild ist die Entwicklungsdysphasie („specific language impairment" cf. Bishop 1994). Aufsehen erregte der Fall einer Familie, in der eine Störung des Grammatikerwerbs erblich ist (Gopnik & Crago 1991). Die Verteilung des Grammatikerwerbsdefekts entspricht einer vererbten Behinderung. Fälle wie dieser stützen nicht nur die Annahme der kognitiven Autonomie (Eigenständigkeit) der Grammatikfähigkeit, sondern auch die Annahme einer angeborenen Komponente.

Die umgekehrte Konstellation – kognitiv behindert, sprachlich souverän – läßt sich ebenfalls mit Verweis auf einen spektakulären Fall illustrieren. Smith & Tsimpli dokumentieren das kognitiv behinderte Sprachgenie Christopher: Mit einem IQ von 60 bis 70 befindet er sich in Heimpflege. Das hinderte ihn nicht, schon bis zum Alter von 25 Jahren 16 Sprachen kompetent zu erwerben.

Aus der Aphasiologie (cf. Caplan, 1987), sie untersucht die durch Hirnverletzungen bedingte Störung erworbener Sprache, ist seit langem bekannt, daß bestimmte eng umschriebene Hirnareale für spezielle sprachliche Leistungen nötig sind und daß deren Ausfall mit speziellen Ausfällen in der Grammatikfähigkeit korreliert.

Fazit: Der Erwerb und die virtuose Verfügbarkeit der Grammatik als komplexe Symbolmanipulationsfähigkeit verdanken sich einer spezifischen kognitiven Disposition des Menschen. Unser Hirn verfügt über eine spezielle, höchst effiziente und daher rasche Berechnungskapazität für Symbolstrukturen, die wir für das Management ganz bestimmter Wissensstrukturen benutzen, nämlich für das Regelwerk der Grammatik unserer Muttersprache.

Anmerkungen:

1. Franz Kafka: In der Strafkolonie (Beginn des viertletzten Absatzes der Erzählung), Stuttgart 1990, S. 37.
2. Der vorangestellte Stern ist die sprachwissenschaftliche Konvention zur Bezeichnung ungrammatischer Ausdrücke.
3. Eine Möglichkeit wäre, dem Kontext des Satzes entsprechend, z. B.: „Durch diese stille Arbeit entschwand die Maschine förmlich der Aufmerksamkeit des fremden Reisenden."
4. Die Zahl der Permutationen eines Ausdrucks mit n verschiedenen Elementen ist n! (n! = 1 x 2 x 3 … x n). 13! = 6 227 020 800.
5. Der Kardinal von Piacenza erklärte bereits 1414 dem Kaiser Sigismund II. den Unterschied zwischen einer sozialwissenschaftlichen Betrachtung und einer naturwissenschaftlichen, als er ihm bündig zu verstehen gab: „Caesar non supra grammaticos." Der Kaiser kann den Grammatikern nichts vorschreiben, weil diese der Grammatik nichts vorschreiben können, wie ein Physiker nicht die Gesetze der Physik verändern kann, kann der Grammatiktheoretiker nicht die Gesetze der Grammatikfähigkeit verändern.
6. Eine komplette und lesenswerte Darlegung in Sachbuchlänge bietet Pinker (1995).
7. Die Parameterwerte der Grammatikparameter sind binär. Rein rechnerisch genügen 13 Parameter, um 8000 verschiedene Grammatiken zu unterscheiden (2^{13} = 8192). Die Zahl der derzeit existierenden Sprachen wird auf 7000 bis 8000 geschätzt.

Bibliographie:

- Bishop, D. V. M.: Grammatical errors in specific language impairment: Competence or performance limitations. Applied Psycholinguistics 15. S. 507–550, 1994
- Caplan, D.: Neurolinguistics and Linguistic Aphasiology. Cambridge Univ. Press 1987
- Chomsky, N.: Knowledge of language – it´s nature, origin, and use. London: Praeger 1986
- Gopnik, M.; Crago, M. B.: Familial aggregation of a developmental language disorder. Cognition 39. S. 150, 1991
- Haider, H.: Die menschliche Sprachfähigkeit exaptiv und kognitiv opak. Kognitionswissenschaft 2. S. 1126, 1991
- Haider, H.: Deutsche Syntax, generativ. Tübingen 1993
- Pinker, St.: Der Sprachinstinkt. München, Kindler 1996
- Smith, N.; Tsimpli, I. M.: Linguistic modularity? A casestudy of a ‚Savant' linguist? Lingua 84. S. 315–351, 1991
- Smith, N.; Tsimpli, I. M.: The mind of a savant. Language learning and modularity. Oxford, Blackwell 1995
- Wickler, W.; Seibt U.: Das Prinzip Eigennutz. Zur Evolution sozialen Verhaltens. München, Piper 1991

Dr. Hubert Haider ist Professor für Allgemeine und Angewandte Sprachwissenschaft an der Universität Salzburg.

Indirekte Prioritäten

Jürgen Trabant

Sprache zeugt Denken

Liebe, Sprache und Denken bei Humboldt

Die Sprache selber produziert das Denken. Sprache ist nicht bloß ein Mittel, das Gedachte zu bezeichnen und anderen mitzuteilen, Sprache ist nicht bloß Zeichen, sondern Mittel der Bildung des Denkens, Mittel der Bildung des Selbst und der Welt. Diese sprachliche Produktion des Denkens verweist bei Humboldt auf die Produktivkraft des Eros.

Kant hatte das Erkennen als Synthesis (Vereinigung) eines von der Anschauung gegebenen Mannigfaltigen mit den Formen des Verstandes bestimmt. In seiner Lehre von den „transzendentalen Schemata" hatte er diese Vermittlung genauer zu fassen versucht, wobei er es aber vermied, sich auf die Sprache zu beziehen. Die Verknüpfung von Sinnlichkeit und Verstand obliegt der Einbildungskraft, die bei Kant aber merkwürdig geheimnisvoll bleibt. Am Anfang der „Kritik der reinen Vernunft" hatte sich Kant gefragt, ob Sinnlichkeit und Verstand „vielleicht aus einer gemeinschaftlichen, aber uns unbekannten Wurzel entspringen" (KdrV, B 29), hielt diese Frage aber für unbeantwortbar.

Humboldt beantwortet nun just diese Frage in seinem Aufsatz „Über den Geschlechtsunterschied", der im ersten Jahrgang von Schillers „Horen" (1795) erschien, auf eine äußerst kecke Art und Weise. Die „gemeinschaftliche, aber uns unbekannte Wurzel" von Sinnlichkeit und Verstand ist nach Humboldt nämlich die *Sexualität*, die Zeugungs-Kraft, die körperliche genetische Kraft, das Genie im konkreten Sinne des Wortes, die wortwörtliche Ein-Bildungs-Kraft. Indem diese Kraft als Entzweiung, als Unterschied der Geschlechter erscheint, setzt sie alles in Gang: *Jede* schöpferische Neuerung verdankt sich dem Grundgesetz des Lebens, dem Versuch, die Entzweiung der Geschlechter durch ihre Vereinigung wieder aufzuheben, um damit die ursprüngliche Einheit – und sei es auch nur momentan – wiederherzustellen:

„Diesem gegenseitigen Zeugen und Empfangen ist nicht bloss die Fortdauer der Gattungen in der Körperwelt anvertraut. Auch die reinste und geistigste Empfindung geht auf demselben Wege hervor, und selbst der Gedanke, dieser feinste und letzte Sprössling der Sinnlichkeit, verläugnet diesen Ursprung nicht. Die geistige Zeugungskraft ist das Genie" (I, S. 316).

Sinnlichkeit und Verstand sind demnach sublimierte Formen des Weiblichen und des Männlichen, deren Vermählung den Gedanken erzeugt.

Das Gebiet, auf dem Humboldt zunächst das Genie des Menschen sucht, ist das Gebiet der Kunst. Für diese, das heißt für die Einbildungskraft im engeren Sinne, für die Erzeugung des *Bildes*, führt Humboldt sein Modell der Synthesis weiter aus. In dem ästhetischen Versuch „Ueber Göthes Herrmann und Dorothea" macht er deutlich, daß das Produkt der Einbildungskraft, das Bild, weitere Synthesen erzeugt: Es wirkt *reflexiv* auf den Schöpfer zurück, der in seinem Erzeugnis die Welt „zu einem Wesen gemacht (hat), mit dem der nun vollkommen zu sympathisiren vermag" (II, S. 142). Das Objekt (das man sich aber von vornherein nicht als das bloß Da-Liegende, total Fremde vorzustellen hat), mit dem sich das Subjekt verbunden hat, ist im Bild zum Subjekt-Objekt geworden, in dem das Subjekt sich selbst erkennt. Vor allem aber vollendet sich der Kreis der Synthesis der künstlerischen Produktion erst dann, wenn das herausgearbeitete Subjekt-Objekt auf die Rezeptivität (Aufnahmefähigkeit) eines *Anderen* wirkt, wenn es die „Stimmung des Empfindenden" (II, S. 131) anregt, wenn es ihm gelingt, „die Einbildungskraft durch die Einbildungskraft zu entzünden" (II, S. 127).

Das an der sexuellen Vereinigung entwickelte und für die Kunst weiter ausgeführte Modell der Synthesis bleibt nun für Humboldt auch das Modell des „Verfahrens der *Sprache*", der er sich um 1800 als seinem Thema zuwendet. Auch das Verfahren der Sprache ist Aktivität der „geistigen Zeugungskraft", des Genies, ist Vermählung der Kräfte des Menschen, Vermählung des Menschen mit der Welt und – mehr noch als die Kunst – Vermählung des Menschen mit dem Menschen. Der Gedanke, in der Formulierung des Artikels „Über den Geschlechtsunterschied": „dieser feinste und letzte Sprößling der Sinnlichkeit", der in der Vermählung von Sinnlichkeit und Verstand gezeugt wird, muß sich nämlich objektivieren, muß seinerseits sinnlich werden, um überhaupt Festigkeit zu bekommen, um „klar und deutlich" zu werden. Dies geschieht dadurch, daß er *zusammen* mit dem materiellen Wort, in einer *synthetischen* Einheit mit dem Wort, als *Wort-Gedanke* oder *Gedanken-Wort* erzeugt wird: *„Die Sprache ist das bildende Organ des Gedanken"* (VII, S. 53). Klassisch formuliert ist diese gemeinsame Erzeugung, Bildung und Geburt des Gedankens und des Wortes in der folgenden Passage „über den Zusammenhang des Denkens mit der Sprache" aus dem Humboldtschen

Sinnlichkeit und Verstand sind sublimierte Formen des Weiblichen und des Männlichen, deren Vermählung den Gedanken erzeugt.

Hauptwerk, der sogenannten „Kawi-Einleitung" (VII, S. 55):
„Subjective Thätigkeit bildet im Denken ein Object. Denn keine Gattung der Vorstellungen kann als ein bloss empfangendes Beschauen eines schon vorhandenen Gegenstandes betrachtet werden."
Hier betont Humboldt, auch gegenüber Kant, daß es keine passive Erzeugung von Vorstellungen gibt, sondern daß diese sich immer dem aktiven Zusammenwirken des Subjekts mit der Welt verdanken, einer Vermählung von Sinnlichkeit und Verstand, einer Zeugung des Gedankens. Der Gedanke wird dann geboren, nach außen gestellt, sinnlich wahrnehmbar materialisiert. Dieses Erzeugen, Gebären und Wieder-Wahrnehmen des Gedankens ist natürlich nur möglich, sofern er *als Wort* gezeugt und geboren wird. Daher auch Humboldts Fazit:
„Hierzu aber ist die Sprache unentbehrlich. Denn indem in ihr das geistige Streben sich Bahn durch die Lippen bricht, kehrt das Erzeugniss desselben zum eignen Ohre zurück. Die Vorstellung wird also in wirkliche Objectivität hinüberversetzt, ohne darum der Subjectivität entzogen zu werden."

„So wäre es vielmehr gut, die verschiedenen Sprachen so sehr zu vervielfältigen, als es immer die Zahl der den Erdboden bewohnenden Menschen erlaubt."

Wie die Erzeugung der Kunst ist aber mit der Produktion des Wort-Gedankens durch das Subjekt auch die Erzeugung der Sprache noch nicht vollendet. Viel mehr noch als die Kunst vollendet sich die Sprache erst im *Anderen*:
„Der articulirte Laut reisst sich aus der Brust los, um in einem andren Individuum einen zum Ohre zurückkehrenden Anklang zu wecken" (VII. S. 36).
Durch die erste Objektivierung des Denkens im gesprochenen Wort wird nämlich der Gedanke nur zum „Scheinobjekt", das noch nicht der Sphäre des Subjekts entzogen ist. Und auch das bloße Gehört-Werden des Wort-Gedankens durch den Anderen verändert die „Scheinobjektivität" noch nicht, das Wort verschwindet ja gewissermaßen nur in der anderen Subjektivität. Erst wenn es seinerseits außerhalb der Sphäre des Ichs wieder erscheint, wenn „an einen gewagten Versuch ein neuer sich anknüpft" (VI, S. 26), wenn auch das andere Ich Sprache erzeugt, wird das Wort wirklich objektiv: „Denn die Objectivität wird gesteigert, wenn das selbstgebildete Wort aus fremdem Munde wiedertönt" (VII, S. 55f.).

„Die Sprache ist das bildende Organ des Gedanken."

Die Vermählung von Sinnlichkeit und Verstand ist die Zeugung der Gedanken.

Die Sprache geht über die Synthesen der Kunst hinaus, da es ihr nicht genügt, daß die Einbildungskraft durch die Einbildungskraft entzündet wird, daß der Betrachter des Bildes das Bild in sich nachschafft, *als ob* er ein Künstler wäre. Die Sprache fordert, daß der andere seinerseits *wirklich* materiell Sprache produziert, wirklich ein *Sprecher* wird. Die Sprache hebt den Schein, das Als-ob der Kunst, in wirkliche wechselseitige Produktivität auf. Die Einbildungskraft, die eine Zeugungskraft ist, ist im Feld der Sprache nicht nur eine Kraft, die etwas in den anderen einbildet, sondern, indem der andere durch diese Einbildung notwendigerweise wieder Sprache erzeugt, „Über-Zeugungs-Kraft".
Die „Sprache überhaupt", dieser Gegenstand der Philosophen, interessiert Humboldt aber nicht; als „Sprache überhaupt" ist die Sprache für ihn auch gewissermaßen inexistent, da sie nie als solche erscheint, sondern immer in vielfältigen empirischen Erscheinungsformen, sei es auf der Ebene der individuellen einzelnen, sei es auf der Ebene der Völkerindividuen. Die Sprache manifestiert sich nur als je „einzelne bestimmte" Sprache. Die philosophische, „reine" Betrachtung der Sprache ist also notwendigerweise mit der historisch-empirischen Betrachtung der Sprachen zu verknüpfen. Nicht nur *objektiviert* sich nämlich die Verknüpfung von Sinnlichkeit und Verstand im Wort, sie *individualisiert* sich auch immer in den verschiedenen Sprachen. Das transzendentale Schema, die nach der *Kritik der reinen Vernunft* zwischen dem Verstand und der Sinnlichkeit vermittelnde Vorstellung, bleibt zwar eine transzendentale *Aufgabe*; gelöst werden kann die Aufgabe aber nur sprechend, und das heißt: im Wort objektiviert und historisch individualisiert.

Die Konzentration Humboldts auf die Sprache ist ein Vorrücken ins Zentrum der philosophischen Fragestellung, von der er ausgegangen war: Bedingung der Möglichkeit der Erkenntnis ist die Sprache, und zwar – und das ist die Humboldtsche Pointe – notwendigerweise als *verschiedene* Sprachen. Da die Sprachen ja nicht einfach etwas vorsprachlich fix und fertig Gedachtes nur mit *materiell* verschiedenen Signifikanten versehen, sondern Wort und Gedanke in untrennbarer Einheit erzeugen, *entdecken* sie in dieser synthetischen Produktivität die Wahrheit:
„Durch die gegenseitige Abhängigkeit des Gedankens, und des Wortes von einander leuchtet es klar ein, dass die Sprachen nicht eigentlich Mittel sind, die schon erkannte Wahrheit darzustellen, sondern weit mehr, die vorher unerkannte zu entdecken" (IV, S. 27).
Wohlgemerkt: die *Sprachen* im Plural, die Sprachen in ihrer Verschiedenheit, sind die Mittel, die Wahrheit zu entdecken. Die entdeckten Wahrheiten sind damit Wahrheiten entsprechend den Traditionen verschiedener historischer Gemeinschaften: verschiedene *Weltansichten*.
Was als Strafe und Katastrophe im Mythos des Turmbaus zu Babel festgehalten wird, die Verschieden-

heit der Sprachen, wird von Humboldt als Potenzierung der menschlichen Kreativität gesehen, als Potenzierung des Genies des Menschen, die Welt zu erkennen, deren Reichtum sich nur durch diese Vielzahl der „Ansichten" erschließt. Völlig konsequent treibt Humboldt diesen Gedanken bis ins Extrem:
„. . . da der in der Welt sich offenbarende Geist durch keine gegebene Menge von Ansichten erschöpfend erkannt werden kann, sondern jede neue (Sprache) immer etwas Neues entdeckt, so wäre es vielmehr gut, die verschiedenen Sprachen so sehr zu vervielfältigen, als es immer die Zahl der den Erdboden bewohnenden Menschen erlaubt" (III, S. 167 f.).
Humboldt verkennt nicht die Erfahrung des Nicht-Verstehens, die dem Babel-Mythos zugrunde liegt. Er weiß, daß gerade durch die von ihm gepriesene Vielzahl und Verschiedenheit der Sprachen, durch ihren Reichtum *gegenüber der Welt*, die Sprachen Hindernisse des Verstehens *zwischen den Menschen* darstellen. Auf die Erfahrung des Nicht-Verstehens reagierte das Abendland einerseits mit der auf die Griechen zurückgehenden Auffassung, daß die Verschiedenheit der Sprachen kein besonders gravierendes Hindernis der Verständigung darstellt, da sie ja eine bloß oberflächliche, bloß materielle „Verschiedenheit von Zeichen und Schällen" (und daher auch nicht besonders ernst zu nehmen) sei. Demgegenüber faßt Humboldt die Verschiedenheit der Sprachen tiefer und durchaus als ein ernsthaftes Hindernis zur gegenseitigen Verständigung. Gegenüber dem Babel-Mythos auf der anderen Seite, der die Höhe des Hindernisses propagandistisch übertreibt, hebt Humboldt aber nicht nur die schöpferische Kraft der Sprachen angesichts der Welt positiv hervor, sondern immer auch die *Überwindbarkeit* des Hindernisses. Der Babel-Mythos verschweigt nämlich die ebenso unleugbare Erfahrung, daß auf der Basis universeller Gemeinsamkeiten des Menschen die anderen Sprachen der Menschen ja erlernbar sind. Der Sprachrelativismus Humboldts, der das Lob der Verschiedenheit der Sprachen und Weltansichten bis zur Forderung nach extremer Vereinzelung treibt, der also in einem über Babel weit hinausgehenden Sprach-Individualismus zu enden scheint, ist nämlich immer im Zusammenhang zu sehen mit der für die Sprache konstitutiven und auf ihre erotischen Wurzeln verweisenden *Wechselseitigkeit*, die für alle Ebenen möglicher Verständigung, vom einzelnen Individuum bis hin zur planetarischen Gemeinschaft, gilt.
„Denn die Sprache muss nothwendig zweien angehören und ist wahrhaftig ein Eigenthum des ganzen Menschengeschlechts" (VII, S. 63).

Zitiert nach:

Wilhelm von Humboldt: Gesammelte Schriften. Akademieausgabe. 1903 ff., (Band, Seite).

Jürgen Trabant ist Professor für Romanische Philologie an der Freien Universität Berlin.

Anzeige

Thomas Gutknecht

- **Lebensberatung**
- **Beratung für Kommunikation**
- **Beratung für Öffentlichkeitsarbeit**
- **moderne Seelsorge:**
  in Krisen
  vor Entscheidungen
  beim Neubeginn

Philosophische Praxis
Logosbüro
Kaiserstraße 23
72764 Reutlingen
Tel/Fax 07121/490116

LOGOS Büro

Bildung
Beratung
Begleitung

Was denken Sie über den „Denkpartner"?

Mit dem Mikrophon unterwegs in Stuttgarts Straßen …

Was ist Denken?

Puppenspielschüler, 35:
Daß Denken eine körperliche Anstrengung ist.
Denken ist … anstrengend!

Vertreterin, 24:
Der ist echt geil!
Denken ist … ein schwebender Zustand.

Bankkaufmann, 23:
Gehört der der Landesgirokasse?
Denken heißt … die Dinge zu durchschauen.

Architekturstudentin, 27:
Den habe ich noch nie gesehen, obwohl ich immer hier vorbeigehe.
Denken ist … eine geistige Tätigkeit, im Gegensatz zu seelischen oder emotionalen Dingen.

Künstlerin, 42:
Denken ist … Das dürfen Sie mich nicht fragen. Sie wissen ja, Frauen können bekanntlich nicht denken.

Makler, 47:
Der Denker von Rodin gefällt mir besser.
Denken ist … eine Alltagsbeschäftigung.

Zollbeamter, 52:
Für die Entscheidung, den da aufzustellen, sollten Köpfe rollen.
Denken ist … ein schwer erklärbarer, nicht vorstellbarer Prozeß.

Schüler, 17:
Wäre ein gutes Modell für eine Sparbüchse.
Denken ist … nicht gerade meine Lieblingsbeschäftigung.

Taxifahrerin, 46:
Ist in dem Kopf was drin oder ist er hohl?
Denken ist … darüber muß ich erst einmal nachdenken … mir fällt nichts ein.

Musikerin, 25:
(Klopft gegen den Kopf) Der ist innen hohl, ein Hohlkopf also.
Denken ist … (zeigt auf den Hohlkopf) *ich möchte doch nicht so aussehen wie der.*

Steuerberaterin, 31:
Der sieht aus, als fiele ihm das Denken schwer.
Denken heißt … Dinge im Kopf gegeneinander abwägen, zum Beispiel überlegen, ob es besser ist hierzusein oder wegzugehen.

Lehrerin, 25:
Der wird bald Rheumatismus kriegen, so wie der den Arm aufstützt, das ist nicht gut für die Blutzirkulation.
Denken ist … die Vibration aller Nervenzellen.

Dirigent, 53:
So sitze ich auch da, wenn ich denke.
Denken heißt … das Chaos im Kopf ordnen.

Flugbegleiterin, 26:
Der sieht nicht gerade glücklich aus.
Denken heißt … mir Zeit zu nehmen für Entscheidungen, die ich treffen muß.

Kioskangestellte, 57:
Denkt der oder schläft der?
Denken ist … überlegen, was richtig und was falsch ist.

Bahnangestellter, 44:
Was der wohl gerade denkt, aber das kann niemand nicht wissen.
Denken ist … Ich denke sehr wenig, weil ich lieber aus dem Gefühl heraus entscheide.

Schuhmachermeister, 59:
Der müßte sprechen können, dann könnte er der Polizei helfen, die Drogendealer zu fassen.
Denken ist … Man muß denken, um über die Runden zu kommen, weil man sonst der Dumme ist.

Kellner, 37:
Den sehe ich jeden Tag, der schaut immer gleich drein, so abwesend.
Denken ist … wenn mir die Stirn feucht wird.

Arbeitsloser Lehrer, 39:
Ich finde den ziemlich unästhetisch, aber Denken muß ja auch nicht ästhetisch sein.
Denken heißt … meine grauen Zellen in Schwung zu versetzen und zuzuhören, wie sie sich unterhalten.

Bühnenarbeiter, 36:
Der sieht ja ganz schön schwer aus, der hat vielleicht wichtige Gedanken.
Denken ist … wenn man die Gedanken in eine richtige Reihenfolge bringt.

Student, 22:
Der sieht irgendwie unheimlich aus. Eigentlich muß für ihn hier Denken etwas Unheimliches sein – oder zumindest etwas unheimlich Wichtiges oder so.
Denken ist … unheimlich schwer zu beantworten.

Sozialarbeiterin, 42:
Das ist bestimmt ein Philosoph, vielleicht Kant?
Denken heißt … für sich alleine zu sein, im Gegensatz vielleicht zum Reden.

Imker, 56:
Mir fällt mein Großvater ein, der war Schriftsteller, der saß auch immer so am Schreibtisch.
Denken ist … viel Zeit zum Nachdenken zu haben. Es macht aber meistens keinen Spaß.

Foto: M. Lion

Denkpartner, Bronze Plastik von Hans-Jörg Limbach, 1980

Technischer Zeichner, 37:
Haben die den in Kassel geklaut, bei der Dokumenta, und dabei den Rest vergessen?
Denken ist … Na, wenn alle nachdenken, dann wählen sie Kohl bei der nächsten Wahl ab.

Germanistikstudent, 26:
Mich wundert, daß dieser Denker in Stuttgart bleibt, hier ist es so miefig, aber er kann ja auch nicht gehen.
Denken ist … eine Art inneres Gespräch, das stumm abläuft, bei dem der Mensch mit sich selbst kommuniziert.

Rentnerin, 71:
Mir gefällt der nicht, der schaut so deprimiert.
Beim Denken … schießen Gedanken durch den Kopf, manchmal schnell, manchmal langsam.

Stefan Schüle
Monika Reutter
Markus Lion
Ute Friesen

Die großen Fragen der Philosophie

Ein Interview mit Walter Schulz

Professor (em.) Dr. Walter Schulz lebt seit seiner Emeritierung 1978 zurückgezogen in Tübingen. 1912 in Gnadenfeld (Oberschlesien) geboren, besuchte Schulz das Pädagogium Niesky (Schleiermacher hat die Schulzeit dort verbracht und, wie Schulz nicht ohne Ironie hinzufügt, Schlieffen); er studierte Klassische Philologie, Philosophie und Evangelische Theologie an den Universitäten Marburg, Breslau und Leipzig. Nach einer Kriegsverwundung promovierte er 1944 in Leipzig bei H.-G. Gadamer mit einer Arbeit über die Unsterblichkeitsbeweise in Platons Phaidon. Die Habilitation erfolgte 1951 in Heidelberg mit der Arbeit „Die Vollendung des Deutschen Idealismus in der Spätphilosophie Schellings". Sie wurde 1955 als Buch veröffentlicht. Es eröffnete eine vollkommen neue Sicht des Idealismus und der nachidealistischen Philosophie (Marx, Kierkegaard, Nietzsche und Heidegger). Damit schaffte Schulz den Durchbruch; er wurde 1955 als Ordinarius nach Tübingen berufen, wo er bis zu seiner Emeritierung mit größtem Erfolg lehrte. Ehrenvolle Rufe nach Hamburg, Frankfurt, Göttingen und – als Nachfolger Heideggers – nach Freiburg hat er abgelehnt. Die Abhandlung „Über den philosophiegeschichtlichen Ort Heideggers" (Göttingen, 1953/54) hat die Aufmerksamkeit Heideggers erregt, mit dem Schulz bis zu dessen Tod freundschaftlich verbunden war.

Was Leidenschaft des Denkens bedeutet, habe ich erstmals bei Ihnen, Herr Schulz, erfahren. Von dieser Leidenschaft durchdrungen, haben Sie sich den großen Fragen und Themen der Philosophie gestellt. In letzter Zeit haben Sie häufig darüber geklagt, daß die Philosophie sich nicht mehr um die großen Themen kümmert. Glauben Sie, daß dies mit einem Substanzverlust des Philosophierens einhergeht?

Man kann es bedauern, daß die großen Fragen nicht mehr im Vordergrund stehen. Wenn man jedoch gerecht sein will, muß man sich vor Augen halten, daß die Philosophie heute ein sehr breit gespanntes Spektrum umfaßt. Einen Schwerpunkt bildet die Wissenschaftstheorie, die bis zur Informatik reicht. Diese Leute sind naturgemäß meist nicht an den großen Problemen interessiert. Wenn man sie darauf hinweisen würde, würde ihre Antwort lauten, daß sich diese zwar privat für den einzelnen klären ließen, aber nicht wissenschaftlich. „Wir haben als Wissenschaftstheoretiker mehr die Aufgabe, allgemein für das Denken Grundsätze und Regeln herauszuarbeiten, die dann unter Umständen wieder korrigiert werden können. Diese unsere Aufgabe ist eine nachprüfbare, und die großen Fragen, die der einzelne nur für sich selbst klären kann, hängen in der Luft." In der Unterscheidung dieser beiden Dimensionen wirkt der kantische Ansatz noch nach. Einerseits weist Kant in seiner „Kritik der reinen Vernunft" Grundbegriffe (Transzendentalien) nach, die in der Vernunft fundiert und somit Fundament jeder Wissenschaft sind. Andererseits ist da die Dimension der Moralität, die nicht mehr rein wissenschaftlich zu erfassen ist, aber dafür Geltung im Metaphysischen hat – was heute nicht mehr der Fall ist.

Welche Bedeutung hat die Tradition für die heutige Philosophie?

Ich würde aus meiner Erfahrung heraus sagen, daß die Auseinandersetzung mit der Tradition wichtig ist. Man muß, um seinen eigenen Standort kennenzulernen und zu verstehen, ihn mit der Tradition in einen Bezug setzen, nicht im Sinne der Abwertung des Eigenen, sondern zur Verdeutlichung der Unterschiede. Dafür spricht die Tatsache, daß die abendländische Philosophie sich von Platon an bis weit ins 19. Jahrhundert hinein mit großen Fragen beschäftigt hat. Da ist Sokrates das Vorbild, der zwar immer wieder betont, nicht zu wissen, woran er sei, aber die Frage danach ist da, und das ist für mich wichtig. Es gibt gewisse Probleme konkreter Art, die meiner Meinung nach unabdingbar sind. Das eine Problem ist das Verhältnis des Menschen in seiner Entwicklungsstufe zu den Tieren. Kann man sozusagen eindeutig den Menschen als ein höheres Tier ansetzen? Oder gibt es für den Menschen eine Möglichkeit, ihm von seinem Denken her eine Sonderstellung einzuräumen? Für mich ist diese Frage nicht eindeutig zu entscheiden, das gebe ich offen zu. Eine gewisse Sonderstellung sehe ich schon, denn der Mensch kann, was ich mit meinem Lieblingsbegriff Reflexion meine, kritisch zu sich selbst Stellung nehmen. Er kann sich in seinem gesamten Verhalten selbst durchleuchten und sich sagen, so geht es nicht. In Zukunft muß ich mich anders verhalten. Diese Möglichkeit ist den Tieren versagt. Durch diese Fähigkeit hat der Mensch erst die gesamte Forschung in Gang bringen können. Wenn gewisse Naturwissenschaftler ganz naiv behaupten, alles sei nur eine reine Nervengeschichte, man müsse nur die Nerven untersuchen, dann halte ich das für falsch. Der Mensch ist doch der Initiator der Forschung.

Als zweites gibt es die einfache platonisch-christliche Unterscheidung, nach der der Mensch zweiklassenhaft ist. Das heißt, daß er neben der leiblichen eine höhere Dimension, die metaphysische, besitzt, in der er die Ideen erschauen und selbst in die Ideenwelt hineingehen kann, oder christlich gesehen, es gibt Gott und das Jenseits, was uns sicher in einer naiven Art nicht mehr zugänglich ist. Auch wenn wir heute diese Unterscheidung einer oberen und einer unteren Welt nicht mehr vornehmen können, ist das Problem doch nicht erledigt. Wir stoßen im Alltag ständig darauf.

Als drittes möchte ich neben dem Leib-Seele-Problem das der Ethik nennen. Im Gegensatz zu den Tieren muß sich der Mensch immer wieder den Kopf zerbrechen, wie er sich anderen gegenüber verhält. Erst nach dem Krieg, also sehr spät, habe ich Schopenhauer gründlich kennengelernt, und hier hat mich seine These sehr beschäftigt, daß der Mensch einen Hang zum Bösen habe. Schopenhauer redet von der „Lust an der Grausamkeit" und davon, daß der Mensch dagegen angehen muß. Diese ganze ethische Dimension des Handelns, die so schwierig in sich zu fassen ist, ist für mich etwas, was man im Grunde genommen in irgendeiner Weise zumindest als Problem durchdenken muß.

Eine andere Frage, die mich in bezug auf die Ethik sehr beschäftigt, ist die Unterscheidung von Nah- und Fernhorizont, die ich in meinem Buch „Philosophie in der veränderten Welt" gemacht habe. Wenn wir uns im Nahhorizont begegnen – auch dann, wenn wir uns nicht gründlich kennen –, können wir miteinander auskommen, aber im Fernhorizont? Was soll ich zum Beispiel zu den Vorgängen in Jugoslawien oder sonst in der Welt sagen, wo die physische Not so groß ist. Da bin ich doch nicht mehr unmittelbar verantwortlich. Und da entstehen dann die besonderen Schwierigkeiten, auf welche Weise ich da eingreifen kann.

Ein weiteres Problem, das hier auch nur angedeutet werden kann, ist das des Todes. Einerseits bin ich immer überrascht, wenn ich im Schwäbischen Tagblatt die Todesanzeigen lese, die fast immer christlich sind: „Der Herr hat zu sich gerufen", „Er ist heimgegangen", „Er ist in sein Reich eingegangen" ... Man spricht da von „oben", aber die genaue Bestimmung ist nicht mehr da. Denkt man weiter, daß man selbst einmal sterben muß, dann kommen doch gewisse problematische Gedanken. Mir ist das bereits als Student wichtig geworden. In Breslau in einer wunderschönen alten Bibliothek dachte ich plötzlich, als ich die Treppe hoch ging: es geht immer weiter, das ist auch richtig so, aber irgendwann bist du einfach nicht mehr da, das ist komisch.

Alle diese Probleme, Leib-Seele, Ethik und Tod, die ich jetzt nur angedeutet habe, sind Fragen, die meiner Meinung nach durchaus zu beachten sind. Man kann sie den meisten Menschen nicht aufzwingen, aber es hat keinen Zweck, im philosophischen Sinne nur die Postmoderne zu verkünden, wonach alles ästhetisch sei und es ganz egal ist, was die einen oder die anderen denken.

Sie haben es geschafft, die Ergebnisse der Humanwissenschaften ganz ernst zu nehmen und diese zugleich in eine philosophische Fragestellung miteinzubeziehen.

Die Ergebnisse der Humanwissenschaften sind gerade in bezug auf den Tod wichtig. Ich war am Anfang meines Studiums und auch in der ersten Dozentenzeit ein Anhänger Heideggers, und zwar des Verfassers von „Sein und Zeit". Ich wollte „in den Tod vorlaufen" und dergleichen. Ich habe Heidegger auch einen Brief geschrieben, und er hat nicht geantwortet, worauf ich ihn ermahnt habe, er solle doch endlich schreiben. Daraufhin schrieb er: Kein Mensch wüßte, ob er zur Philosophie berufen sei, und im übrigen hielte er solche Briefe für Unfug. „Studieren Sie Kant und lernen Sie die Achtung vor der harten Arbeit des Begriffs." Ich habe mich komischerweise über den Brief gefreut, und später – ich hatte ja die Nachfolge von Heidegger als Ruf in Freiburg bekommen – war ich mit ihm sehr be

Ich denke mir, der Tod ist doch keine Sache des Vorlaufens im Sinne des Verstehens, sondern mehr ein Einschnitt oder ein Ereignis, das einen trifft.

Man muß, um seinen eigenen Standort zu verstehen, ihn mit der Tradition in einen Bezug setzen, nicht im Sinne der Abwertung des Eigenen, sondern zur Verdeutlichung der Unterschiede.

Auch wenn wir heute diese Unterscheidung einer oberen und einer unteren Welt nicht mehr vornehmen können, ist das Problem doch nicht erledigt.

Das Mitleid, das Schopenhauer glänzend herausarbeitet, ist als eine unmittelbare Reaktion doch etwas, das sehr ernst genommen werden muß.

Fotos: S. Reusch

freundet. Wenn ich ihn an unseren Briefwechsel erinnerte, dann sagte er immer: „Na ja, es ist ja doch noch was aus Ihnen geworden." (*Gelächter!*) An „Sein und Zeit" wurde ich irre, weil der Gang zum Tode doch auch eine physische Sache ist. Das hatte mich lange beschäftigt. Ein paarmal war ich mit schwerwiegenden Sachen im Krankenhaus, und dort hat die medizinische Seite ganz im Vordergrund gestanden. Man will physisch wissen, woran man ist. Aber gerade das läßt Heidegger weg. Worum es hier geht, ist das Leib-Seele-Problem. Imponiert hat mir hierbei Plessner und dessen Darstellung. Er sagt, der Mensch sei exzentrisch; Tiere lebten aus einem Zentrum heraus und seien in eine geordnete Umwelt eingefügt. Dagegen hat der Mensch keinen vorgegebenen Standort. Ist es nicht komisch, daß man auf der einen Seite ganz philosophisch an das Problem herangeht – bei mir geht das so weit, daß ich in gewisser Weise den Selbstmord verteidige. Seneca sagt „Paete non dolet, es tut nicht weh," und „Patet janua, die Tür ist offen". Im Hintergrund steht das Gesamtphänomen: Ich kann über den Tod verfügen. Auf der anderen Seite aber klagen wir über Schmerzen: „Mir tut der linke Finger weh."

In Ihrem Buch „Philosophie in der veränderten Welt" haben Sie die Kategorie der Verwissenschaftlichung eingeführt, mit der Sie nicht nur den Wandel der Wissenschaften hervorheben, sondern die Wissenschaften als einen Ausdruck unserer Zeit zu begreifen suchen.

Das war mir wichtig. Der Prozeß der Verwissenschaftlichung setzte schon im späten 19. Jahrhundert nach Hegel ein. Da sagte man, daß die eigentlichen, die wesentlichen Fragen, die die Menschen betreffen, nicht philosophisch – das sei spekulativ –, sondern von den Wissenschaften selbst geklärt werden müßten. Da gab es dann die verschiedenen Ansätze. So zum Beispiel die Soziologie, die das menschliche Miteinander thematisiert. Es fragt sich aber, ob es hier um Sachen geht, die die Wissenschaftler allein untersuchen können, oder um wesentliche menschliche Phänomene. Hier wird der Unterschied deutlich: Ich kann die Soziologie historisch betrachten und werde finden, daß das menschliche Miteinander ganz verschieden ist. Im Griechentum hat es Elite und Sklaven gegeben, während in der heutigen Gesellschaft das Ideal der Gleichheit zentral geworden ist. Aber im Grunde genommen ist dieses vergleichende Denken dann doch nur fruchtbar, wenn man fragt, wie muß ich da selbst einsteigen? Darauf gibt die Hermeneutik, insoweit sie sich ästhetisierend mit der Vergangenheit beschäftigt, keine Antwort.

In bezug auf die Ethik ist Ihnen, wie Sie schon erwähnt haben, Schopenhauer immer wichtiger geworden. Sie haben in diesem Zusammenhang das Mitleid als eine zentrale Instanz der Ethik herausgestellt.

Ich weiß nicht, ob ich das heute in dieser radikalen Form noch durchhalten würde. Nur finde ich, daß das Mitleid, das Schopenhauer glänzend herausarbeitet, als eine unmittelbare Reaktion doch etwas ist, das sehr ernst genommen werden muß. Es klingt jetzt eitel, ich kam in Nürtingen dazu, wie ein offenbar rabiater Mann ein Mädchen verprügelte, und alle standen herum und taten nichts. Ich griff da ein, worauf ein Bundeswehrsoldat mir half. Aber diese Unmittelbarkeit, die genügt sicher, Leiden, das man mit ansieht, zu begrenzen. Das ist wichtig, auch den Tieren gegenüber.

Sie haben mal formuliert, daß es auf ein sympathisches Verhältnis zum Lebendigen überhaupt ankomme.

Ja, da spielte Albert Schweitzer eine große Rolle. Auf ihn bin ich in der Quarta gestoßen, und da hat er einen ungeheuren Eindruck auf mich gemacht. Ich habe ihn in Tübingen auch kurz kennengelernt. Ich bin heute nicht mehr sein fragloser Anhänger; sein unmittelbares Angehen des den Menschen begegnenden und sich aufdrängenden Leidens finde ich jedoch wichtig.

Das Mitleid hat eine aufschließende Kraft.

Ja, wie alle physischen Leiden, die Mensch und Tier gleichermaßen weh tun. Wenn mein Freund Habermas, der von den allgemeinen Interessen, die man ausgleichen soll, redet, dann ist mir das zu abstrakt. Als ich mal vor Schullehrern einen Vortrag hielt und wir auf Habermas und die Gleichschaltung der Interessen kamen, sagte die Schulleiterin, die für den Philosophieunterricht mitverantwortlich war: „Der soll mal in ein Schulkollegium kommen und die Konkurrenz erleben, dann wird er sehen, was da so läuft."

Mit zunehmendem Alter werde ich immer pessimistischer. Ich weiß nicht, was aus den Menschen werden wird. Zum Prinzip Hoffnung – es gibt ja jetzt wieder einen Bloch-Gedenktag, weil er vor 20 Jahren gestorben ist – kann ich nur den Kopf schütteln. Bloch hat sicher großartig gezeigt, daß der Mensch immer auf die Zukunft bezogen ist und nicht nur auf die Vergangenheit. Die Gegenwart ist ja immer nur ein Übergang zur Zukunft mit Rücksicht auf die Vergangenheit. Die Zukunft aber im Schein einer Hoffnung, das ist mir sehr fraglich geworden. Zwar halte ich es, was die Technik angeht, nicht mit den Kulturpessimisten. Ich finde, daß zum Beispiel das Fernsehen auch eine weltverbindende Wirkung haben kann. Man erfährt, welches und wieviel Leid es auf der Welt gibt.

Was die Todesproblematik angeht, sollten wir auf den Punkt zurückkommen, an dem Sie sich grundlegend von Heidegger unterscheiden.

Daß der Tod nicht eine reine Vorlaufgeschichte ist, wenn ich mir das überlege, da werde ich ganz ratlos. Sehen Sie mal die Tiere, sie verenden, werden alt, ich Viech werde auch alt. Mein kindliches Motto lautet: Bis zu achtzig geht es, da wird eine Krankheit auch überwunden. Ab achtzig wechseln die Krankheiten, gehen nicht mehr weg, man lebt stark auf das Verfallsdatum hin. Aber es ist ja nicht nur der Körper, das muß man doch alles durchdenken. Einesteils denke ich, der Tod kommt im Herbst, da werde ich meinen Geburtstag nicht mehr erleben, andererseits denke ich, natürlich wirst du ihn schaffen.

Den Unterschied zu Heidegger sehe ich darin, daß bei ihm alles auf das Verstehen bezogen ist. Ich denke mir, der Tod ist doch keine Sache des Vorlaufens im Sinne des Verstehens, sondern mehr ein Einschnitt oder ein Ereignis, das einen trifft. Und Heidegger irrt, wenn er meint, der Laie denkt immer, man stirbt, und setzt sich nicht weiter mit dem Problem auseinander. Das stimmt nicht, irgendwo im Hintergrund bedrängt es einen doch. Als ich im Krankenhaus in der Intensivstation lag, rief neben mir jemand: „Muß ich sterben, muß ich sterben?" Die Schwester hat ihn beruhigt und hinterher – ich war gerade auf dem Gang –, da ist er gestorben. Das sind dann schon Dinge, die einen betreffen.

Alle diese Probleme, Leib-Seele, Ethik und Tod, sind Fragen, die durchaus zu beachten sind. Es hat keinen Zweck, im philosophischen Sinne nur die Postmoderne zu verkünden, wonach alles ästhetisch sei und es ganz egal ist, was die einen oder die anderen denken.

Man hat den Eindruck, daß wir uns heutzutage viel und aus vielen Perspektiven mit dem Sterben, aber nicht mehr mit dem Tod beschäftigen.

Die Diskussionen, die ich mit Geistlichen und Theologen hatte, haben mich unbefriedigt gelassen. Ihre vagen Bemerkungen, wir seien bei Gott gut aufgehoben, lassen die konkreten Fragen außen vor. Es ist an sich erschreckend. Eine Zeitlang habe ich mich auch davor gedrückt, eine direkte Antwort zu geben, bis ich anläßlich eines Vortrages darauf angesprochen wurde, wie ich es mit dem Fortleben nach dem Tod halte. Meine Antwort lautete schlicht: Ich glaube nicht mehr daran. Darauf bekam ich einen wütenden Brief von einer jungen Frau, die mir schrieb, sie hätte überlegt, ob sie aufstehen und Zeugnis ablegen solle für das Auferstehungsdogma. Für sie war das Problem deshalb so akut, weil ihr Mann gerade gestorben war. Aber da habe ich erst gemerkt, wie heikel es ist, über den Tod zu reden.

Ich würde sagen, daß auch Freud mit seinem Todestrieb nicht ganz richtig liegt. Da ist auf der einen Seite die resignierende Feststellung, daß der Destruktionstrieb nicht in den Griff gebracht werden kann. Auf der anderen Seite weiß man aber auch nicht, wie es werden würde, wenn man nicht dagegen angeht. Ich glaube nicht, daß man den Todestrieb im Sinne von Freud mit dem Destruktionstrieb so einfach zusammenbringen kann. Die Destruktion ist eine Sondersache, die wiederum eng mit der Selbstsucht und

Zum Prinzip Hoffnung – es gibt ja jetzt wieder einen Bloch-Gedenktag, weil er vor 20 Jahren gestorben ist – kann ich nur den Kopf schütteln.

der Selbstbehauptung zusammenhängt. Der Tod hingegen ist für Freud letztlich nichts als ein dinghaftes Zurückgleiten.

Sie hatten vorhin vom Fern- und Nahhorizont gesprochen und im Rahmen des Fernhorizontes die Frage aufgeworfen, wie unser Einfluß auf die Vorgänge in Jugoslawien sei. Was hat die Philosophie uns heute noch zu solchen Problemen zu sagen?

Das ist schwer zu beantworten, weil die Fragen des Fernhorizontes in erster Linie politischer Natur sind und mit wirtschaftlichen Interessen verbunden werden, so daß es auf die innere Einstellung gar nicht so sehr ankommt. Es gibt jedoch einen indirekten ethischen Zugang. Dabei denke ich an die Leute, die dort hingehen und zu helfen versuchen. Ich frage mich selbst, wie ich helfen kann. Wieviel man selbst zur Änderung beitragen kann, weiß ich nicht. Doch muß man sich in seiner politischen Einstellung auf die Seite stellen, die konkret humanitäre Ziele verfolgt. Das Schicksal der Asylanten ist etwas, was mich schon sehr beschäftigt und betrübt. Mein Einfluß besteht jedoch höchstens darin, daß ich finanziell helfe. Andere Möglichkeiten außer dem Wahlrecht habe ich nicht.

In Ihrem Buch „Philosophie in der veränderten Welt" haben Sie doch noch einmal versucht, Ethik und Politik zusammenzudenken.

Da bin ich heute etwas skeptischer. Da habe ich noch so pathetisch von der Verantwortung vor der Geschichte geredet. Das würde ich heute nicht mehr machen. Was habe ich kleiner Mops für die Gesamtentwicklung sozusagen für Möglichkeiten? Ich kann auf meinen kleinen Kreis, den ich kenne, einwirken, aber auf die Geschichte selbst? Hegel, der noch einmal ganz eindeutig die Tradition hochhält, sagt, es ist einfach so, daß die Vernunft über das Negative immer das letzte Wort behält. Das kann ich nicht mehr so sehen. Ich habe demgegenüber von den beiden Tendenzen der Weltlosigkeit und der Weltgebundenheit geredet und die Einsicht unserer Gebundenheit im Physischen und im Materiellen für entscheidend herausgestellt, so daß die Hegelsche Oberschicht mir immer fraglicher erscheint.

Marie-Luise Bott hat Sie als den letzten Existenzphilosophen bezeichnet.

Nein! Sie hat das wohl mit Jaspers in Verbindung gebracht, weil sie sagte, der Schulz nimmt die Wissenschaft einerseits durchaus ernst, aber die Philosophie geht in der Wissenschaft nicht auf. Die Existenzphilosophie geht doch sehr vom einzelnen aus. Dieser ist zwar sich selbst der Nächste, aber er ist doch immer in einen Zusammenhang gestellt und ist durch ein Miteinander mit anderen verbunden, so daß er nie in dem Sinne, wie Heidegger das macht, sich als einzelner vom „man" unterscheiden kann.

Der Wille zum Leben spielt in Ihrer Ethik eine zentrale Rolle. Wie verträgt sich das mit der in Ihrer Philosophie sehr stark im Mittelpunkt stehenden Todesproblematik?

Wille zum Leben ist ja eine Schopenhauerfortführung, die Albert Schweitzer übernommen hat. Die Ethik hat sozusagen beim anderen den Willen zum Leben zu achten, und man darf also niemanden umbringen. Heute würde ich wahrscheinlich Kriegsdienstverweigerer werden. Neulich nachts dachte ich darüber nach, daß man ausgebildet und gefeiert wird, weil man andere umbringt. Dann heißt es immer so schön, ja es ist Verteidigung. Daß man grundsätzlich einen anderen nicht in seinem Willen zum Leben achtet, weil er einem anderen Volk angehört, das ist mir sehr problematisch.

Herr Schulz, wir danken Ihnen für das Gespräch.

Bibliographie

– Über den philosophiegeschichtlichen Ort Martin Heideggers. In: Philosophische Rundschau I (1953/54)
– Die Vollendung des Deutschen Idealismus in der Spätphilosophie Schellings. Stuttgart 1955
– Der Gott der neuzeitlichen Metaphysik. Pfullingen 1957
– Kierkegaard. Existenz und System. Pfullingen 1962
– Fichte. Vernunft und Freiheit. Pfullingen 1962
– Wittgenstein. Die Negation der Philosophie. Pfullingen 1967
– Philosophie in der veränderten Welt. Pfullingen 1972
– Ich und Welt. Philosophie der Subjektivität. Pfullingen 1979
– Vernunft und Freiheit. Aufsätze und Vorträge. Stuttgart 1981
– Metaphysik des Schwebens. Untersuchungen zur Geschichte der Ästhetik. Pfullingen 1985
– Grundprobleme der Ethik. Pfullingen 1989
– Subjektivität im nachmetaphysischen Zeitalter. Aufsätze. Pfullingen 1992
– Der gebrochene Weltbezug. Aufsätze zur Geschichte der Philosophie und zur Analyse der Gegenwart. Stuttgart 1994

Das Interview führten K. Giel, R. Breuninger und S. Reusch.

VERLAG FÜR GEISTES-, SOZIAL- UND WIRTSCHAFTSWISSENSCHAFTEN

Neuerscheinungen bei Kohlhammer

Franz Nuscheler u.a.

Globale Solidarität

Die verschiedenen Kulturen und die Eine Welt
1997. 172 Seiten
Kart. DM 46,-
ISBN 3-17-015111-8
Globale Solidarität - Schritte zu einer neuen Weltkultur, Band 1 (Herausgegeben von Norbert Brieskorn)

Die Beiträge dieses Bandes zielen darauf ab, bereits vorhandene Ansätze einer "neuen Weltkultur" kritisch zu reflektieren und der Öffentlichkeit zu vermitteln in der Absicht, Aufbrüche zu fördern und Hoffnung zu stärken in einer für die Menschheit bedrohlichen Situation.

Hans Lenk

Einführung in die angewandte Ethik

Verantwortlichkeit und Gewissen
1997. 148 Seiten
Kart. DM 39,–
ISBN 3-17-014803-6

Nach einem einleitenden Überblick über Konzeptionen der Ethik in der neueren Philosophie seit Kant stehen Gewissen und Verantwortlichkeit als zentrale Konzepte der Ethik im Mittelpunkt dieses Buches.

Anselm Winfried Müller

Tötung auf Verlangen - Wohltat oder Untat?

Mit einem Gespräch mit Ursula Lehr
210 Seiten. Kart. DM 39,–
ISBN 3-17-015110-X
ETHIK AKTUELL 3

Die ethische Kontroverse um Tötung auf Verlangen und verwandte Themen wie Abtreibung und Selbstmord wird in den letzten Jahren sehr einseitig geführt. Die meisten Beiträge stimmen in drei problematischen Annahmen überein: In Fragen des menschenwürdigen Sterbens haben nur Kriterien der Selbstbestimmung moralisches Gewicht; der Wert eines menschlichen Lebens hängt davon ab, was es »bringt«; ein Lebensrecht hat allein die durch Zukunftsbewußtsein ausgezeichnete »Person«. Der Autor kritisiert Voraussetzungen dieser Annahmen und die Einstellung, die im Euthanasieverlangen zum Ausdruck kommt; er plädiert für eine alternative Sicht von Leben und Sterben - eine Sicht, aus der die Bereitschaft eines Menschen, sich zu töten oder töten zu lassen, die Wurzeln seiner ethischen Orientierung angreift.

Norbert Brieskorn

Menschenrechte

Eine historisch-philosophische Grundlegung
1997. 208 Seiten
Kart. DM 36,-
ISBN 3-17-013546-5
KON-TEXTE Wissenschaften in philosophischer Perspektive, Band 3

Wo ein geschärftes Bewußtsein der Selbstmacht des einzelnen mit der Allmacht des Staates in Konflikt geriet, politische Abhängigkeit nur als selbstbegründete verantwortbar erschien und die Hilfsbedürftigkeit politisiert wurde, entstanden Menschenrechtsbewegungen und -kodifikationen. Die vorliegende Darstellung macht jedoch deutlich: Nach wie vor fehlen dem "Anliegen Mensch" kulturelle Vielstimmigkeit und wirksamer Rechtsschutz. Und daß die Beschädigung eines einzigen Menschen zugleich die aller anderen ist und Solidarität verlangt (Déclaration 1793, Art. 34), ist heute nicht mehr national, sondern weltweit und aus der Pflicht gegenüber den kommenden Generationen zu verstehen.

Bitte fordern Sie unser Gesamtverzeichnis Theologie/Philosophie Religionswissenschaft an.

MEDIEN+WISSEN Kohlhammer

W. Kohlhammer GmbH · 70549 Stuttgart · Tel. 0711/78 63 - 280 · Fax 0711/78 63 - 430

Krieg der Sätze

Den Griechen der Antike war ein geeignetes Verhältnis von Arbeit zu Muße in der Lebenspraxis unabdingbare Voraussetzung zum Philosophieren: die Arbeit den Sklaven, die Muße dem Meisterdenker. Das prägt noch das heutige Bild vom Philosophen als dem Müßiggänger, der diese zwanglose Fortbewegung in Gedanken-Gänge umsetzt, die er – eventuell noch beim Laufen – sprachlich von sich gibt. Sein nächster Schritt kann immer schon der zur Verschriftlichung sein, zur Urkunde als Fälschung, in der die Abwege und Irrwege getilgt sind. In diesem Klischee ist die Sprache die Gestalt der Gedanken nach außen, im idealistischen Sinne selbst objektiver Geist. Der erkennt sich in seiner Form als deren Herr: die Sprache wird in Zeilen geordnet Sklavin der Gedanken und das griechische Alphabet wegweisend für das Abendland.

Im Rahmen der Entwicklung der Freizeitideologie hat sich aus dem ideelen Müßiggang weniger Privilegierter in bürgerlichen Zeiten der gedankenlose, der Entspannung und keinesfalls mehr der Konzentration dienende Spaziergang entwickelt. Da nun die Akademien, Wald- und Feldwege massivem Müßiggangsmißbrauch unterliegen, hat der Philosoph anderswo als an seinen angestammten Orten tätig zu werden, das heißt die Stirn zu runzeln. So begibt er sich in die Obhut des Vaters aller Dinge, des Krieges. Ludwig Wittgenstein bringt aus dem Ersten Weltkrieg die Notizen mit, die zum „Tractatus" werden. Die Sätze des Buchs sind numeriert wie die im Stellungskrieg zu erobernden Höhen. Was den Krieg anfangs des Jahrhunderts auszeichnet, ist die Reduktion auf Überlebensstrategien und -taktiken des Einzelnen in einer undurchschaubar mutierenden Maschine. Sie läßt nur wahr/lebendig und falsch/tot zu, ein Reich der Notwendigkeit, das Wendigkeit und Geschwindigkeit fördert, aber auch den frontnahen Müßiggang des Uniformierten, der jederzeit – der eine wie eventuell der andere – im Trommelfeuer enden kann. Mit dem „Tractatus" ist die Front begradigt. Wie im Krieg die Uneindeutigkeit der zivilen Verhaltensmuster zwangsläufig ist, geht es im Buch um die Entfernung der sinnlosen und unsinnigen, dem logischen Überleben entbehrlichen Sätze aus dem Diskurs. Das Denken paßt sich an die Feuergeschwindigkeit an, der Zusammenhang von Sprache und Welt wird ein trügerischer; zwei getrennt Zerrüttete, die selten miteinander reden. Das erste massive Untergangsritual des Abendlands zeugt nebenher das Ende von dessen traditionellem sprachlichem Verhandeln über die Welt. Die rein formale Beweisführung rührt den Inhalt nicht an, aber dem Müßiggänger wird empfohlen, hinfort schweigend durch den Geschützdonner zu spazieren.

„Die Gefahr, daß der Computer so wird wie der Mensch, ist nicht so groß wie die Gefahr, daß der Mensch so wird wie der Computer. Die Menschen fangen an, wie Computer zu denken" (Konrad Zuse).

Die Wühltätigkeit von Einzelnen wie Wittgenstein hat zwar, insbesondere in den englischsprachigen Teilen der Welt, Wirkung gezeigt, dem alten, eingangs erwähnten Klischee allerdings nicht geschadet, ihm eher einen Ruch von Archaik und Luxus hinzugefügt. Wie Buridans Esel steht der Philosoph (er, nicht sie – Statistik der Kriegsteilnehmer) zwischen zwei gleich großen Heuhaufen und kann sich nicht entscheiden. Einer ist die beschreibungsunfreundliche reale Dauer-Endzeit, manifest in der Maschine, der andere die nur noch zitierbare Geschichte des Denkens, in obsolet gewordenen Sprachen. Zwischen dem Heu des Heuenden und einem Computer, der seine Zeit mit dem Gottesbeweis per Internet (deus in machina, der Gott in der Maschine) und digitalem So-sein (Standby) verrechnet, wer-den die Rhetorik und das Spiel des Philosophen letzten Helfer. In den Maschinen spult sich auf der untersten Ebene der präzise Tanz des Binären ab: wie gehabt, zwei mögliche Zustände. Alles damit Kodierte, auch menschliche Sprache, ist nun manipuliert und manipulierbar. Der objektive Geist geht als Gespenst um in den Maschinen; als von ihnen treffsicher geführte Rakete ist er letztmals erfahrbar für die im Bunker versammelten Zivilisten.

Der Vater aller Dinge hat in diesem Jahrhundert solch schnelle Fortschritte gemacht, daß die ihm folgenden Umwertungen der Werte ein tragisches Hinterherhinken vollführen mußten. Dem Stellungskrieg konnte die Philosophie noch etwas Logik abgewinnen. Nach der Verbreitung der Kodierungsmaschinen, die in der heutigen allgemeinen Sprach- und Weltverarbeitung mündete, und der Durchsetzung des relativistischen Weltbildes (insbesondere in Hiroschima ff.) sind keine zu erobernden Höhen mehr da, nur mehr der Anschein einer endlosen Datenflut, die der Welt, wie die Sprache, eigengesetzlich gegenübersteht. Mit der Verengung des Blickwinkels vermöge größerer Auflösung beginnt die Herrschaft der Pixel und Bits, gelangweilter, weil fensterloser Monaden als Fenster zur Information. Nun werden die Zeilen des Programms durchnumeriert, durch dessen Eingabe in die Maschine deren Benutzer ihr verzweifelt seine Existenz zu beweisen versucht. Jede „Antwort" der Maschine wird mit Erleichterung als günstige Wahrheitsbewertung aufgenommen. Schließlich ist der Krieg, als Bürgerkrieg, auf Knopfdruck, auf CD und aus dem Netz zu jeder Zeit greifbar. Der Krieg, den der Philosoph mit der Sprache geführt hat, um Geistesblitze in Begriffen zu erden, ist ein Anachronismus geworden. Begriffsbildend ist nun die Werbewirtschaft, die Homepage deren Heimat. Aus sprachlicher Kommunikation sind lauter nett gestaltete Dialogfelder geworden. Wittgensteins „Tractatus" findet späte Bestätigung: Auf die Frage „Programm verlassen?" wünscht der Apparat das „Ja"- oder das „Nein"-Feld betätigt zu sehen; auf alles andere reagiert er einfach nicht. Er existiert.

Ingo Anhenn

Norbert Bolz

Die Sinn-gesellschaft

Das Wirkliche ist vernünftig, das Vernünftige ist wirklich, und wir leben in der besten aller möglichen Welten – das sind berühmte, aber unpopuläre Formeln von Hegel und Leibniz, mit denen man die „Hintergrundüberzeugung" der folgenden Überlegungen gut beschreiben könnte. Doch warum ist es – trotz dieser großen philosophischen Autoritäten – so unpopulär, unsere Welt als gelungen zu betrachten?

Meine Antwort: Es ist leichter, nein zu sagen, als die Weltgesellschaft in ihrer Komplexität zu verteidigen. Negative Prophezeiungen, die unbestimmt genug sind, kann man nicht widerlegen. Wer etwa behauptet, daß die Welt in hundert Jahren ökologisch zerstört sein wird, ist unwiderlegbar. Wenn man Schlimmes erwartet, ist man immer auf der sicheren Seite. Schlimmstenfalls – und das heißt ja: wenn das Schlimme nicht eintritt – kann man immer noch sagen, daß es besser gekommen ist, weil man gewarnt und gemahnt hat. Ich meine also: Pessimismus ist Denkfaulheit. In der Welt der Warner und Mahner wird die Apokalypse zur Ware – wer sie kauft, erspart sich die Mühe der Differenzierung. Die „Katastrophe" entlastet.

Daß das Wirkliche vernünftig ist, zeigt aber schon die schlichte Lebenserfahrung in der modernen Welt: Bürokratien sind verläßlicher als Menschen, Institutionen sind toleranter als Menschen, Technologien sind intelligenter als Menschen. Der Philosoph Hegel hat das „objektiven Geist" genannt – der Soziologe Max Weber sprach von „geronnenem Geist". Deshalb sollte man skeptisch sein gegenüber Heilsversprechen, die das Vernünftige jenseits des Wirklichen suchen. Das, was ist, ist meist besser als die guten Absichten.

In unserer Wirklichkeit versteht sich nichts mehr von selbst – und dieser Selbstverständlichkeitsverlust ist selbst schon selbstverständlich geworden. Deshalb gehört es heute wieder zum guten Ton, nach dem Sinn des Lebens zu fragen. Und um gleich vorab ein naheliegendes Mißverständnis auszuschließen: Ich versuche nicht etwa, eine Antwort auf die Sinnfrage zu geben. Vielmehr geht es mir darum, den Sinn der Frage zu klären.

Das Heilsversprechen der Religion, die Utopie der Politik, das Bildungsideal des Humanismus – all das ist uns historisch geworden. In diesen Traditionen stecken keine Modelle für eine postmoderne Lebensführung, sondern allenfalls Themen für Dissertationen. Damit hat das Leben heute aber auch kein Werte-Korsett mehr, keinen Außenhalt in großen Ideen und Institutionen. Man muß nun selbst entscheiden, wer man ist – Sinn wird zunehmend zur Privatsache. Darin steckt eine Belastung des einzelnen, die durch das Zauberwort „Selbstverwirklichung" mehr versteckt als benannt wird.

So war es aber nicht immer, und man sollte sich stets vor Augen halten, daß das Sinnproblem eine recht junge Erfindung ist. Es taucht auf drei Ebenen auf:

> Als Problem der Ding-Gestaltung:
> die Form folgt nicht mehr der Funktion.
> Als Problem der Selbst-Gestaltung;
> das Stichwort lautet hier: Krise der Identität.
> Und als Problem der politischen Gestaltung wegen der zu hohen Komplexität der Gesellschaft.

Die hier einschlägigen soziologischen Befunde sind altbekannt. Durch den Zerfall der Institutionen sind die Werte obdachlos geworden. Aber auch die konkrete, alltägliche Lebensführung wurde dadurch problematisch. Man könnte sagen, die selbstverständliche Hintergrunderfüllung durch Institutionen schwindet. Es gibt zwar noch Mächtige und Prominente, aber eben nicht mehr Repräsentanten im eigentlichen Sinne des Wortes. Roman Herzog verkörpert sowenig den Staat wie Hilmar Kopper die Macht des Geldes oder Günter Grass die Macht des Geistes verkörpert. Und wir wollen es wohl auch nicht anders.

Doch dieser Zerfall des Repräsentativen macht es unmöglich, sich ein Bild von der Gesellschaft zu machen. Statt dessen müssen wir uns mit der diffusen, kaleidoskopischen Selbstbeschreibung der Gesellschaft in den Massenmedien zufriedengeben. Dort wird aber der Sinn fürs Symbolische, also für Einheit und Ganzheit, nicht befriedigt. Deshalb adressiert man heute das Bedürfnis nach dem Wesentlichen an andere Instanzen.

Ursprünglich gab es die Brüderlichkeit der Stammesgemeinschaften, heute sind wir eine Weltgesellschaft aus Anderen, Fremden. Doch Globalisierung und Transnationalismus sind offenbar nur durch Entlastungen zu ertragen. Neue Tribalismen gleichen die Zumutungen der Weltgesellschaft aus. Auf den Straßen der Metropolen finden sich die Jugendlichen zu neuen Stammesgemeinschaften zusammen.

Glaubt man den Umfragen und Massenmedien, dann ging es im Wahlkampf zwischen Bob Dole und Bill Clinton nicht um Wirtschaft oder Außenpolitik, sondern um Werte. Das Magazin „George" spricht gar von einem Krieg der Moralen. Werte sollen die Angst beschwichtigen, indem sie als Fiktionen von Stabilität das Chaos der modernen Welt kompensieren. Und das sind die sechs Säulen des Charakters nach neuester kalifornischer Moral: Respekt, Bürgersinn, Fürsorge, Vertrauenswürdigkeit, Fairneß, Verantwortung.

Da will auch der deutsche Humanismus nicht zurückbleiben. „Wo bleibt das Ethos?" fragte unlängst Marion Gräfin Dönhoff in der „Zeit". Unserer Gesellschaft sei das Fundament entzogen, nämlich die Religion. O-Ton der Gräfin: „Die ausschließliche Diesseitigkeit, die den Menschen von seinen metaphysischen Quellen abschneidet, der totale Positivismus, der sich nur mit der Oberfläche der Dinge beschäftigt und jede Tiefendimension vergessen läßt, kann aber als einzige Sinngebung den Menschen auf die Dauer nicht befriedigen." Doch die Gräfin sieht durchaus Licht am Ende des Tunnels – praktisch in den deutschen Lichterketten, theoretisch im amerikanischen Kommunitarismus. Die Kommunitaristen gehen nämlich davon aus, daß der liberal-demokratische Kapitalismus noch anderes braucht als sich selbst, um zu funktionieren. Solidarität, Gemeinschaft, Subsidiarität – all das wird offenbar wieder aktuell.

Meine Grundthese lautet deshalb, daß die Suche nach dem verlorenen Sinn eigentlich eine Flucht aus der Komplexität ist. Und daraus folgt: Nach dem Sinn zu fragen heißt, die postmoderne Gesellschaft nicht zu wollen.

Wer nach dem Sinn des Lebens fragt, dem steht der Sinn natürlich auch nicht nach einer differenzierten Beschreibung der Gesellschaft. Das kann man von den Auftritten der Warner und Mahner in den Talkshows des Fernsehens lernen – mit unwiderlegbaren Angstgefühlen und einfachen, tiefen Fragen blockieren sie das Denken. Das Geheimnis ihres Medienerfolgs liegt darin, daß der Satz „Ich habe Angst!" die einfachste Form „authentischer" Kommunikation ist. In den Massenmedien ist das längst Kommunikationsmode geworden: Man trägt Angst.

Pessimismus ist Denkfaulheit.

Die Frage nach dem Sinn und die Bekundung von Angst sind die beiden Techniken, mit denen man differenzierte Darstellungen unmöglich macht. Wer „Sinn" oder „Angst" sagt, lastet dem anderen die Komplexität der Welt auf. Man muß dann immer antworten: „So einfach ist es nicht ..." Doch reicht weder die Sendezeit der Talkshow noch die Aufmerksamkeit des Zuschauers für eine differenziertere Darstellung aus. Das ist natürlich für die Öffentlichkeit der Massenmedien und ihren Ideendarwinismus insgesamt charakteristisch: Nur die Ideen, die dem Menschen einen notwendigen Platz im Weltlauf anweisen, setzen sich durch – sie beschwichtigen ebenjene „Angst" durch „Erklärung".

So einfach ist es nicht ... Politiker, Designer und jedermann haben heute also dasselbe Problem: Die seligen Zeiten, in denen es noch verbindliche Maßstäbe des Gestaltens gab, sind unwiderruflich vorbei. Daß der Mensch das Maß aller Dinge ist, daß die Form der Funktion folgt, daß Politik die Kunst des Möglichen ist – das sind Parolen eines vergangenen Weltalters. Man muß das Problem der Ding-Gestaltung, das Problem der politischen Gestaltung und das Problem der Selbst-Gestaltung im Zusammenhang sehen. Stets handelt es sich um die Frage: Wie geht man mit einer Welt um, die extrem komplex ist – bis an die Grenze des Chaos. Und für alle drei Problembereiche heißt Komplexität: Undurchsichtigkeit des Ganzen. So entsteht eine alles durchdringende Sehnsucht nach Transparenz, Klarheit und Ehrlichkeit. Deshalb gehen die Menschen heute auf die Suche nach dem verlorenen Sinn.

Natürlich ist das Sinnproblem nicht erst eine Erfindung der Neunziger – aber es ist doch auch nicht älter als die moderne Gesellschaft. Wir müssen deshalb nicht bis zu den alten Griechen oder gar zu Adam und Eva zurückgehen, um das Problem aus seiner Geschichte zu begreifen. Schon Friedrich Nietzsche hat vor den Falschmünzern des Sinns gewarnt, und das sind gerade auch diejenigen, die das Sinnproblem als „allgemein menschlich" und „ewig" diskutieren. Alles hängt daran, die Frage richtig zu stellen – und richtig zu hören. So heißt es in Nietzsches „Fröhlicher Wissenschaft": Die Frage nach dem Sinn des Daseins wird „ein paar Jahrhunderte brauchen, um auch nur vollständig und in all ihre Tiefe hinein gehört zu werden". Demnach haben wir die Sinnfrage noch gar nicht verstanden!

Wenn man nach der Bedeutung von Sinn fragt, trifft man im etymologischen Wörterbuch überraschenderweise auf ursprüngliche, althochdeutsche Bedeutungen wie „reisen" und „eine Richtung einschlagen". Das ist schon deshalb interessant, weil heute umgekehrt Reisen als Sinn-Suche inszeniert werden. „Weil das Reisen selbst nicht mehr als sinnvoll erfahren wird", so Gerhard Fitzthum im Reiseteil der *Zeit*, verspricht die Touristikbranche „magische Kraftplätze" und „Sinn-Vermittlungsorte". Das Vorbild des derart spiritualisierten Urlaubstrips ist natürlich die Pilgerfahrt im Namen des Seelenheils. Und selbst an diesen neuen Pauschalreisen zum Lebenssinn wird noch deutlich: zum Bedeutungshof von Sinn gehörte einmal für das Individuum, daß es einen eigenen Weg nimmt – nämlich zum Heil seiner Seele.

Und seinen Außenhalt hat es dann im Lebensschema eines „Berufs" gefunden, der noch nicht zum Job verblaßt war, sondern etwas mit Berufung zu tun hatte. Wenn man in der Begegnung mit einer Person das Erlebnis von Sinn hatte, sprach man von Charisma; wenn einem Dinge sinnerfüllt erschienen, sprach man von ihrer Aura.

Sie merken schon: Ich muß diesen Sinnbegriff im Vergangenheitston beschreiben. Heil, Berufung, Charisma, Aura – diese Begriffe benutzen wir heute meist nur noch, um zu beschreiben, was wir vermissen. Die moderne Welt ist entzaubert – das macht sie überraschungssicher und technisch beherrschbar. Modernisierung heißt immer auch: Verlust der Bedeutsamkeit. Es kommt also nicht von ungefähr, daß heute geschickte Marketingstrategen die Bürger einer bedeutungsleeren Welt mit dem Heilsversprechen des Konsums ködern: Markennamen werden mit spirituellem Mehrwert aufgeladen; der Markt wird zum Schauplatz des Sinns.

Schon Theodore Levitts klassische Definition des Marketings als „die Suche nach der sinnvollen Unterscheidung" deutet in diese Richtung. Und selbst ein so marktferner Beobachter wie der Rechtswissenschaftler Carl Schmitt hat den entscheidenden Zusammenhang von Kapitalismus, Freiheit und Sinn gesehen: „Die Sinngebung der Verwertungsfreiheit der Produktion", so Schmitt, geht über in „die Bewertungsfreiheit im freien Konsum". Hier wird die Konsumtion als Sinnproduktion verstanden; wer konsumiert, vollzieht eine rituelle Handlung, die aus Waren das Wahre schafft.

Daß das Seelenheil durch Lust und Erlebnis verdrängt worden ist; daß der Beruf nicht mehr Rückgrat des Lebens, sondern beliebig wechselbarer Job ist; daß Politiker kein Charisma mehr haben; daß die Dinge ihren Zauber verloren haben – diesen Beobachtungen ist gemeinsam, daß sie die Gegenwart beschreiben, indem sie Verlustrechnungen aufmachen. Nüchtern betrachtet, beklagen sie aber nur die Unbrauchbarkeit bestimmter Begriffe. Und genau hier und so entsteht das Problem des Sinns. Denn jede Kultur beruht auf gewissen Regeln der Sinnverarbeitung. Und wenn diese semantische Apparatur einer Gesellschaft zerbricht, entstehen Sinnprobleme. Die sogenannte Sinnkrise ist also zunächst einmal nur ein Hinweis darauf, daß wir unsere Gegenwart mit den alten Begriffen nicht mehr beschreiben können. Darauf reagieren die meisten so, daß sie die Untauglichkeit der alten Theorien als Widerspruch auf die Welt projizieren – so entsteht dann „kritisches Bewußtsein".

Jemandem die vertrauten Begriffe aus der Hand zu schlagen heißt, einem Kind seinen Teddybären wegzunehmen. Die semantische Katastrophe macht viele sprachlos. Und viele wollen auch gar nicht befreit werden. Deshalb muß unsere Kultur den Menschen die Undurchschaubarkeit ihrer Welt durch Sinnangebote versüßen und Sprachprothesen bereitstellen. Kein Mißverständnis, bitte. Ich will nicht die Sinnfrage entzaubern, um dann zum fröhlichen Positivismus aufzurufen. Ich stelle mich überhaupt nicht auf die Seite der Realisten und Realpolitiker. Die hartgesottenen Pragmatiker sind nämlich die lernunwilligsten, weil ihr Weltbild bereits das Resultat von Desillusionen ist. „Uns kann man nichts mehr vormachen" sagen sie gerne. Wenn man ihnen mit Begriffen und Analysen kommt, verweisen sie achselzuckend auf die Sachzwänge. Wer aber nach Sinn und Pathos fragt, wird in eine imaginäre Parallelwelt verwiesen, die von Kulturmanagern verwaltet wird. So leben Stoffhuber und Sinnhuber nebeneinander – Friedrich Theodor Vischer hat das schon im 19. Jahrhundert deutlich erkannt. Sobald sie sich aber in die Haare bekommen, entstehen Fanatismus und Zynismus. Denn im Fanatismus kehrt sich der Sinn gegen die Wirklichkeit – und das provoziert prompt den Zynismus, der die Wirklichkeit gegen den Sinn mobilisiert. Statt dessen geht es mir um ein Lob der Normalität. Und die versteht sich heute nicht mehr von selbst. Normalität ist nicht die Fülle des Sinns, sondern die Konstruktion des Erträglichen.

Komplexität ist unser postmodernes Schicksal. Und gerade deshalb haben die Verheißungen von Einfachheit, Echtheit und Glaubwürdigkeit heute Hochkonjunktur. Vernunft, Konsens, Authentizität, Unmittelbarkeit – das sind Markenartikel der Sinngesellschaft. Unser aller Problem ist nämlich, daß wir nur simplifizierend (vereinfachend) auf die Komplexitäten unserer Welt antworten können. Es geht nicht ohne Hilfskonstruktionen, wußte schon Theodor Fontane. Politiker haben längst von der Illusion eingreifenden, geplanten Handelns Abschied genommen und rechnen mit dem Geschehen „statt dessen". Das Provisorische wird zum Dauerzustand, und nichts ist heute stabiler als die Funktion „bis auf weiteres". Aus Überkomplexität folgt gerade für die Politik ein Vorrang der Praxis. Jeder Politiker entscheidet nämlich unter dem Zwang zur Verkürzung – *als ob* er eine Sicherheit hätte. Und deshalb darf er es „so genau" gar nicht wissen wollen. Selbst die Philosophen scheinen endlich einzusehen, daß es keine Prinzipien und Letztbegründungen gibt, sondern daß wir es immer mit Als-ob-Konstruktionen zu tun haben; daß im Zentrum der Theorie eine Metapher steht, die sich nicht im Begriffe auflösen läßt. Das sind nur einige wenige Beispiele für die Kompensationen und Hilfskonstruktionen, mit denen wir das Chaos des Alltags lebbar machen.

In der Welt der Warner und Mahner wird die Apokalypse zur Ware – wer sie kauft, erspart sich die Mühe der Differenzierung. Die Katastrophe entlastet.

Die Frage nach dem Sinn entsteht, sobald Lebenszeit und Weltzeit auseinanderklaffen. Der Philosoph Hans Blumenberg hat diesem Sachverhalt ein großartiges Buch gewidmet, der Historiker Reinhart Koselleck hat die Entfremdung zwischen Herkunft und Zukunft als Signatur der modernen Welt kenntlich gemacht, und auch der Soziologe Niklas Luhmann bestätigt die These: „Unsere Zukunft kann nie wieder so sein wie unsere Vergangenheit. Deshalb müssen wir, was Handeln betrifft, entscheiden und, was Erkennen betrifft, beschreiben. – Wie schwer dies zu akzeptieren ist, kann man an dem Entstehen fundamentalistischer Gegenbewegungen erkennen, an dem verzweifelten Verlangen nach Sinn und nach Selbstverwirklichung." So Luhmann.

Unsere moderne Welt hat nur einen Funktionssinn zu bieten: Es läuft – ohne „Wozu" und ohne Ziel. Und ich vermute, unsere Gesellschaft funktioniert gerade deshalb so unwiderstehlich, weil sie sich die Frage nach einem höheren Sinn nicht stellt. Daraus folgt aber: die Sinnfrage ist eine Fluchtbewegung. Wer „Sinnlosigkeit" empfindet, leidet daran, daß alles auch anders möglich wäre. Er leidet also letztlich an der eigenen Freiheit. Zögern wir also nicht, die Sinnfrage einmal sehr viel konkreter zu formulieren. Was tun mit der Freiheit, das heißt der arbeitsfreien Zeit? Die Antwort: Extremsport, Schwarzarbeit, Lichterketten bilden …

Ich verstehe also die Suche nach dem verlorenen Sinn als den Versuch, einen Ausweg aus der Modernitätsfalle zu finden. Und hier können wir zwei – oft ineinander übergehende – Fluchtbewegungen unterscheiden: Entweder man sucht das Heil anderswo, oder man ersetzt Gott. Das Heil anderswo zu suchen, heißt zunächst einmal, daß man es nicht mehr von Gott erwartet. Und bis vor wenigen Jahren war vielen das Versprechen glaubhaft, das Heil durch die Gesellschaft zu beschwören.

Aber nicht nur der Traum vom Sozialismus mit menschlichem Antlitz erzählt vom Heil durch Gesellschaft. Vor dem Hintergrund des bisher Gesagten können wir auch den Humanismus unserer offi-

ziellen Kultur als Heilsreligion der Demokratie verstehen. Sie verkündet Brüderlichkeit – heute unter dem modernisierten Label „Solidarität".
Linke Politik neigt dazu, das Heil nach dem Schema der Entropie zu denken. Man will Gegensätze überwinden und Widersprüche versöhnen. „Alle Menschen werden Brüder." Das linke Heilsversprechen zielt also auf des Ende des Unterscheidens – ob es sich nun wie in der Vergangenheit um Klassengegensätze, wie in der Gegenwart um die Geschlechterdifferenz, oder wie, vermutlich, in der Zukunft um den „clash of civilizations" handelt. Wie alle Heilsversprechen produzieren auch die linken Utopien zugleich Hysterie und Hoffnung. Und sobald die Hoffnung wieder einmal politisch enttäuscht worden ist, widmet sich die Gesellschaft der Hysterie. Im Klartext: Man sucht das Heil in der Therapie. Der Mangel an Sinn ist nicht zu befriedigen – man kann ihn nur therapieren! Und für viele genügt es ja schon, daß sie „ihren" Psychiater haben.
Nun liegt es in der Natur großer Hoffnungen, zumeist enttäuscht zu werden. Und was geschieht dann? Die Religionsgeschichte lehrt immer wieder: der Fehlschlag der Prophetie provoziert Apokalypsen. Auch sie machen dem Leben ein Sinnangebot. Die apokalyptische Verheißung produziert nämlich, erstens, Heilssorge. Man tritt der Sekte bei, wirft Bomben im Namen der Unterdrückten und Beleidigten, befreit die Hühner aus den Legebatterien oder trennt doch wenigstens den Hausmüll. Zweitens bringt die apokalyptische Verheißung Lebenszeit und Weltzeit zur Deckung. Sei es der Untergang der Welt oder der Sonnenaufgang des Kommunismus, sei es die Rache der Natur an der Zivilisation oder das Flammenzeichen des Millenniums – das Entscheidende geschieht in Deiner Lebensfrist!
Doch die Zeit vergeht. Öko-Optimisten melden sich zu Wort. Girlies wollen wieder Frauen sein. Den Müllverbrennungsanlagen fehlt es an Müll. So schlägt auch die Apokalypse fehl – und provoziert Gnosis, das geheime Wissen um die Welt.
Das ist der neue Markt der Philosophen, Futurologen, Visionäre, Trendforscher und Unternehmensberater. Ihr Produkt ist paradox: Wissenschaft als Zauberspruch. Mitten in der entzauberten Welt der Zahlen, Algorithmen, Diagramme und Graphen ist dann plötzlich wieder von Vision und Mission, Credo und Charisma die Rede. Und nichts saugen die orientierungslosen Manager und Unternehmer heute gieriger ein.
Wer nach dem Sinn fragt, macht den anderen um eine Antwort verlegen; das ist der große rhetorische Effekt des Sinnlosigkeitsverdachts. Dem nüchtern Denkenden ist die Frage peinlich bzw. die mögliche Antwort zu differenziert. So verstummt er – und läßt die Sinnsuche eskalieren. Auf der nächsten Stufe schlägt nun die pathetische Frage in ein Heilszwangsangebot um. Wer nach dem Sinn fragt, redet dem anderen ein, auch er müsse gerettet werden. Dann werden die Sinnsucher für die anderen, die sie gar nicht gebeten haben, tätig. Auch die sollen gerettet werden, denen die Welt noch in Ordnung scheint. Man fühlt sich gut – und macht doch eine Diät. Für das Heil des Körpers gibt es Fitneßstudios, für das Heil des Geistes die transzendentale Meditation. Und wer würde es schon wagen zu bezweifeln, daß er unter Streß steht und neurotisch ist – die Gruppentherapie wartet auf Dich.

Durch den Zerfall der Institutionen sind die Werte obdachlos geworden.

Diese Sinnzwangsangebote der Retter ohne Not sind so zahlreich, erfolgreich und selbstverständlich, daß wir mit Nietzsche vermuten müssen: wir leben in einer Gesellschaft der Not–Süchtigen, denen nichts nötiger ist als eine Not, ein sichtbares Unglück, das zu tun gibt. Die Dritte Welt ist die ideale Projektionsfläche dieser „Helfer", das gelobte Land der Not–Süchtigen. Der Philosoph Hans Blumenberg hat derartige Beobachtungen im Blick auf unser Thema zu dem schönen Satz verdichtet: „Es könnte der Sinn des Sinnverlustes sein, uns zu beschäftigen."
Sinnlosigkeit entsteht durch das Postulat eines Sinns – man sucht und findet eben nicht. Sinnlosigkeit ist ein Vorwurf, der Aggressivität rechtfertigt – bis hin zum Weltuntergang. Man ist sauer auf die Welt. Irgend jemand ist Schuld am Verlust. Doch der Mangel läßt sich nicht konkretisieren. Und gerade deshalb ist jede Diskussion mit den Not-Süchtigen – sinnlos. Man kann sie nicht überzeugen, sondern nur

Anzeige

Heinrich Kaerger

EINE NEUE ERG. PHILOSOPHIE

Nach uns die Sintflut:
1990, 220 S., DM 26,80
ISBN 3-928 028-06-5
Eine Abrechnung mit der geistigen und Physischen Umweltverschmutzung und Vorschläge zu ihrer Korrektur.

Das ist Wahrheit:
1992, 235 S., DM 28,80
ISBN 3-928 028-33-2
Eine idealistisch-realistische Philosophie auf der Grundlage von Kant und Schopenhauer bis zur evolutionären Erkenntnistheorie des K. Lorenz. Umfaßt die wichtigsten Probleme wie Wahrheit, Freiheit, Willensfreiheit, Kausalität, Metaphysik, Raum, Zeit, Geist, Denken, Darwinismus, Naturgesetze, Erkenntniskritik, Phantasie, Intelligenz usw. Ein neues Menschenbild, das für die Bewältigung der Menschheitsprobleme unverzichtbar ist.

Überleben oder untergehen:
1993, 215 S., DM 25,80
ISBN 3-928 028-44-8
Eine neue Ethik auf der Grundlage der Naturwissenschaft und Verhaltensforschung. Da die Natur Grundlage allen Lebens ist, ist sie als Voraussetzung in jede Ethik einzubinden und umfaßt daher nicht nur den Menschen, sondern auch Pflanzen und Tiere.

Natur, Mensch und Kultur:
1994, 230 S., DM 26,80
ISBN 3-928 028-55-3
Eine Erläuterung des Ursprungs und der Quelle jeder Kultur. Was ist Kultur und ihr Gegensatz zur Zivilisation. Auch hier ist die Priorität die Natur, und ihre Verbindung zur Kultur ist der Grund und Boden und seine Pflege durch den Landmann.

Der wahre Sozialismus:
1994, 240 S., DM 23,00
ISBN 3-928 028-69-3
Endlich eine korrekte Trennung des Sozialismus vom Kommunismus und sein grundsätzlicher Gegensatz zum Liberalismus-Kapitalismus aller Schattierungen, befreit von allen Einflüssen durch den Marxismus.

Tanzen auf dem Vulkan oder Gemeinnutz geht vor Eigennutz
1996, 300 S., DM 29,80
ISBN 3-928 028-89-8
Eine Gegenwartskritik, enthält Verschuldung, Liberalität, Erziehung, Werte, Rassismus, Abtreibung, Frauenrechte, Soldaten, Neomarxismus „Geist und Kultur", „Der Verrat" u. a.

Erschienen bei: SOLDI-Verlag • Knoopstr. 8 • 21073 Hamburg

beobachten, um etwas über unsere Gesellschaft zu lernen.
Die Melancholiker und professionell Verzweifelten zeigen, daß Sinnlosigkeit eine sehr stabile Sinnform sein kann. Sie ordnen ihr Leben um die Katastrophe als Negativfigur des Sinns. Auch der Weltuntergang stammt aus der Requisitenkammer der Sinngesellschaft. Man kann also auch die „Sinnlosigkeit" selbst als Lebenssinn kultivieren. Das entspricht der Vorliebe der Massenmedien für die Warner und Mahner, die Apokalyptiker und Betroffenheitsagenten. Hier ist Deutschland wirklich führend. So beginnt ein „Spiegel"-Titel über die Gutmenschen mit dem schönen Satz: „Wären Jammern und Klagen olympische Disziplinen, käme alle vier Jahre ein warmer Medaillenregen über Deutschland und die Deutschen nieder."
Was ist nun so faszinierend an der Katastrophe als Negativfigur des Sinns? Bei Systemen gibt es eben nur das Funktionieren: es läuft, solange es läuft; alles geht, wenn es geht – oder aber die Katastrophe. Und zwischen beiden gibt es keinen Übergang, keine konzeptionelle Brücke. Das heißt im Klartext, daß Unfälle uns nichts über das Funktionieren lehren. Aber umgekehrt gilt eben auch: Keine Statistik, keine Mathematik und keine Erfahrung kann uns auf eine Katastrophe vorbereiten. Die Katastrophe ist just der Fall, für den man die modernen Techniken von Statistik, Risikokalkül und Expertenurteil nicht akzeptiert. Rationalität hat hier keine Chance einzuhaken. Katastrophe und Angst sind also genau komplementär. Und jedem, der es anders – also undramatischer – sieht, kann man erfolgreich Unsicherheit unterstellen. Die Bevölkerung war durch den Störfall bei Hoechst zu keinem Augenblick gefährdet – aber wer sagt das? Experten? Für Atomkraftwerke westeuropäischen Standards erwartet man einen GAU erst in Jahrmillionen – aber was heißt das für morgen? Das Urteil über die Wahrscheinlichkeit des GAU ist letztlich subjektiv.
„Sinnlosigkeit" hat ihre eigene Verzweiflungs- und Angstkultur; sie entfaltet die Sinnformen des Unheils und konkretisiert sie in Ozonloch und Aids, im Schmelzen der Polkappen und der Rodung des brasilianischen Regenwaldes, in Konsumterror und Welthunger. Dieses Bewußtsein findet sein Glück im Unglück. Der Negativismus hat nämlich seine eigenen Lüste – er konsumiert die Sensationen des Unheils im „Empörungsgenuß". Wir haben es hier mit der Paradoxie eines glücklichen unglücklichen Bewußtseins zu tun.
Vielleicht erklärt das ja auch, warum so viele Menschen den Glückszwangsangeboten der Ideologen und Sekten folgen. Denn jedes Glücksrezept ist eigentlich, so Paul Watzlawicks großartige Formel, eine „Anleitung zum Unglücklichsein". Ob Tierschützer, Zeuge Jehovas, Hochleistungssportler, Vegetarier, Streetworker oder Feministin – unsere westliche Zivilisation darf sich deshalb freie Welt nennen, weil hier jeder, so der ernste Scherz des Philosophen Hermann Lübbe, „seines eigenen Unglücks Schmied sein" darf.
Übrigens gibt es noch einen weiteren Grund, dem Unglück dankbar zu sein – nämlich dem Unglück anderer. Warum macht es denn Spaß, die Nachrichten zu sehen? Wer ehrlich mit sich ist, wird zugeben: man labt sich am Unglück der anderen. Die schlechten Nachrichten ermöglichen uns eine Art Akkumulation des Kapitals „Unglück der anderen". Massenmedien schalten mit dem geborgten Unglück. Die Fernethik des Fernsehzeitalters dient dazu, weit entferntes Unglück in unsere Nahwelt hineinzukopieren.
Die Rede vom Sinnverlust erzeugt die metaphysische Marktlücke für „Selbstverwirklichung". In diesem Wort steckt die schmeichelhafte Unterstellung, jeder Mensch habe einen wertvollen Selbst-Kern, der aber leider noch nicht zu Entfaltung einer Persönlichkeit gekommen sei. Ganz ähnlich wie der Neurotiker sich seine Bedeutsamkeit in einem „Familienroman" zusammenphantasiert, kann sich der Sinnsucher heute auf dem Markt der Spirits und Weltbilder einen Individualmythos kombinieren. Jeder will „sein eigener Priester sein", hat Carl Schmitt einmal sarkastisch bemerkt. Mein Fazit lautet: Unsere Kultur ermöglicht heute jedem die Wahl seiner Eigenformel, indem sie die Formen, Bilder und Heilsversprechen der Religionsgeschichte in einer Art spirituellem Selbstbedienungsladen feilbietet. Wir sind unterwegs zur Sinngesellschaft.

Das Thema des Beitrages wird ausgeführt und vertieft in: Norbert Bolz: Die Sinngesellschaft. ECON, Düsseldorf 1997.

Norbert Bolz ist Professor für Kommunikationstheorie an der Universität Essen.

Anzeige

MEINER GESAMTVERZEICHNIS

Philosophische Bibliothek

Die Philosophische Bibliothek ist die umfassendste Reihe von Studienausgaben klassischer philosophischer Texte von der Antike bis zur Moderne. Dieses kommentierte Verzeichnis stellt alle derzeit (mehr als 300) lieferbaren Bände ausführlich mit Erläuterungen zum Inhalt und zur Textpräsentation sowie mit vollständigen bibliographischen Angaben vor.

Die Philosophische Bibliothek wendet sich an alle, die es ernst meinen mit der Philosophie. Die Bände der Reihe – „ohne die kein Student der Geisteswissenschaften hoffen dürfte, durchs Examen zu kommen" (DIE ZEIT) – gelten als Standard für Seminarveranstaltungen. Grundlegende Texte in preisgünstigen Ausgaben für Studenten finden sich in dieser Reihe ebenso wie umfassende Editionen von besonderem Rang. Kurz: Die „grünen Bände" bilden die Grundlage für Studium, Lehre und anspruchsvolle Lektüre der philosophischen Klassiker.

Philosophische Bibliothek
Primärtexte für das Studium
Gesamtverzeichnis mit allen bibliographischen Details sowie kurzen Angaben zu Inhalt und Textpräsentation. Im Anhang: Verzeichnis der Akademie- und Werkausgaben, Monographien, Reihentitel und Zeitschriften. 1997. VI, 164 Seiten. Kart. ISBN 3-7873-1010-X.

Kostenlos beim Verlag oder in Ihrer Buchhandlung!

Felix Meiner Verlag · Richardstr. 47 · D-22081 Hamburg
Tel. 040 / 29 87 56-0 · Fax 040 / 299 36 14
meiner@compuserve.com
http://ourworld.compuserve.com/homepages/Meiner

Idealsprache

Unter einer Idealsprache (I. S.) versteht man eine Sprache, die Gedanken oder Sachverhalte „rein", d. h. frei von philosophisch irreführenden grammatischen Formen, darstellt. Als Vorbild gilt die „Kristallreinheit" (Wittgenstein) oder Präzision mathematischer oder logischer Kalküle. Dem Aufbau einer solchen Sprache widmet sich die Philosophie der idealen Sprache. Sie ist eine der Hauptströmungen in der analytischen Philosophie. Ziel der analytischen Philosophie ist vor allem Klarheit. Nach Auffassung der Philosophie der idealen Sprache reicht die gewöhnliche oder normale Sprache wegen ihrer Ungenauigkeiten, Vagheiten und Mehrdeutigkeiten nicht nur nicht hin, um die Struktur der Wirklichkeit abzubilden, sie führt aufgrund ihrer unvollkommenen grammatischen Formen auch häufig in die Irre. Ein Beispiel: Der Satz „Peter hustet" hat in der gewöhnlichen Sprache dieselbe grammatische Form wie „Peter existiert". Es sieht so aus, als würde demselben Individuum (mit Namen „Peter") in dem einen Satz die Eigenschaft, zu husten, in dem andern die Eigenschaft, zu existieren, zugesprochen – so als wäre „existieren" ein Prädikat wie „husten". Tatsächlich aber ist Existenz überhaupt kein Prädikat (bereits Immanuel Kant machte dies gegen den sogenannten ontologischen Gottesbeweis geltend). In ihrer logischen Tiefenstruktur sind die beiden Sätze deshalb wesentlich verschieden. Um Irreführungen der Philosophie durch die Grammatik der gewöhnlichen Sprache auszuschalten, wird von der Philosophie der idealen Sprache die Schaffung einer logisch perfekten Sprache für notwendig erachtet. In der I. S. soll die logische Form der Sätze unmittelbar erkennbar sein, so daß metaphysische Irrtümer (wie etwa der ontologische Gottesbeweis) gar nicht erst auftreten können.

Der Ausdruck „I. S." wurde von Gustav Bergmann (1906–1987) geprägt, einem Philosophen aus dem Wiener Kreis. Die Idee ist allerdings älter als die Bezeichnung. Das Projekt der Philosophie der idealen Sprache geht auf den Logiker und Mathematiker Gottlob Frege (1848–1925) zurück, der seinerseits an das Konzept einer Lingua philosophica oder Characteristica universalis von G. W. Leibniz (1646–1716) anknüpft und mit seiner „Begriffsschrift" (1879) eine „der arithmetischen nachgebildete Formelsprache des reinen Denkens" hatte schaffen wollen. Im Anschluß an Frege konstruierte Bertrand Russell (1872–1970) mit der „Principia Mathematica" (1910–1913, zusammen mit Alfred North Whitehead) eine verbesserte I. S., die insbesondere beanspruchte, gewisse Widersprüche (sogenannte Antinomien), die sich in Freges System ergaben, vermeiden zu können. Auch die „Logisch-philosophische Abhandlung" (1921, in England 1922 als „Tractatus logico-philosophicus" mit einem Vorwort Russells erschienen) von Ludwig Wittgenstein (1889–1951), die in kritischer Auseinandersetzung mit Frege und Russell entstand, wird im allgemeinen der Philosophie der idealen Sprache zugerechnet. Dem I.-S.-Programm folgen auch die Mitglieder des Wiener Kreises, insbesondere Rudolf Carnap (1891 –1970) mit „Der logische Aufbau der Welt" (1928), „Scheinprobleme in der Philosophie" (1928) und „Logische Syntax der Sprache" (1934).

Die Konstruktion einer I. S. kann beispielsweise folgendermaßen erfolgen: Zunächst wird eine Syntax festgelegt, d. h. ein rein formales System von Zeichen, die in verschiedene Klassen eingeteilt sind, (Formations-)Regeln, nach denen aus diesen Zeichen komplexere Ausdrücke (Sätze) gebildet werden, und (Transformations-)Regeln, nach denen Sätze aus Sätzen abgeleitet werden können. Eine solche Syntax allein liefert noch keine Sprache, denn die Ausdrükke, die sich damit bilden lassen, sind inhaltlich leer, ohne jede Bedeutung. Zu den syntaktischen Bestimmungen müssen Regeln hinzukommen, durch die die Bedeutung der Ausdrücke festgelegt wird. Solche Regeln liefert eine (formale) Semantik. Diese ermöglicht die Zuordnung von Zeichen und Sätzen zu Gegenständen oder Sachverhalten. So lassen sich präzise Bedingungen für die Wahrheit oder Falschheit derjenigen Sätze formulieren, die nicht schon aufgrund ihrer sprachlichen Form als (formallogisch) gültig oder ungültig ausgezeichnet werden können. Sind diese sogenannten Wahrheitsbedingungen erfüllt, ist der Satz wahr, andernfalls falsch (jedenfalls, wenn die logische Semantik zweiwertig ist). Ob sie erfüllt sind, ist eine Frage der empirischen Überprüfung. Die Zuordnung von Gegenständen und Sachverhalten wird auch als eine semantische Interpretation, das Resultat der Interpretation als ein Modell des syntaktischen Systems bezeichnet.

Neben der direkten Interpretation durch Zuordnung zu Gegenständen oder Sachverhalten (etwa mittels Zeigehandlungen) kann die Interpretation auch indirekt durch Zuordnung des syntaktischen Systems zu Elementen einer bereits semantisch gehaltvollen Sprache erfolgen. Durch eine solche Interpretation kann derjenige Teil der gewöhnlichen Gebrauchssprachen herauspräpariert werden, der ein Modell des syntaktischen Konstrukts darstellt. Er besteht aus Sätzen der Gebrauchssprachen, die etwa dank geeigneter syntaktischer und semantischer Normierung hinsichtlich ihrer Wahrheitsbedingungen eindeutig bestimmt sind. Dieser Teil der normalen Sprache liefert damit ein Modell des syntaktischen Systems, und dieses Modell wird als eine I. S. bezeichnet. Eine I. S. ist also ein interpretiertes syntaktisches System. Aber nicht jedes solches System ist schon eine I. S. im eigentlichen Sinn, denn von einer I. S. kann darüber hinaus mit G. Bergmann verlangt werden, daß sich in ihr möglichst alle Bereiche der Erfahrung darstellen lassen.

Wie eine I. S. genau aufzubauen und zu charakterisieren ist, ist in der Philosophie der idealen Sprache immer umstritten geblieben. So kann auch die eben gegebene Darstellung nur *ein* Bild liefern, aber nicht als unstrittige Lehre der Idealsprachler gesehen werden. Auch die Frage, welche Forderungen an eine I. S. im einzelnen zu stellen sind, ist in der Philosophie der idealen Sprache nie völlig geklärt worden. Die Forderungen variieren je nach dem, welche Funktion oder welchen Zweck die I. S. haben soll. Mit der Konstruktion einer I. S. verfolgt die Philosophie der idealen Sprache verschiedene Zwecke von der Bereitstellung eines Darstellungsmittels für die Wissenschaft über die Metaphysikkritik bis hin zu einer allgemeinen Sprachreform:

(*a*) Der weitestgehende Anspruch, der zeitweilig im Wiener Kreis erhoben wurde, besteht darin, die organisch gewachsenen Sprachen vollständig durch eine I. S. zu ersetzen, also eine groß angelegte *Sprachreform* zu betreiben, um die allgemeine Kommunikation von Mißverständnissen zu reinigen. Spätestens mit der Hinwendung zur Sprachpragmatik, in der Sprache als Tätigkeit von Sprechern thematisiert wird (bei Carnap unter dem Einfluß von Charles W. Morris), dem Erstarken der Philosophie der normalen Sprache (Ryle, Austin, Strawson u. a.) und der Selbstkritik des späten Wittgenstein an seinem „Tractatus" wurde aber klar, daß eine solche Sprachreform nicht nur illusorisch, sondern auch nicht wünschenswert ist, da sie die Gebrauchssprache ihrer Flexibilität und wichtiger pragmatischer (handlungs- und situationsbezogener) Funktionen berauben würde. Zudem ist sie nach Auffassung der Philosophie der normalen Sprache auch nicht notwendig, weil sich alle Klärungen im Rahmen der natürlichen Sprache durchführen lassen.

(*b*) Weniger weitgehend ist der Anspruch, die I. S. zum Zwecke der Kritik an der tradierten Sprache der Philosophie, insbesondere zur *Metaphysikkritik,* einzusetzen. Während Russell die I. S. zugleich als ein Mittel der Sprachkritik und als ein Instrument für eine verbesserte Metaphysik betrachtete, gleichsam als ein Mikroskop, mit dem sich die wahre Struktur der Wirklichkeit erkennen ließe, ging es etwa Carnap um die Abschaffung der Metaphysik. Die Übersetzung philosophischer Sätze in die I. S. sollte zeigen, ob es sich dabei schlicht um eine logische Wahrheit (Tautologie), um logischen Unsinn oder um empirische Aussagen handelt, die eigentlich in die Zuständigkeit der

Wissenschaften fallen. So sollte Philosophie auf Logik reduziert werden, die philosophischen Probleme sollten einer wissenschaftlichen Lösung zugeführt oder durch Nachweis ihrer Unsinnigkeit zum Verschwinden gebracht werden. Die metaphysikkritische Funktion der I. S. wurde allerdings von Kritikern durch den Nachweis relativiert, daß in die Konstruktion einer I. S. notwendigerweise selbst metaphysische Voraussetzungen eingehen.

(*c*) Weiterhin wird der Anspruch erhoben, eine I. S. als *Darstellungsmittel und Exaktheitskriterium* für die Zwecke der Wissenschaft bereitzustellen. Nur das, was sich im Rahmen der durch die I. S. festgelegten Bedingungen ausdrücken läßt, sollte als wissenschaftlich anerkannt werden. Die I. S. sollte als „Universalslang" (O. Neurath) das Gerüst darstellen, dem die Wissenschaft ihre Einheit verdankt. Hier verbindet sich das I.-S.-Programm mit dem Programm einer „Wissenschaftslogik" der „Einheitswissenschaft". Dieses Programm ist spätestens seit der „historistischen Wende" in der Wissenschaftstheorie (Kuhn, Feyerabend, Toulmin u. a.) weitgehend aufgegeben worden. Denn die Dynamik der Wissenschaftsentwicklung, die etwa im Falle wissenschaftlicher Revolutionen auch weitreichende Veränderungen des Begriffssystems (und damit der Sprache) einer Wissenschaft einschließt, kann durch eine wissenschaftslogische I. S. mit ihrer fixierten Semantik nicht angemessen erfaßt werden. Und die normative Verwendung der I. S. würde die für revolutionäre Fortschritte in der Wissenschaft charakteristischen Veränderungen des Begriffssystems nur behindern.

(*d*) Auch die Gegner der Philosophie der idealen Sprache innerhalb der sprachanalytischen Philosophie haben zumeist anerkannt, daß eine interpretierte formale Sprache wertvolle Dienste bei der Analyse und Klärung logischer Verhältnisse in der normalen oder philosophischen Sprache leisten kann, wenn sie nicht normativ eingesetzt, sondern als *Vergleichsobjekt*, sozusagen als Kontrastmittel verwendet wird, so daß sich die Eigenschaften einer Sprache im Lichte einer anderen deutlicher zeigen. Insofern sie bei einer solchen Verwendung nicht mehr normativ als Vorbild oder Kriterium der Klarheit fungiert, ist eine solche Sprache eigentlich nicht mehr Ideal, sondern eine Vergleichssprache neben anderen.

In der Form, in der es bei Russell oder Carnap formuliert wurde, wird das Programm der I. S. heute kaum noch verfolgt. Das ist nicht zuletzt der destruktiven Wirkung der Kritik an der Unterscheidung von logischen und empirischen Wahrheiten durch Willard V. O. Quine (in „Two Dogmas of Empiricism", 1951) zuzuschreiben. Dabei entbehrt es nicht einer gewissen Ironie, daß Quine selbst vom Denkstil und von der Methode her der Philosophie der idealen Sprache zugehört. Inzwischen haben sich die Grenzen zwischen der Philosophie der idealen Sprache und der Philosophie der normalen Sprache in der analytischen Philosophie ziemlich aufgeweicht, ja teilweise wird die Unterscheidung zwischen normaler und formaler Sprache selbst in Frage gestellt. Deutliche Spuren des Programms der Philosophie der idealen Sprache finden sich im wissenschaftstheoretischen Strukturalismus (Sneed, Stegmüller und Schüler), in der Linguistik (etwa bei Chomsky und Montague) und in der Formalen Logik, die sich allerdings von der Philosophie teilweise unabhängig gemacht hat und überwiegend technische Zwecke verfolgt. Auch das in den 70er Jahren von Paul Lorenzen (1915–1994) formulierte Programm semantisch normierter „Orthosprachen" weist Ähnlichkeiten mit dem Programm der I. S. auf.

Literatur:

1. G. Bergmann: „Logical Positivism, Language and the Reconstruction of Metaphysics". In: Revista Critica di Storia della Filosofia 8, 1953 (gekürzt auch in [10])
2. R. Carnap: Scheinprobleme in der Philosophie. Berlin 1928
3. R. Carnap: Der logische Aufbau der Welt. Wien 1928
4. R. Carnap: Logische Syntax der Sprache. Wien 1934
5. G. Frege: Begriffsschrift, eine der arithmetischen nachgebildete Formel-Sprache des reinen Denkens. Halle 1879
6. P. Lorenzen: „Semantisch normierte Orthosprachen". In: Zum normativen Fundament der Wissenschaft, herausgegeben von F. Kambartel und J. Mittelstraß; Frankfurt/M. 1973
7. W. V. O. Quine: „Two Dogmas of Empiricism". In: Philosophical Review 60, 1951 (dt. auch in [8] und [12])
8. W. V. O. Quine: Von einem logischen Standpunkt. Neun logisch-philosophische Essays. Frankfurt/M., Berlin, Wien 1979
9. B. Russell (zusammen mit A. N. Whitehead): Principia Mathematica. Vorwort und Einleitungen. Mit einem Beitrag von K. Gödel. Frankfurt/M. 1986
10. The Linguistic Turn. Recent Essays in Philosophical Method, herausgegeben und eingeleitet von R. Rorty; The University of Chicago Press 1967
11. L. Wittgenstein: Logisch-philosophische Abhandlung. Tractatus logico-philosophicus. Kritische Edition, herausgegeben von B. McGuiness und J. Schulte; Frankfurt/M. 1989
12. Zur Philosophie der idealen Sprache. Texte von Quine, Tarski, Martin, Hempel und Carnap, herausgegeben, übersetzt und eingeleitet von J. Sinnreich; München 1972

Dr. Geert-Lueke Lueken ist wissenschaftlicher Mitarbeiter im Institut für Philosophie der Universität Leipzig.

Gedankenexperiment: Eine bis zum Boden reichende, gerade schrittbreite Pappwand bietet die einzige Deckung. Ich stelle mich mittig dahinter, weil der Schütze mich für klug genug halten dürfte, nicht die erstbeste, also mittlere Position einzunehmen, sondern rechts oder links davon in die Hocke zu gehen. Wenn mein Feind so seinem Einfühlungsvermögen hinterherfeuert, wird er mich verfehlen. Der Mann tritt auf, lädt durch, zieht ab, trifft mich ins Herz. Hirnloser Trottel, schießt es mir noch durch den Kopf . . .

Wirklich zu denken vermögen wir nur während eines unendlich kleinen Bruchteils unserer Existenz. Und rechnete man all die Gedankenintervalle der Gattungsgeschichte zusammen, käme wohl nicht einmal ein Menschenleben dabei heraus.

Ulrich Horstmann

Spur

Bereits in seiner Alltagsbedeutung ist das Wort *Spur* von einer ambivalenten (doppeldeutigen) Signatur geprägt: Die Spur markiert eine Leerstelle zwischen einem Anwesenden und einem Abwesenden – sie ist ein Zeichen für etwas, das selbst nicht da ist.

In der philosophischen Diskussion taucht der Begriff der Spur schon sehr früh auf und überträgt seine paradoxe Struktur auf einen metaphorischen (bildhaften) Bedeutungshorizont: Platon versteht die Schrift als eine Spur der Gedanken („Phaidros"). An anderer Stelle erhält der Begriff eine kosmologische Dimension durch die Annahme, daß die Grundbausteine des Lebens bereits vor dem Schöpfungsakt latent von den Spuren ihrer zukünftigen Bestimmung gezeichnet seien, die sich dann durch den ordnenden Zugriff des Schöpfers manifestiert („Timaios"). Die Vorstellung von Spuren eines göttlichen Ursprungs in der gesamten Schöpfung und einem daraus erwachsenden universellen Verweisungszusammenhang zwischen den Dingen bleibt über den Neuplatonismus bis in das christliche Mittelalter bestimmend. Innerhalb dieser *metaphysischen* (siehe *Lexikon* in Heft 2) Tradition markieren die Spuren (des Göttlichen) Möglichkeiten *und* Grenzen der Erkenntnis. Das prinzipiell Unfaßbare wird unter dem Aspekt seiner Erfaßbarkeit thematisiert.

Mit dem Beginn der Neuzeit und dem Wechsel zum *materialistischen* Paradigma (hier: der Übergang zu einer anderen Art des Denkens) setzt sich auch eine materialistische Bedeutungsebene des Begriffs der Spur durch, wie sie sich ebenfalls bereits bei Platon vorgezeichnet findet, wenn er mit Hilfe dieses Terminus die Funktionsweise des Gedächtnisses beschreibt: Die sinnlichen Wahrnehmungsdaten werden als Spuren in der Seele gespeichert und bei einer Wiederbegegnung mit ähnlichen Wahrnehmungen erneut aufgerufen, wodurch Erkenntnis überhaupt erst möglich wird („Theaitet"). Descartes reduziert die Komplexität dieses Modells und versteht unter *Spuren* einfach materielle Äquivalente (Gleichwertigkeiten) von Sinneseindrücken, aus denen sich die Erinnerungen des Menschen zusammensetzen. Im 20. Jahrhundert bildet sich (zum ersten Mal bei Heidegger) ein radikal neuer Bedeutungshorizont des Begriffs heraus: Spuren werden als Zeichen eines prinzipiell Anderen aufgefaßt, das nicht benannt werden kann.

Aktuell erlebt der Begriff der Spur (trace) eine Renaissance im Denken Jacques Derridas und ist hier in Auseinandersetzung mit der metaphysischen und materialistischen Tradition nicht nur paradox, sondern aporetisch (ausweglos) konzipiert. Ausgehend von einer Kritik am traditionellen Zeichenbegriff und im Rekurs auf Psychoanalyse und Linguistik entwirft Derrida ihn als einen zentralen Terminus innerhalb seiner (postmodernen) Philosophie der *différance*. In Anbetracht des Verlustes eines verbindlichen (metaphysischen) Referenzhorizonts verneint Derrida die Möglichkeit einer unmittelbaren Repräsentation der Welt durch die Sprache. Sprachliche Zeichen sind (im Anschluß an Saussure) immer arbiträr (willkürlich) codiert, d. h. ihre Bedeutung resultiert nicht aus einem Vergleich mit der Realität, sondern aus einer Differenz von anderen Zeichen. Dieses Moment der Differenz versucht Derrida mit dem Begriff der Spur auszudrücken, denn die Spur markiert eine grundsätzliche Differenz zwischen ihrer eigenen Anwesenheit und dem Abwesenden, an das sie erinnert. Für seine Erklärung greift Derrida auf Sigmund Freuds Aufsatz „Notiz über den Wunderblock" (1925) zurück. Dieser Wunderblock ist ein Kinderspielzeug, auf das man schreiben kann. Ein Abheben des doppelten Deckblatts von der Wachsunterlage läßt das Geschriebene anschließend wieder verschwinden. Es wird unsichtbar, jedoch nicht wirklich gelöscht, denn es bleibt in die Wachsmasse eingeritzt. Diese Wachsmasse stellt für Freud eine Analogie zum Unbewußten dar, in dem nichts wirklich ausgelöscht wird, auch wenn es auf der darüber befindlichen Zelluloidschicht, die dem Bewußtsein entspricht, so scheint. Genau in dieser Weise hinterlassen nach Freud unsere Wahrnehmungen eine *Spur* in unserem Gedächtnis – die sogenannte „Erinnerungsspur" (SD 330) – die ihrerseits die Wahrnehmungen erst ermöglicht. Denn Wahrnehmungen finden niemals ursprünglich und unmittelbar statt, sondern ihre Bedeutung resultiert erst aus der Beziehung zwischen (Erinnerungs-)Spur und dem, was sie sichtbar werden läßt und bestätigt (die Wachsunterlage bzw. das Unbewußte). Für Derrida bewegt sich diese Beschreibung der Spur nach wie vor innerhalb des rationalistischen Paradigmas, da sie prinzipiell von der Möglichkeit der Präsenz (hier die Präsenz der Wachsunterlage bzw. des Unbewußten) ausgeht. Genau diese traditionelle abendländische Vorstellung von der Präsenz will Derrida jedoch untergraben und strebt daher eine Radikalisierung des Freudschen Begriffs der Spur an, um diesen „aus der Metaphysik der Präsenz, die ihn noch (insbesondere in den Begriffen des Bewußtseins, des Unbewußtseins, des Gedächtnisses, der Realität) ... festhält" (SD 348/49), herauszulösen. Für Derrida ist die Spur kein empirisch ableitbares Zeichen mehr, sondern der Versuch des Denkens einer Nicht-Präsenz. Sie ist der Ursprung jener Differenzialität (Unterscheidbarkeit), auf der sich unser Sprachsystem begründet: „Die Spur ist nicht nur das Verschwinden des Ursprungs, sondern besagt hier (...), daß der Ursprung nicht einmal verschwunden ist, daß die Spur immer nur im Rückgang auf einen Nicht-Ursprung sich konstituiert hat und damit zum Ursprung des Ursprungs gerät. Folglich muß man, um den Begriff der Spur dem klassischen Schema zu entreißen, welches ihn aus einer Präsenz oder einer ursprünglichen Nicht-Spur ableitete und ihn zu einem empirischen Datum abstempelte, von einer ursprünglichen Spur oder Urspur sprechen. Und doch ist uns bewußt, daß dieser Begriff seinen eigenen Namen zerstört und daß es, selbst wenn alles mit der Spur beginnt, eine ursprüngliche Spur nicht geben kann" (GRA 108). In dieser Konzeption steht die Spur nicht mehr als ein Zeichen für etwas, das selbst abwesend ist, sondern sie bildet (als „Urspur") die Voraussetzung dafür, daß es überhaupt erst etwas geben kann: „Die Spur ist die Differenz, in welcher das Erscheinen und die Bedeutung ihren Anfang nehmen." (GRA 114) Die Spur ist somit weder anwesend noch abwesend, sie ist unmotiviert und arbiträr und entzieht sich dadurch jeder metaphysischen Vereinnahmung: „Die Spur ist *nichts*, ist nicht ein Seiendes; sie übersteigt die Frage *Was ist* – und macht sie vielmehr erst möglich." (GRA 131) Sie ist eine Spur, die niemand gelegt hat, „weder sichtbar noch unsichtbar" (RP 83), ursprünglich und unhintergehbar und in ihrer Bedeutung niemals präsent, sondern vielmehr „die Selbstlöschung, die Auslöschung ihrer eigenen Präsenz" (SD 349). Denn: „Eine unauslöschbare Spur ist keine Spur; sie ist eine volle Präsenz" (ebd.). Damit stellt sich der Begriff der Spur bei Derrida als ein logisches Paradox dar, wie es die Philosophie des 20. Jahrhunderts unter dem Stichwort der Selbstreferentialität (= Selbstbezüglichkeit) in den verschiedensten Problemzusammenhängen thematisiert hat: Der Begriff der Spur ist eigentlich kein Begriff mehr, denn er besitzt keinerlei Bezug mehr auf irgendein Objekt und bedeutet nur noch sich selbst. Als ein selbstbezüglicher Terminus intendiert er somit letztlich seine eigene Aufhebung: ein Nicht-Begriff für etwas jenseits der Sprache. Angesichts der heutigen Obsession, Spuren unseres Daseins in einem bisher ungeahnten und expansiven Ausmaß zu konservieren, und einer daraus erwachsenden, kaum mehr faßbaren Menge an totem Material, das in seiner Überschärfe selbst die traditionelle Vorstellung von der Spur als etwas prinzipiell Flüchtigem, Ungenauem und Vergänglichem demontiert, erscheint Derridas kryptische Konzeption der Spur durchaus bedenkenswert.

Claudia Fahrenwald

Literatur:

Jacques Derrida: Grammatologie (= GRA). Frankfurt/M.: Suhrkamp 1994.
Jacques Derrida: Die Schrift und die Differenz (= SD). Frankfurt/M.: Suhrkamp 1997.
Jacques Derrida: Randgänge der Philosophie (= RP). Wien: Edition Passagen 1988.
Heinz Kimmerle: Derrida zur Einführung. Hamburg: Junius 1992.

Telepathie

Der Psychiater und Entdecker des Elektroenzephalogramms (EEG, Gerät zur Messung von Gehirnströmen), Hans Berger (1873 –1941), schildert folgenden autobiographischen Vorfall: „Als 19jähriger Student bin ich bei einer militärischen Übung in Würzburg schwer verunglückt und mit knapper Not einem sicheren Tod entgangen. Ich stürzte, auf dem schmalen Rand eines steilen Hohlwegs reitend, mit dem sich aufbäumenden und sich überschlagenden Pferde in eine in der Tiefe des Hohlwegs fahrende Batterie und kam unter das Rad eines Geschützes zu liegen. Im letzten Augenblick hielt das mit 6 Pferden bespannte Geschütz an, und ich kam mit dem Schrecken davon. Dies hatte sich in den Vormittagsstunden eines schönen Frühlingstages zugetragen. Am Abend desselben Tages erhielt ich von meinem Vater eine telegraphische Anfrage, wie es mir gehe? Es war dies das erste und einzige Mal in meinem Leben, daß ich eine solche Anfrage erhielt. Meine älteste Schwester, mit der ich in besonders innigem geschwisterlichem Verkehr stand, hatte diese telegraphische Anfrage veranlaßt, weil sie plötzlich meinen Eltern gegenüber behauptete, sie wisse bestimmt, daß mir ein Unglück zugestoßen sei."
Eine solche „direkte" Übertragung seelischer Inhalte (Empfindungen, Gefühle, Stimmungen, Bilder, Gedanken) von einer Psyche auf eine andere wird nach einem Vorschlag des Altphilologen und Begründers der Londoner „Society for Psychical Research" Frederic Myers (1843 – 1901) als Telepathie bezeichnet. Das griechische Kunstwort heißt wörtlich übersetzt „Fern-Erleiden" oder „Fern-Erfahren".
Im quantitativen Vergleich verschiedener Fallsammlungen aus unterschiedlichen Kulturen und Zeiten zeigt sich, daß telepathische Vorkommnisse hauptsächlich an emotionale Krisensituationen geknüpft sind und sich zwischen Menschen abspielen, die gefühlsmäßig eng miteinander verbunden sind.
Die parapsychologische Forschung hat im Laufe ihrer Geschichte verschiedene Techniken entwickelt, um das Phänomen der Gedankenübertragung experimentell, das heißt unter kontrollierten Bedingungen zu untersuchen.
Bekannt wurden die von dem amerikanischen Parapsychologiepionier Joseph B. Rhine (1895 – 1980) in den dreißiger Jahren entwickelten quantitativ-statistischen Kartenexperimente: Unausgewählte Versuchspersonen sollten unter sensorisch gut abgeschirmten Bedingungen eine zufällig erzeugte Abfolge von Symbolen „erraten", zum Beispiel 25 Karten mit je fünf verschiedenen geometrischen Zeichen (Kreis, Quadrat, Kreuz, Welle, Stern). Eine Übereinstimmung der Rate- mit der Zielfolge, die statistisch signifikant bei genügend langen Versuchsserien von der mittleren Zufallserwartung (fünf Treffer bei einem 25 Ansagen umfassenden Run) abweicht (Trefferfolge), wurde im Sinne der Telepathie-Hypothese interpretiert – vorausgesetzt, das experimentelle Protokoll schloß „sensomotorische Lecks", Protokollierfehler und andere Artefakte (einschließlich Betrug) zuverlässig aus.
Ein anderer Zugang zur experimentellen Untersuchung der Telepathie wurde in den sechziger und siebziger Jahren am Schlaf-Traum-Labor des New Yorker Maimonides Medical Center entwickelt. Diese Technik basierte auf Entdeckungen der Schlaf-Traum-Forschung, die physiologische Kriterien zur Bestimmung der Traumphasen definieren konnte: die schnellen Augenbewegungen (REM-Phase), die zusammen mit einem bestimmten EEG-Muster auftreten. Das Standardverfahren umfaßte folgende Schritte: Sobald die als „Empfänger" (Perzipient) fungierende Versuchsperson im Schlaflabor in eine REM-Phase eingetreten war, wählte der sensorisch vom Schläfer abgeschirmte „Sender" (Agent) unter einer größeren Anzahl von Zielbildern zufällig eines aus (in der Regel die postkartengroße Reproduktion eines Gemäldes) und versuchte, dieses dem Träumer „mental" (telepathisch) zu übermitteln. Der Experimentator, der das Schlaf-EEG des Perzipienten überwachte und das Zielbild natürlich nicht kannte, weckte nach Ablauf der REM-Phase den Empfänger auf, um dessen Traumbericht zu protokollieren. Nach Abschluß des Experiments wurden mögliche Übereinstimmungen zwischen den Traumprotokollen und den in Frage kommenden Zielbildern von den Versuchspersonen und unabhängigen Beurteilern eingestuft. Mit diesem Standardverfahren hatte die Maimonides-Gruppe im Laufe von zehn Jahren acht Traumtelepathie-Experimente unter Beteiligung von 29 Versuchspersonen (mit 95 Nächten) durchgeführt, wobei fünf Serien statistisch signifikant ausfielen.
Die Erfahrungen der Maimonides-Gruppe wurden seit Mitte der siebziger Jahre von dem amerikanischen Parapsychologen Charles Honorton (1946 – 1992) in Form der sog. Ganzfeld-Telepathie-Experimente weitergeführt. Die typische experimentelle Anordnung sieht wiederum einen „Sender" und einen „Empfänger" vor, die sich in zwei getrennten, akustisch isolierten Räumen befinden. Der Empfänger wird in einen Zustand milden Reizentzugs (sog. sensorische Deprivation) versetzt, indem seine Augen durch halbierte Tischtennisbälle bedeckt und durch eine Lichtquelle angestrahlt werden; gleichzeitig bekommt er über Kopfhörer weißes Rauschen eingespielt. Dieser gleichförmige sensorische Input führt zu einem „Ganzfeldzustand", in dem der Empfänger versucht, Eindrücke von dem ihm unbekannten Zielobjekt (Target) zu bekommen, das der Sender dem Empfänger via „Telepathie" zu übertragen versucht. Das visuelle Reizmaterial, das zufällig aus einer großen Anzahl von Targets ausgewählt wird, kann aus Bildern, Dias oder kurzen Videoszenen bestehen. Die hinter dieser Technik stehende Vorstellung ist, daß sich der Empfänger in einem „labilen" Zustand zwischen Wachen und Dösen befindet, der eine besondere „Aufnahmebereitschaft" (Sensitivität) für „psi-vermittelte" Eindrücke verschafft. Die Erlebnisberichte („mentation"), die Bilder, Gefühle und sonstige Assoziationen des Empfängers umfassen, werden kontinuierlich protokolliert. Nach Abschluß der Experimentalsitzung wird die Versuchsperson gebeten, eine Gruppe von vier Zielbildern (unter denen sich das tatsächlich übermittelte befindet) nach dem Grad der Ähnlichkeit mit ihren Bildern und Assoziationen einzustufen. Ein „direkter Treffer" liegt vor, wenn das tatsächliche Target die höchste Punktzahl erzielt. Anstelle der Zufallsquote von 25 % wurden wiederholt Trefferquoten bis zu 35 % erzielt.
Die Ganzfeldtechnik und die ihr zugrundeliegende Auswertung der Datenbasis ist in den letzten Jahren Gegenstand einer detaillierten und aufschlußreichen Diskussion zwischen einem skeptisch eingestellten Psychologen (Hyman) und einem erfolgreichen Psi-Experimentator (Honorton) geworden. Hyman machte in seiner Methodenkritik geltend, daß die reklamierte Replikationsrate durch methodologische „flaws" (Fehler) zustande gekommen sei, etwa durch sensorische Reize oder Fehler in den Randomisierungsprozeduren (Auswahl der Zielbilder). Würde man diese „flaws" entsprechend berücksichtigen, dann würden sich im Datenmaterial der Ganzfeldexperimente nur noch Zufallseffekte zeigen. Honorton konterte mit einer Meta-Analyse von 28 Psi-Ganzfeldexperimenten, die sich auf die Ergebnisse von zehn ver-

schiedenen Forschergruppen stützen konnte. Er kam zu einem statistisch hochsignifikanten Resultat, zu dem, unabhängig voneinander, sechs der zehn Gruppen beigetragen hatten, wobei die Gesamtsignifikanz nicht von den Resultaten eines oder zweier Experimentatoren abhängig war.

Die Wendung in dieser Kontroverse ist insofern bedeutsam, als sich beide Parteien zu einem *joint communiqué* bereitfanden, in dem es sinngemäß hieß, daß die Datenbasis der Ganzfeldexperimente einen statistisch signifikanten Gesamteffekt aufwies, der sich vernünftigerweise weder durch selektive Publikation noch durch multiple statistische Auswertung erklären lasse. Obwohl es nach wie vor unterschiedliche Meinungen darüber gab, inwiefern der Effekt einen „Beweis für Psi" darstelle, stimmte auch der Kritiker im Prinzip zu, daß hier eine „echte" Anomalie vorliege, deren Aufklärung eine gemeinsame Anstrengung erforderlich mache.

Ein weiterer Forschungsbericht von Honorton und seiner Gruppe stellt die Ergebnisse von elf Versuchsserien mit acht verschiedenen Experimentatoren vor, die auf den methodologischen Richtlinien basieren, die Honorton und Hyman (1986) für die Durchführung und Auswertung zukünftiger Ganzfeldexperimente gemeinsam erarbeitet haben. Dabei wurde ein automatisches Testsystem verwendet, das die Auswahl und Präsentation der Targets, deren Blindeinschätzung seitens der Versuchspersonen wie auch die Datenaufzeichnung und -auswertung übernahm. An 355 Ganzfeldsitzungen nahmen 241 freiwillige Versuchspersonen teil, die in der Lage waren, das zufällig ausgewählte und ihnen unbekannte Zielmaterial in einem statistisch sehr signifikanten Ausmaß korrekt zu identifizieren. Durch einen Vergleich mit der bereits erwähnten Meta-Analyse von 28 Ganzfeldstudien zeichnete sich in beiden Datenbasen ein ähnliches Bild ab: ein Zusammenhang zwischen „Psi-Leistung" und Beschaffenheit des Zielmaterials, die Bedeutung der emotionalen „Nähe" zwischen Sender und Empfänger oder die vorgängige Erfahrung mit der Ganzfeldsituation. Der Ganzfeldeffekt, so die Quintessenz der Studie, repräsentiert eine echte „Kommunikationsanomalie", die im Unterschied zur Auffassung mancher Kritiker die wissenschaftliche Gemeinschaft sehr wohl zu einer verstärkten Forschungsanstrengung herausfordern sollte.

Eberhard Bauer

Literatur:

Eberhard Bauer: Grenzgebiete der Psychologie. Universität Trier, ZPID 1992 (= Bibliographien zur Psychologie, Nr. 85)

Daryl J. Bem und Charles Honorton: Does Psi Exist? In: Psychological Bulletin, Vol. 115, 1994, S. 4 – 18

Gerald L. Eberlein (Hrsg.): Kleines Lexikon der Parawissenschaften. München 1995

Aniela Jaffé: Geistererscheinungen und Vorzeichen. Freiburg, Basel, Wien 1997

Walter v. Lucadou: Psi-Phänomene. Frankfurt a. M., Leipzig 1997

Dean Radin: The Conscious Universe. The Scientific Truth of Psychic Phenomena. New York 1997

Andreas Resch (Hrsg.): Aspekte der Paranormologie. Innsbruck 1992

Eberhard Bauer ist Diplompsychologe und wissenschaftlicher Mitarbeiter am Freiburger Institut für Grenzgebiete der Psychologie und Psychohygiene.

Anzeige

Präzision und Form

u.a. bei:

Hannover, Stichnoth

Bünde, Büttke

Braunschweig, Die Uhrenecke

Düsseldorf, Blome

Münster, Freisfeld

Dortmund, Morawietz

Bochum, Mauer

Essen, Mauer

Paderborn, Ritter

Köln, Berghoff

Bonn, Kersting

Frankfurt a.M, Lueg

Stuttgart, Häffner

München, Kiefer

Nürnberg, Dorfner

und Wempe

EROS DES DENKENS

Dr. B. Reiter

Haben Sie Probleme philosophischer Art? Dr. B. Reiter klärt Sie auf! Es gibt keine Frage, zu der er nicht die passende Antwort hätte. Wenden Sie sich vertrauensvoll an unseren Spezialisten für philosophische Aufklärung. Schreiben Sie an den Omega Verlag, und Ihre Fragen werden von unserem Fachmann für alle Fragen des philosophischen Lebens an dieser Stelle kurz und bündig beantwortet. In ganz dringenden Fällen steht Ihnen Dr. B. Reiter auch täglich von 11.30 bis 14 Uhr unter der Nummer 0711/8790746 zur Verfügung.

Sehr geehrter Herr Dr. B. Reiter,
zum Artikel „Das Prinzip kritische Vernunft" zum Tode von Karl Popper in Heft 1 habe ich 2 Verständnisfragen:
1. Wie ist das Poppersche „Falsifikationsmodell" logisch widerlegt?
2. Wieso ist Popper mit seiner Sozialphilosophie gescheitert?

J. Himstedt, Norderstedt

Sehr geehrter Herr Himstedt,
Zu 1.: Ein Widerlegungsprinzip widerlegen zu wollen ist, logisch gesehen, unlogisch.
Zu 2.: Sie wurde nicht verifiziert.

Sehr geehrter Herr Dr. B. Reiter,
nach der Lektüre der Unterhaltungsseiten der Ausgaben 1–5 des „blauen reiters" möchte ich Sie fragen, was Humor und vor allem, was daran philosophisch ist.

K. Mischkerov, Berlin

Sehr geehrter Herr Mischkerov,
zur Beantwortung der Frage nach dem philosophischen Humor beziehungsweise nach dem Philosophischen am Humor möchte ich zuvorderst den Philosophen Helmuth Plessner zu Wort kommen lassen. Dieser hatte einmal einen Studenten zu Kants kategorischem Imperativ zu examinieren („Handle so, daß die Maxime deines Willens jederzeit zugleich als Prinzip einer allgemeinen Gesetzgebung gelten könne"). Da dem Studenten außer mühsamem Buchstabieren eingelernter Formeln nichts zu entlocken war, versuchte der Prüfer unter Verweis auf die Dringlichkeit und Radikalität des Imperativs dem Studenten etwas über die Kantsche Ethik zu entlokken: „Wie stehen Sie zu einer solchen Ethik rigoroser Pflichterfüllung?" Die Antwort im gemütlich indifferenten Ton des Kölner Idioms: „Och, ich bin eigentlich immer ganz gut damit gefahren."
Den Maßstab der Alltagstauglichkeit an eine Ethik anzulegen, die nach den Maximen des Handelns und eben nicht nach den tatsächlichen Folgen einer Handlung fragt, ließ den Philosophen an seinem Unterricht zweifeln. Mit bescheiden zufriedenem Ausdruck sein Wohlwollen auszusprechen, als ob man sich je nach Gefühls- und Erfolgslage mal für diese, mal für jene Maxime oder gar Ethik entscheiden könne, im Gestus und Tonfall noch nicht einmal das Rigoros-Kategorische treffend, das dem Kantischen Denken zumindest temperamentgemäß wäre, ist nicht mehr nur mit Humor, der „heiteren Gelassenheit gegenüber den Unzulänglichkeiten von Welt und Menschen und den Schwierigkeiten des Alltages" (Brockhaus) zu begegnen, eine solche Unverfrorenheit ist nur noch erträglich mit der „Heiterkeit im Bewußtsein des Unentrinnbaren", dem schwarzen Humor.
In das Lachen „verfällt" der Mensch, laut Helmuth Plessner, aufgrund seiner Verstrickungen in die verschiedenen Ebenen seines Daseins. „Eigentlich komisch ist nur der Mensch, weil er mehreren Ebenen des Daseins zugleich angehört. Die Verschränkung seiner individuellen in die soziale Existenz, seiner moralischen Person in den leibseelisch bedingten Charakter und Typus seiner Geistigkeit in den Körper, eröffnet immer wieder neue Chancen der Kollision mit irgendeiner Norm … Exzentrisch zur Um-

welt, im Durchblick auf eine Welt steht der Mensch zwischen Ernst und Unernst, Sinn und Sinnlosigkeit und damit vor der Möglichkeit ihrer unauflösbaren mehrdeutigen, gegensinnigen Verbindung, mit der er nicht fertig werden kann, von der er sich ablösen muß und die ihn doch zugleich an sich bindet."

Der Humor und dessen lebhaftester, leiblicher Ausdruck, das Lachen, ist demnach eine Folge der Überlagerung verschiedener Daseinsebenen. Ach hätte besagter Prüfling, wenn schon nicht Kant, so doch zumindest seinen Schiller gelesen, er hätte der professoralen Frage nach dem Wert der Kantischen Ethik mit schwerlich zu überbietender Ironie im herablassenden Gestus des Belesenen mit Schillers „Gewissensskrupel" antworten können:

Gerne dien ich den Freunden, doch tu ich es leider mit Neigung,
Und so wurmt es mir oft, daß ich nicht tugendhaft bin.

Noch Fragen? Fragen Sie Dr. B. Reiter!

Bücherrätsel

1.

Einmal mehr ist das zuerst gesuchte Buch kein Lehrstück philosophischer Systematik, aber (um so mehr?) eines des philosophischen Denkens und Lebens. Betrachtete man den Autor, sein überaus ereignisvolles Leben und einflußreiches Wirken, die großen politischen, religiösen und wissenschaftlichen Umbrüche seiner Zeit, deren wacher Zeuge er war – man würde schwerlich ein solches Buch erwarten, wie er es schließlich geschrieben hat. Denn es ist weder Chronik noch System, kein Text, der überhaupt belehren will. Im Gegenteil, an den Leser ergeht die Warnung, daß er im Begriff sei, seine Zeit an einen „eitlen und geringfügigen Gegenstand" zu verschwenden. Diese Mahnung ist glaubwürdig, dennoch war es außergewöhnlich, nichts weiter als seine eigenen Meinungen in grundsätzlicher, auch sich selbst gegenüber skeptischer Manier darzulegen. Versuche über alle denkbaren Themen, über Kindererziehung, Menschenfresser, Physiognomie, Tugend, Trunksucht, Beten und alles mögliche andere finden sich, immer als persönliche Betrachtung, nie zum System oder letztbegründetem Wissen überhöht. Das Ganze ist eher eine ungeordnete Sammlung von gelehrten, weltklugen Betrachtungen; geschrieben, nachdem sich der Autor „in voller Lebenskraft in den Schoß der gelehrten Musen zurückgezogen" hatte, „wo er in Ruhe und Sicherheit die Tage verbringen wird, die ihm zu leben bleiben".

Obwohl das Buch, so der adlige Verfasser, dem „persönlichen Gebrauch" der „Angehörigen und Freunde" zugedacht war, gehörte es bald zum literarischen Kanon seines Landes, und viele Spätere versuchten, das reichhaltige Material in ihrem Sinn zu deuten. So wurde das Werk einmal als christliche Moralfibel, ein andermal als frühaufklärerische Streitschrift gelesen. Während manche Philosophiegeschichte kaum mehr erwähnt, als daß darin die antike Skepsis wiederauferstanden sei, finden andere die literarische Form und den bekenntnishaften Gesamtcharakter bemerkenswert, wenngleich, so Hegel, „nicht eigentlich zur Philosophie" gehörig. Schopenhauer, natürlich, sah darin seinen großen Vorzug und reihte es zwischen Theophrast und La Rochefoucauld in die „Schriften bevorzugter Geister" ein. Für Lexikographen und noch rätselnde Leser schließlich ist besonders wichtig, daß der Titel zu einer literarischen Gattungsbezeichnung wurde.

2.

Wer das erste Rätsel gelöst hat, dürfte es hier viel leichter haben: Das gesuchte Buch gilt als eine der wesentlichen Anregungen für das oben zu erratende Werk. Doch nicht nur jener Autor fand hier grundlegende Anregungen.

Gesucht ist ein altes Werk über ein noch älteres und immer wiederkehrendes philosophisches Denken, welches sich seit Beginn der Philosophiegeschichte in immer neuen Formen und Spielarten artikulierte, bis hinein in den Alltagswortschatz. Aus den konkurrierenden antiken Schulen dieser philosophischen Grundrichtung ist es übrigens das einzig vollständig überlieferte Buch. Obwohl die wenigsten sich letztlich mit der im gesuchten Werk vertretenen Auffassung anfreunden konnten, war eine Auseinandersetzung damit meist unvermeidlich. Kant etwa schätzte diesen Zugang als „Zuchtmeister des dogmatischen Vernünftlers", und ein ebenso gewichtiger Philosoph der frühen Neuzeit bediente sich ihrer Methoden, wenngleich zu einem ganz anderen Ende.

An Ablehnung hat es dem Buch nicht gefehlt. Gerade als es vollendet wurde, war der Stern dieses Denkens und ihrer Vertreter bereits im Sinken; „die antike Welt kehrte sich von ihnen ab", ohne auf die angeführten Argumente eingegangen zu sein, wie Bertrand Russell schrieb. Dies änderte sich übrigens auch nicht durch die Versicherung des Autors, daß der von ihm und seiner Schule vertretene philosophische Weg, als Lebensrichtlinie verstanden, zu einem doch erstrebenswerten Ziel des Philosophierens führe. Denn, so heißt es zu Beginn, es lehre „die Kunst, auf alle mögliche Weise erscheinende und gedachte Dinge einander entgegenzusetzen, von der aus wir wegen der Gleichwertigkeit der entgegengesetzten Sachen und Argumente zuerst zur Zurückhaltung, danach zur Seelenruhe gelangen." Dafür werden, neben einer Darstellung der Grundprinzipien dieser Kunst, eine Reihe argumentativer Figuren vorgestellt, die die Notwendigkeit und Plausibilität der Zurückhaltung verdeutlichen.

Die geistesgeschichtliche Wirkung der im gesuchten, als Grundriß konzipierten Werk vertretenen philosophischen Richtung ist ironischerweise ganz gegenteilig beurteilt worden. Es gilt als einer der Wegbereiter einer im Wortsinn dogmatischen Tradition, die die folgenden Jahrhunderte dominierte.

Philosophie im Haushalt

Der Tisch

Die kulturelle Bedeutung des Tisches erschließt sich aus den Reiseberichten der großen Entdecker. Als besondere Kulturlosigkeit wird dort allenthalben beschrieben, daß die Eingeborenen auf dem Fußboden und nicht an Tischen äßen und darüber hinaus die Speisen auch noch mit den Fingern zum Munde führten. Welche kulturphilosophische Komponente muß dem Tisch innewohnen, daß er derart zum Prüfstein von Kultiviertheit wurde?

Das deutsche Wort Tisch ist dem lateinischen „discus" beziehungsweise dem griechischen „diskos" entlehnt. Der Bedeutungswandel von ursprünglich „Scheibe, Platte, Schüssel" zu „Tisch" erklärt sich aus der germanischen Sitte, bei den Mahlzeiten an jeden Platz eine auf einem Gestell befindliche, mit einer Vertiefung versehene kleine Holzplatte zu stellen, die als Eßschüssel diente.

Diese aus heutiger Sicht eher als „Tischchen" zu bezeichnenden Eßgerätschaften wurden im Laufe der Jahrhunderte durch den Berufsstand der Tischler zu dem, was wir heute in vielfältiger Gestalt und Verwendung als Küchen-, Schreib-, Wohnzimmer-, Toiletten- und Operationstische oder gar als Gipfel des „Medicinal Designs", als Nierentische, kennen.

Unter dem Wesen einer Sache beziehungsweise eines Seienden versteht man die Eigenschaften, die dieses Seiende nicht verlieren kann, ohne aufzuhören, es selber zu sein. Als Wesen des Tisches eröffnet sich in erster Linie das *Stellen-auf*. Im Gegensatz zu einem Schrank, dessen Wesen sich vor allem durch *Hineinstellen* entbirgt, das heißt im *Verbergen* verborgen liegt, verliert der Tisch die Teilhabe an der Idee der Tischheit, wenn nichts mehr auf ihn gestellt werden kann. Ein als Pyramide geformter Schrank, dessen Spitze keinem „Zu-Stellenden" mehr Halt bietet, ist seinem Wesen nach immer noch ein Schrank, da er das in ihn gestellte verbirgt. Ein Tisch jedoch, der das, was auf ihn gestellt wird, nicht mehr ausstellt, hat seine Tischhaftigkeit verloren.

Das Wesen des *Stellen-auf* erschließt sich im *auf*. Das Gestellte wird gegen die Schwerkraft aus seiner Erdverbundenheit entrückt, an einem zentralen Platz ab- und ausgestellt. Dem angestammten Platze enthoben, ist es fürderhin ein erhaben Gestelltes. Der Ebene des Gleichen entrückt, erfährt das Gestellte eine Auszeichnung. Ganz im Sinne der Heideggerschen Technikphilosophie wird das Gestellte „Gestell". Es steht an erhobenem Platze und nimmt einen bevorzugten Raum ein. Doch welche durch den Tisch vermittelte Eigenschaft tritt zum Auf-Gestellten hinzu, die den Tisch zum Kulturgut werden läßt? Eine erste Spur findet sich in den „Tischzuchten" des späten und hohen Mittelalters. Diese Lehrschriften über das rechte Verhalten bei den Mahlzeiten offenbaren neben dem „Stellen-Auf" das „Sitzen-An" als weitere, dem Tische zugehörige Weise des Seins. Auch wenn in der an die Tischzuchten anschließenden „grobianischen" Literatur des 15. und 16. Jahrhunderts, in der zur Bekämpfung der Vergröberung der Sitten ironisch überhöht dazu aufgefordert wurde, sich bei Tische möglichst unwürdig zu benehmen[1], der Stellenwert der „Tischsitten" noch einmal deutlich wird, bleibt dennoch die Frage offen, was dem „Auf-den-Tisch-Gestellten" eine derartige Auszeichnung verleiht, daß diesem mit Würde, Sitte und Anstand zu begegnen ist.

Der Tisch erhebt das auf ihn Gelegte über das auf der Erde Befindliche und bringt es dem in der christlichen Mythologie mit dem Heil gleichgesetzten Himmel ein Stück näher. Er erweist sich so als sakraler Gegenstand.

Neben den Göttern des Himmels waren vielen Kulturen stets auch die der Erde der Anbetung würdig. Einige Rituale nordamerikanischer Indianer dienen zum Beispiel der ehrfurchtsvollen Verehrung der „Mutter Erde" als Schoß ihrer Kinder – der Menschen. In den europäischen Kulturen jedoch sind die Tiefen der Erde den bösen Mächten vorbehalten, wie zum Beispiel dem Hades, dem Totenreich der griechischen Mythologie, das vom Sohn des Kronos als „Gott der Toten" beherrscht wurde, oder der „Hölle", dem Reich des Teufels der christlichen Religionen. Etwas auf einen Tisch zu stellen bedeutet, es dem Bösen zu entrücken. Der Tisch hält das einmal auf ihn Erhobene in der Schwebe, wirkt der Anziehungskraft der dunklen Mächte der Tiefen entgegen. Kulturen ohne solche Altäre wurden und werden als gottlos verachtet.

Den lateinischen Stamm des Wortes Altar (altus = hoch) ins unermeßliche steigernd, sind die immer höher in den Himmel aufstrebenden Wolkenkratzer die Opfertische der Neuzeit. Die Tragaltäre (Portatile) des 12. Jahrhunderts übertreffend, streben heute Raketen mit den Heiligtümern der Moderne in die Höhen des Alls. Jeglicher ökonomischer

Der Vogel hat gesungen.
Die Glocke hat geläutet.
Die Geranie
auf der Fensterbank
ist eben gestorben,
aber Sie
reden einfach weiter,
Fräulein Schmitt.

Albert Cullum

Überlegungen enthoben, transzendieren die Skyscraper und Spaceshuttles die Sehnsüchte nach dem Paradies und die Furcht vor den Qualen der Hölle in immer größere Höhen. Der Himmel, und zunehmend das Weltall, sind die Projektionsräume irdischer Begierden. Was das Oben gegenüber dem Unten, die Tiefen des Alls gegenüber den Tiefen der Erde auszeichnet, ist der mangelnde Widerstand des über uns Befindlichen. Nicht das „Über-Uns" macht uns die Flucht von der Erde so schwer, sondern die Masse dessen, dem wir entfliehen wollen. Die Anziehungskraft des so schwer Durchdringlichen, dessen Enge und Dunkelheit uns an den Schoß unserer Mutter erinnert, sucht uns zu halten.

Als 1957 das erste „Ding" von Menschenhand in den Weltraum flog, stellte sich, so Hannah Arendt, das kuriose Gefühl der Erleichterung ein, daß der erste Schritt getan sei, um dem Gefängnis der Erde zu entrinnen. Eigentümlich deshalb, weil „obzwar das Christentum gelegentlich die Erde als ein Jammertal bezeichnet und die Philosophie gelegentlich den Körper als ein Gefängnis für Geist und Seele angesehen hat, so ist es doch vor dem zwanzigsten Jahrhundert niemandem in den Sinn gekommen, die Erde für ein Gefängnis des menschlichen Körpers zu halten".[2] Der Blick für den Himmel auf Erden, die Schönheit des Irdischen, der vielen Naturvölkern eigen ist, scheint uns Tischmenschen abhanden gekommen.

S. Reusch
Nach einer Idee von J. Stiegele

Die Grund-Stellung

als das fas da lak
da las das fas öd öd
fas da klö da las
da öd la lös da föd

ka dös ka dös ka da

las da das fas ja öd
jö fad klas dö la da
da klö das fas lasök
dö klös da saf la la

ka dös ka dös ka da

al ad ös ös lala
ö fas la lös la lös
kas la da fas ja kla
lö fas fad klas da fös

ka das ka das ka dö

Markus Lion

Anmerkungen:

1. siehe: F. Dedekind:
Grobianus – De morum simplicitate libri duo
2. Hannah Arendt: Vita Activa, S. 7 u. S. 8

Bücherrätsel aus Nr. 5

Lösung 1:
Gefragt wurde nach Georg Christoph Lichtenbergs „Sudelbüchern", einer Sammlung von tagebuchartigen Heften, die zwischen 1765 und 1799 entstanden. Lichtenberg war Professor für Experimentalphysik in Göttingen, Satiriker und origineller Publizist und in vielerlei Hinsicht prototypischer aufgeklärter Gelehrter. Die „Sudelbücher", erst posthum veröffentlicht und bis vor einigen Jahren nur in Auszügen neu aufgelegt, erfreuten sich von Anfang an großen Zuspruchs. Es sind vorwiegend Aphorismen, manchmal Skizzen oder längere Abschnitte, in denen Lichtenberg zu den verschiedensten Einfällen, Themen oder Experimenten mal ernsthafte, mal witzige, stets aber scharfsinnige Bemerkungen macht.

Lösung 2:
Gefragt wurde nach dem heute einzigartigen Kompendium der antiken Philosophiegeschichte des Diogenes Laertios, dessen besonders umständlicher Titel heute meist abgekürzt wird: „Leben und Meinungen berühmter Philosophen" oder „Sammlung der Lebensläufe und Lehrmeinungen der Philosophen". Entstanden etwa zwischen 200 und 250 n.Chr., bietet es eine unkritische, aus indirekter Überlieferung zusammengestellte Übersicht der Philosophie vor dem Neuplatonismus. Im wesentlichen organisiert nach Schulzugehörigkeiten, bestehen die einzelnen Kapitel über jeweils einzelne Philosophen zu einem gut Teil aus lesenswerten (wenngleich äußerst unzuverlässigem) Klatsch und Tratsch, nebst einer wenig systematischen Darstellung ihrer Lehren.

Silbenrätsel aus Heft 5

Lösung

Immanuel Kant:
Grundlegung zur Metaphysik der Sitten.

Arthur Schopenhauer:
Parerga und Paralipomena.

René Descartes:
Meditationen über die Erste Philosophie.

Karl Jaspers:
Der philosophische Glaube angesichts der Offenbarung.

John Locke:
Versuch über den menschlichen Verstand.

Das *kleine* philosophische **Rätsel**

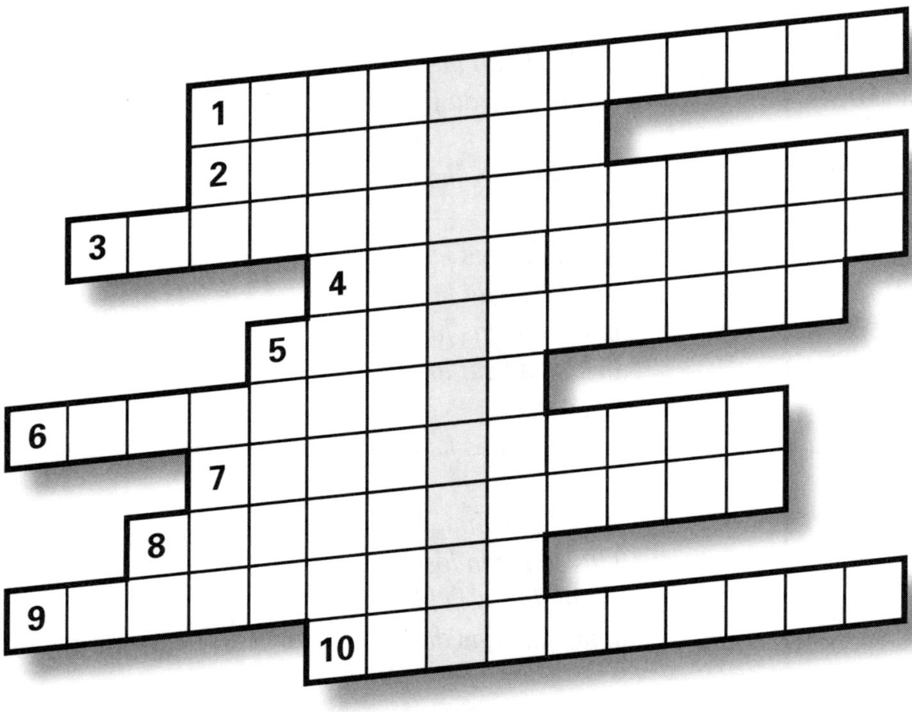

1. Dieses Urteil ist unbedingt richtig
2. Ist in sein Da geworfen
3. Eine Folgerung folgt der anderen und so weiter und so weiter
4. Anhänger des Zweifels
5. Die Zurückbeugung des Geistes auf sein Ich nach vollzogenem Erkenntnisakt
6. Wechselseitig sich bedingend
7. Beharrlich widerstehender Grundzug der Haltung
8. Eine beinahe unverständliche Einstellung, die Dinge von ihrer besten Seite her zu sehen
9. Entblößter Philosoph im Faß
10. Gegenbehauptung

Markus Lion

Warum **Computer** keine ***Lust*** haben

Kennen Sie das: Eben hat Ihnen das Essen noch besonders gut geschmeckt, und im nächsten Augenblick mögen Sie keinen Bissen mehr davon? Natürlich kennen Sie das, wir alle kennen es. Die Biologen wissen auch darum und nennen es *„Allästhesie"*: Je nach seinem Zustand schätzt der Organismus einen Sinnesreiz mal als angenehm, mal als unangenehm ein.

Alle Lebewesen kennen dieses Phänomen, Computer nicht. Wieso denn nicht, werden Sie jetzt sagen, handelt es sich dabei nicht einfach um einen Regelkreis? Den hat doch schon mein Toaster! Nein, denn Allästhesie ist kein einfacher Überlaufregler; es kommt noch etwas Spezifisches hinzu, und eben darum geht es mir hier. Sie und ich haben nämlich manchmal auch Lust auf etwas, das wir noch nie zuvor gekostet haben, und auch dann können wir genau spüren, wann wir genug davon haben. Ihr Brotröster würde alles ungerührt verkohlen, was nicht zufällig die Konsistenz einer Toastschnitte hat, und auch der Computer weiß mit Neuem nichts Gescheites anzufangen. Er kann es allenfalls in Bekanntes verwandeln, doch das Erlebnis des Neuen bleibt ihm verwehrt.

„Erlebnis?" höre ich Sie fragen. „Haben Computer Erlebnisse?" Nun ja, das weiß eben keiner! Aber man arbeitet an der Frage, ob große Quantität von Informationen irgendwann in Qualitäten wie Bewußtsein oder Empfinden umschlagen kann. Nie! sagen die einen, hier handelt es sich einfach um einen Kategorienfehler. Wieso nicht, sagen die anderen, diese Kategorien könnten ja bloße Anthropomorphismen (Vermenschlichungen) sein. Und so gibt es einen ernsthaften philosophischen Streit um derartige Fragen. Da argumentiert Churchland kontra Searle[1], steht Syntax (Satzlehre) versus Semantik (Lehre von der Bedeutung der Wörter), und wir haben ein analytisches Problem vor uns, bei dem es letztlich um die Frage geht, ob der Satzbau als solcher schon Bedeutung trägt. Weil das aber Definitionssache ist, kommt es (frei nach Hanns Dieter Hüsch) zur Krise dieser Analyse, gefolgt von der Analyse dieser Krise. Entschieden wird das Ganze nicht von den streitenden Philosophen, sondern von Ingenieuren, die uns ihre technischen Vorschriften vor die Nase setzen, und den Philosophen geht es wie Alice im Wunderland:

„Wenn ich ein Wort gebrauche", sagte Goggelmoggel in recht hochmütigem Ton, „dann heißt es genau, was ich für richtig halte – nicht mehr und nicht weniger."

„Es fragt sich nur", sagte Alice, „ob man Wörter einfach etwas anderes heißen lassen kann."

„Es fragt sich nur", sagte Goggelmoggel, „wer der Stärkere ist, weiter nichts."[2]

So kämpft hier Software gegen Software. Die Hardware ist Nebensache. „Was hätte denn so ein Problem auch mit Hardware zu tun?", fragen Sie jetzt vielleicht, „Hardware geht Philosophen nichts an, sie wirft nur Schatten auf die Wand ihrer Höhlen." Schade, meine ich, denn in diesem Fall entgeht Ihnen ein wichtiger Unterschied zwischen Maschinen und Organismen: *Lebewesen haben keine Hardware.* „Nicht? Und was ist dann der Körper?", höre ich Sie einwenden. Genau – der Körper! Schauen Sie ihn bitte von nahem an, und Sie werden nirgends Hardware finden! Lebendige Körper bauen sich nämlich unablässig um; Sie und ich sind physisch jetzt schon nicht mehr, was wir noch zu Beginn dieser Betrachtung waren. Wir verstoffwechseln Nahrung, unsere Knochen verformen sich, in unserem Gehirn suchen sich Neuronen ihren Weg, Rezeptoren entstehen oder verschwinden, und so weiter und so fort. Wir wußten ja schon, daß man nicht zweimal in den selben Fluß steigen kann, doch es kann eben auch nicht derselbe zweimal in einen Fluß steigen!

Die Natur treibt es sogar noch wilder: Der lebende Körper baut sich *nach Bedarf* um. Nach wessen Bedarf? Hinterhältige Antwort: Nach Eigenbedarf! Hinterhältig deshalb, weil sich nicht hinterfragen läßt, was „Eigen" ist. Individualität ist unhintergehbar; Manfred Frank hat uns das klargemacht[3]. Es verbirgt sich hier kein heimliches Programm, der Körper steuert sich selbst. Manches will er, manches will er nicht, aber wenn er was will, kann er sich selbst übersteigen, indem er Neuland betritt. Sein Gehirn ist neu-gierig. Wäre es das nicht, hätten wir keine Computer und keine Philosophie und damit auch nicht das hier diskutierte Problem. So aber treibt uns gerade das Körperliche in eine intellektuelle Konkurrenz zu unseren Maschinen.

Viele Philosophen sind dieser physischen Herkunft des Problems ausgewichen. Man hat ja keine allzu guten Erfahrungen gemacht, wenn man sich auf Körperliches einließ, denn oft genug stand man als der Blamierte da, wenn mal wieder irgendein neuentdeckter Mechanismus ein vermeintlich unumstößliches Humanum disqualifizierte. Trotzdem juckt das Mensch-Maschinen-Paradigma die Denker offenbar so sehr, daß Descartes, La Mettrie und d'Holbach in unserem Jahrhundert zahlreiche Nachfolger fanden, zumal Hilary Putnams verführerische Analogie: Körper gleich Hardware, Geist gleich Software[4] das Marionettendilemma des Leib-Seele-Problems elegant zu lösen schien.

Descartes war in dieser Sache noch vergleichsweise vorsichtig, er ließ sich eine Hintertüre offen, indem er das Empfinden zum Denken zählte[5], doch schon La Mettries „L' homme machine" machte mit solchen psychobiologischen Rücksichten kurzen Prozeß (womöglich, weil La Mettrie laut Voltaire „unstreitig der schlechteste Mediziner auf der ganzen Erde" war[6]), und in d'Holbachs Augen schien der Fall derart klar, daß er mißlungenen Exemplaren der menschlichen Maschine empfahl, sich am besten selbst aus dem Weg zu räumen.[7] Wir nun, als Ururenkel der Enzyklopädisten, fühlen uns in unserer neurowissenschaftlichen und rechnergestützten Community inzwischen so siegessicher, daß manche von uns Descartes' Notausgang ein für allemal zuschlagen möchten.

Das könnte uns freilich noch leid tun. Denn was immer auch die Tüftler in Sachen künstliche Intelligenz bisher versuchten, Empfinden wollte sich nicht programmieren lassen. Und ohne Empfinden landet freilaufende Logik stets im Münchhausen-Trilemma aus infinitem Regreß, logischem Zirkel und Abbruch des Verfahrens.[8] Man muß zum Denken offenbar doch ein Wollen spüren, denn ohne Empfinden gibt es keine Bewertung, und ohne Bewertung ist alles gleichgültig. Im Gleich-gültigen aber gibt es keine Intelligenz.

Dummerweise kann man Computern jedoch nicht beibringen, daß sie *wollen* sollen; so wenig, wie man den sprichwörtlichen Hund zum Jagen tragen kann. Der Grund ist einfach: Wollen ist von Lustempfinden geleitet, und Empfinden hat keine Syntax. Zum Spüren braucht es einen veränderlichen, erlebnisoffenen Organismus. Paradoxerweise wäre es demnach die Hardware, die künstliche Intelligenz verhindert: Hardware enthält Antworten, der Körper hingegen Fragen, und nur was noch nicht weiß, mag denken. Deshalb mein vorläufiges Fazit: Zur künstlichen Intelligenz fehlt Computern vielleicht nicht gar soviel, es fehlt ihnen aber in jedem Fall die Lust dazu!

Anmerkungen:

1. S. D. Churchland, P. M.; Smith-Churchland, P.: Ist eine denkende Maschine möglich? S. 155-161; und Searle, J. R.: Ist der menschliche Geist ein Computerprogramm? S. 148-154. In: Gehirn und Bewußtsein. Spektrum, Akad. Verl. (Hg.), Heidelberg 1994
2. Caroll, L.: Alice hinter den Spiegeln. S. 88; Insel Verlag; Frankfurt/M. 1974, S. 88
3. Frank, M.: Die Unhintergehbarkeit von Individualität. Suhrkamp, Frankfurt/M. 1974
4. Putnam, H.: Geist und Maschine. In: Zimmerli, W.; Wolf, S. (Hg.): Künstliche Intelligenz – Philosophische Probleme. Reclam, Stuttgart 1994, S. 162
5. Descartes, R.: Abhandlung über die Methode des richtigen Vernunftgebrauchs. Reclam, Stuttgart 1961, F. N. S. 32
6. Voltaire: Sämtliche Romane und Erzählungen. Bd. 1, Insel, Frankfurt/M. 1976, S. 82
7. Thiry d'Holbach, P. H.: System der Natur. Zit. aus: Dierkes, H. (Hg.): Philosophische Anthropologie. Reclam, Stuttgart 1989, S. 69 f.
8. Albert, H.: Traktat über kritische Vernunft. 5. Auflage, Mohr, Tübingen 1991, S. 15 u. passim; der Gedanke taucht allerdings schon bei Sextus Empiricus auf (Grundriß der pyrrhonischen Skepsis. Suhrkamp, Frankfurt/M. 1993, S. 120, 130, 133)

Wolfgang E. Rosenberg

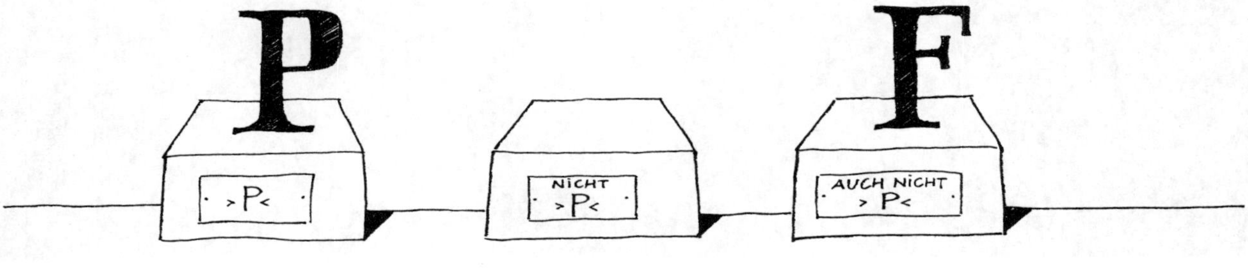

der blaue reiter

Illustration: Lucia Buser-Mayer

Barbara Schmitz

Ludwig Wittgenstein: Der Kampf mit der Sprache

„Die Arbeit an der Philosophie ist (...) eigentlich mehr die Arbeit an Einem selbst. An der eignen Auffassung. Daran wie man die Dinge sieht" (VB, S. 472). Diese für Ludwig Wittgenstein charakteristische Bemerkung macht deutlich, daß für ihn Philosophie kein Selbstzweck ist und nicht in einer fertigen Theorie oder Lehre besteht, sondern nur durch ihre Verknüpfung mit dem Leben des einzelnen als eine Tätigkeit ihren Sinn erhält. Wittgenstein deutet damit an, was sich in seiner Biographie spiegelt: die Einheit von Leben und Philosophie. Kennzeichnend für sein philosophisches Denken ist die Überzeugung, daß alle philosophischen Probleme ihre Wurzel in der Sprache haben. Philosophie ist, um ein Bild Wittgensteins zu gebrauchen, „ein Kampf gegen die Verhexung unseres Verstandes durch die Mittel der Sprache" (PU 109). Sein eigenwilliger und oft rätselhafter Stil des Philosophierens ist einerseits dadurch bedingt, daß er mit der Sprache über die Sprache reden muß, andererseits aber auch dadurch, daß er kein theoretisches System vermitteln, sondern den Leser selbst zum Denken zwingen will.

Ludwig Wittgenstein wurde 1889 in Wien als achtes und jüngstes Kind einer wohlhabenden Wiener Industriellenfamilie geboren. Neben den zum Teil musisch hochbegabten Geschwistern galt er als unauffällig und untalentiert. Die Familie unterhielt vielfältige Beziehungen zum künstlerischen Milieu der Zeit, so daß Wittgenstein im geistigen Klima Wiens der Jahrhundertwende aufwuchs, welches durch Künstler und Denker wie Karl Kraus (den er bewunderte), Gustav Klimt (der seine Schwester portraitierte) und Adolf Loos (dessen ornamentlose Ästhetik er später übernahm) geprägt war.

Zum technischen Studium ging er 1906 zuerst nach Berlin und dann nach Manchester, wo er einen Flugzeugpropeller entwarf. Dort kam er in Kontakt mit den mathematisch-philosophischen Schriften Gottlob Freges und Bertrand Russells. Diese weckten sein Interesse an den Grundlagen der Logik, so daß er zu Russell nach Cambridge fuhr und diesen mit seinen Fragen und Ideen überfiel, begeisterte und bald plagte. Er beherrschte nämlich rücksichtslos dessen Vorlesungen, folgte ihm anschließend – pausenlos auf ihn einredend – auf sein Zimmer und hörte mit dem Reden auch nicht auf, wenn Russell Besuch bekam oder sich umzog. Russell war zunächst, wie er schreibt, „im Zweifel, ob er einen Narren oder ein Genie vor sich hatte", entschied sich jedoch für das letztere, und als Wittgenstein ihn fragte, ob er Flugzeugbauer oder Philosoph werden sollte, riet er ihm zur Philosophie. Für Wittgenstein kam dies einer Berufung gleich: Er hatte seine Aufgabe gefunden. Später (als Russell und Wittgenstein sich gegenseitig bezichtigten, in der Philosophie nur Unsinn zu treiben) beschrieb Russell den jungen Wittgenstein als „leidenschaftlich, tiefgründig, intensiv und dominant". Diese Dominanz führte dazu, daß Wittgenstein bald nicht mehr Russells Schüler war, sondern ihn darüber belehrte, daß die logischen Probleme, enstanden durch Russells Versuch, Mathematik auf Logik zurückzuführen, radikaler zu lösen seien. Mit dem ehrgeizigen Ziel, der Logik ein sicheres Fundament zu verschaffen und sie so zu begründen, daß das Wesen sinnvoller Sätze einsichtig wird, begann er die Arbeit an einem Buch. Da ihm Cambridge und die Universitätsphilosophie jedoch schnell verhaßt waren, zog er sich zur Arbeit wie ein Eremit an einen einsamen norwegischen Fjord zurück. Bei Ausbruch des Ersten Weltkriegs meldete er sich freiwillig, weniger aus Patriotismus, als vielmehr dem (zu der Zeit nicht ungewöhnlichen) Wunsch folgend, durch die Nähe zum Tod für das Leben geläutert zu werden. Im Schützengraben und in italienischer Gefangenschaft entstand ein großer Teil seiner Frühphilosophie, die durch die Kriegserlebnisse insofern geprägt ist, als sich seine philosophischen Fragestellungen weg vom Wesen der Logik und hin zur Suche nach dem Subjekt von Sprache und Welt, Ethik, Ästhetik und Religion wandelten. 1918 beendete er den „Tractatus logico-philosophicus", in dessen Vorwort er ganz unbescheiden schreibt: „der Meinung zu sein, die Probleme im Wesentlichen endgültig gelöst zu haben".

Die Faszination dieses dünnen Büchleins, dessen apodiktisch (keinen Widerspruch duldend) festschreibende Sätze streng numeriert sind, besteht darin, daß es ganz verschiedenartige Themen in eine umfassende Konzeption bringt. Sein Kern ist der Gedanke, daß der Satz ein *Bild* der Tatsache in der Welt ist. Die Idee zu dieser sogenannten Bildtheorie kam ihm, als er in einem Gerichtssaal ein Modell sah, das einen Autounfall darstellen sollte. So wie ein Modellauto das Auto in der Wirklichkeit vertritt, soll der sinnvolle Satz Namen enthalten, die die Gegenstände in der Welt vertreten. Und ebenso wie die Stellung der Modellautos, ihre Struktur, die Stellung des Autounfalls symbolisieren soll, so soll die

Beziehung der Wörter im Satz, die Struktur des Satzes, die Tatsache nachbilden. Sage ich daher: „Die Uhr liegt auf dem Tisch", so ist dies ein Bild der Tatsache, daß die Uhr auf dem Tisch liegt. Kennzeichen eines sinnvollen Satzes ist zudem, daß er wahr oder falsch sein kann. Daher besteht die Bedingung für einen sinnvollen Satz darin, daß er eine Tatsache darstellt, die möglich ist. Wahr ist der Satz, wenn diese Tatsache in der Welt der Fall ist, falsch ist er, wenn sie nicht der Fall ist (Korrespondenztheorie der Wahrheit). Die Möglichkeiten für die sinnvollen Sätze (und damit auch für die Tatsachen) werden von der Logik vorgegeben. Diese Bedingung nennt er die „logische Form". Da die Logik die Grenzen der Möglichkeiten bestimmt, fallen die Grenzen der Sprache und die Grenzen der Welt zusammen, so daß er folgern kann: „Die Grenzen meiner Sprache sind die Grenzen meiner Welt." Ein Ziel des „Tractatus" besteht darin, diese Grenzen auszuloten und festzulegen, so daß sinnvolle Sätze von unsinnigen oder sinnlosen unterschieden werden können. Ein sinnvoller Satz wie z. B. „Heute regnet es" ist ein

Russell war sich im Zweifel, ob er einen Narren oder ein Genie vor sich hatte.

Satz über eine Tatsache und hat einen ganz bestimmten Sinn; er kann wahr oder falsch sein. Ein unsinniger Satz wie z. B. „Grüne Ideen schlafen kurios" stellt keine mögliche Tatsache dar und kann daher auch nicht wahr oder falsch sein. Als dritte Gruppe nennt Wittgenstein sinnlose Sätze, zu denen z. B. der logische Satz „Entweder es regnet oder es regnet nicht" („p oder nicht p") gehört. Solche Sätze stellen keine mögliche Tatsache dar, sondern geben die Bedingungen, den Rahmen für die Abbildung von Sprache und Welt an, das heißt, wir müssen die Welt so beschreiben, daß es entweder regnet oder nicht (entweder p oder nicht p). Sie sind darum auch entweder immer wahr (eine Tautologie) oder immer falsch (eine Kontradiktion). Wittgenstein umschreibt ihren besonderen Status damit, daß sinnlose Sätze nichts ***sagen*** über die Welt, aber etwas ***zeigen*** über das Gerüst dieser Welt. Diese Unterscheidung von Sagen und Zeigen wertet er als die wichtigste Einsicht des „Tractatus", und durch sie bekommt die rigide Grenzziehung der Welt als Welt der Tatsachen einen anderen Sinn: Was außerhalb der Welt der Tatsachen liegt, läßt sich zwar nicht sinnvoll sagen, aber es zeigt sich. Dazu gehören Ethik und Ästhetik (die Wittgenstein kurzerhand für eins erklärt), Gott und der Sinn des Lebens. Außerdem zählen dazu auch die Sätze des „Tractatus", die strenggenommen sinnlos sind, aber eine Leiter darstellen, auf der man emporklettert, um die Welt dann „richtig zu sehen". Dies ist der Hintergrund für den letzten (und wahrscheinlich berühmtesten) Satz des Buches: „Wovon man nicht sprechen kann, darüber muß man schweigen" (TLP 7). Er ist keineswegs banal oder lapidar, sondern verweist darauf, daß wir über die Welt nur in Tatsachensätzen sprechen können, und daß alles andere sich zeigen muß.

Gemäß der Auffassung, daß sich das Ethische nicht sagen läßt, sondern sich im Leben, in der Haltung und der praktischen Handlung zeigen muß, zog Wittgenstein radikale Konsequenzen aus dem Buch: Er verschenkte sein Vermögen an mittellose Dichter wie Rilke und Trakl, gab die Beschäftigung mit der Philosophie auf und wurde Volksschullehrer in einem österreichischen Dorf. In Wien las unterdessen die unter dem Namen Wiener Kreis bekannt gewordene Gruppe von Wissenschaftlern und Philosophen den „Tractatus" und machte seine Ideen zum Zentrum ihrer „wissenschaftlichen Weltauffassung". Für sie bestand der Sinn des Buches darin, daß es nur wissenschaftliche Sätze geben kann, die durch die Tatsachen der Welt als wahr bewiesen, verifiziert (nachprüfen, die Richtigkeit einer Behauptung beweisen) werden können. Als es aber Ende der 20er Jahre zu Treffen Wittgensteins mit Mitgliedern des Kreises kam, stellten diese verdutzt fest, daß sie weniger einen Wissenschaftler als vielmehr einen „Künstler", wie Rudolf Carnap ihn nannte, vorfanden, der es vorzog, ihnen den Rücken zukehrend Gedichte vorzulesen, statt über wissenschaftliche Weltauffassungen zu reden. Nicht nur Wittgensteins dominantes, eigenbrötlerisches Temperament hinderte ihn, sich einer solchen Gruppe anzuschließen; gänzlich fremd war ihm die Geisteshaltung des Wiener Kreises, der auf der Grundlage der Wissenschaften die Probleme der Philosophie erledigen wollte. Er nahm immer eine sehr wissenschaftskritische, kultur- und fortschrittspessimistische Haltung ein. „Die Philosophie ist keine der Naturwissenschaften" (TLP 4.111) war schon im „Tractatus" zu lesen und Ausdruck davon, daß Philosophie andere Methoden und andere Probleme als die Wissenschaften hat, weil ihr Material – die Sprache und ihre Bedeutungen – nicht mit wissenschaftlichen Mitteln zu erfassen ist.

Bevor es zu diesen Treffen mit dem Wiener Kreis kam, hatte Wittgenstein bereits sechs Jahre als Volksschullehrer in abgelegenen österreichischen Dörfern gearbeitet. Er quälte seine Schüler mit zwei Stunden Algebra täglich, und da er oft unbeherrscht war, prügelte er zuweilen unbegabtere Schüler. Aufgrund solcher Vorfälle mußte er den Lehrerposten 1926 aufgeben. Er kehrte zunächst nach Wien zurück und baute für seine Schwester ein Haus, das er als „hausgewordene Logik" verstand und das noch heute in Wien zu besichtigen ist. Danach arbeitete er als Gärtnergehilfe in einem Kloster und trug sich mit dem Gedanken, Mönch zu werden. Wittgenstein war sein Leben lang ein tief religiöser Mensch, aber sicher nicht immer im christlichen Sinne. Als ein kluger Abt dies erkannte und meinte, daß Wittgensteins Probleme nicht durch den Eintritt in ein Kloster zu lösen seien, entschloß dieser sich zur Rückkehr zur Philosophie. In Cambridge machte man den Verfasser des inzwischen berühmten „Tractatus" zum Professor, obwohl er nie ein Universitätsstudium absolviert hatte. Er war ein „Professor wider Willen", denn er haßte sein Leben lang die Universitätsphilosophie und die Berufsphilosophen. Von dem einzigen philosophischen Kongreß, an dem Wittgenstein teilnahm, berichtet ein anderer Philosoph: Als er einen jüngeren Mann mit Rucksack, kurzen Hosen und offenem Hemd sah, dachte er, daß hier verse-

hentlich ein Student unter die Kongreßteilnehmer geraten war und sprach ihn an: „Ich fürchte, daß hier heute ein Philosophiekongreß stattfinden wird." „Ich auch", gab Wittgenstein zurück.
Diese Abneigung gegen Berufsphilosophen war auch der Grund, weshalb er seine Studenten – mit wechselndem Erfolg – davon zu überzeugen suchte, die Philosophie aufzugeben um Arzt oder Mechaniker zu werden. Als Lehrer verfolgte er außerdem unkonventionelle Lehrmethoden: Statt Vorlesungen zu halten, stellte er sich vor seine Studenten, dachte laut über Probleme nach und stellte seine Zuhörer zur Rede. Er duldete nur einen sehr kleinen Kreis um sich und lebte ansonsten sehr zurückgezogen. Er hatte zwei Vorlieben, für die er viel Zeit opferte: Detektivgeschichten und Western. Seine Homosexualität war, wie seine Tagebuchaufzeichnungen zeigen, ein großes Problem für ihn, und unter den wenigen Liebesbeziehungen, die er meist zu Studenten hatte, litt er unmäßig.
Mit Ausbruch des Zweiten Weltkriegs unterbrach er seine Lehrtätigkeit und arbeitete zwei Jahre in einem Krankenhaus, wo er den Angestellten seinen Namen, der inzwischen berühmt war, verschwieg. 1947 gab er seinen Lehrstuhl endgültig auf, um intensiver an seinen Manuskripten zu arbeiten. 1949 erfuhr er von seiner Krebserkrankung. Bis zwei Tage vor seinem Tod im April 1951 arbeitete an seinem letzten Manuskript, in dem er sich mit erkenntnistheoretischen Problemen beschäftigt, und das heute unter dem Titel „Über Gewißheit" als Buch vorliegt. Wittgenstein veröffentlichte zu Lebzeiten nur den „Tractatus", einen kurzen Vortrag und ein „Wörterbuch für Volksschulen" (in dem er als Volksschullehrer schwierige Wörter gesammelt hatte). Seinen Nachlaßverwaltern hinterließ er jedoch 20 000 Seiten an Manuskripten und Typoskripten. In diesen mischen sich persönliche Aufzeichnungen und philosophischen Bemerkungen, wobei erstere in einer leicht zu entschlüsselnden Geheimschrift verfaßt wurden. Nach einigem Zögern der Nachlaßverwalter sind heute die wichtigsten Werke von Wittgensteins Spätphilosophie veröffentlicht. Ein gutes Bild seiner Persönlichkeit liefert die unter dem Titel „Vermischte Bemerkungen" herausgegebene Sammlung von Stellungnahmen zu verschiedenen Themen.
Als das philosophische Hauptwerk können die „Philosophischen Untersuchungen" gelten. Schon im Stil unterscheiden sie sich radikal vom apodiktisch festschreibenden Frühwerk, denn sie bestehen aus einer bunten Sammlung von Bemerkungen, die Gedankenexperimente aufstellen, wirkliche und erfundene Gebrauchsweisen und Situationen der Sprache vorstellen und mit fiktiven Gesprächspartnern scheinbar harmlose philosophische Äußerungen untersuchen. Auch wenn man inzwischen weiß, daß

„Wovon man nicht sprechen kann, darüber muß man schweigen."

der scheinbare Bruch zwischen dem frühen und dem späten Wittgenstein eigentlich eine langsame Entwicklung mit vielen Zwischenschritten war, so ist das Spätwerk doch eine radikale Abrechnung mit den früheren Ideen. Zielscheibe der Kritik ist die Voreingenommenheit des „Tractatus", daß Sprache auf eine ganz bestimmte Weise funktioniert und jedes Wort einen klaren, fest bestimmten Sinn hat. Sieht man sich nämlich an, wie wir sprechen, so hat Sprache ganz viele verschiedene Verwendungsweisen und erfüllt ganz unterschiedliche Zwecke. Wittgenstein vergleicht die Sprache darum mit einem Werkzeugkasten, in dem es ganz unterschiedliche Gerätschaften gibt, die auf verschiedene Weise verschiedene Funktionen erfüllen. Um zu verstehen, wie Sprache funktioniert, müssen wir uns an der Alltagssprache orientieren, und um zu verdeutlichen, daß es keine allgemeine Theorie geben kann, die alle Aspekte der Sprache erfaßt, erfindet Wittgenstein den Begriff Sprachspiel. Unter einem Sprachspiel werden kleine Ausschnitte der Sprache verstanden, deren wichtigster Aspekt es ist, zu zeigen, daß sprachliche Äußerungen mit der nichtsprachlichen Umgebung so untrennbar verflochten sind, daß jeder Satz immer nur in einem Kontext aus Handlungen eine Bedeutung hat. Erst die Umgebung gibt den Worten eine Bedeutung, und für jede Sprache sind mehrere Sprecher nötig, die eine kulturelle Lebensform teilen. Der Vergleich zwischen Sprache und Spiel bringt außerdem einen weiteren Aspekt der Sprache ins Blickfeld. Jedes Spiel hat Regeln, aber diese Regeln sind keine starren, fixen Regeln, die jede

Anzeige

LUDWIG WITTGENSTEIN
DENKBEWEGUNGEN
DIE NEUENTDECKTEN TAGEBÜCHER
1930-1932, 1936-1937

Herausgegeben von Ilse Somavilla im Auftrag des Forschungsinstituts Brenner-Archiv, Innsbruck
und in Zusammenarbeit mit dem Wittgenstein-Archiv der Universität Bergen
Diplomatische und normalisierte Fassung in zwei Bänden im Schuber, zusammen 416 Seiten, DM 72.-

haymonverlag

mögliche Situation des Spiels erfassen, so wie die logischen Regeln des „Tractatus“ der Welt einen festen Rahmen aufzwangen, sondern sie sind fließend und veränderlich. Diese Vagheit in den Regeln ist für die Sprache entscheidend und tut der Verständigung keinen Abbruch, denn die Bedeutung eines Wortes ist gerade nicht ein feststehender Gegenstand. Ein Wort kann in seinem Gebrauch ganz verschiedene Sachen bezeichnen und Funktionen erfüllen. Sowenig wie alle Spiele (Kartenspiele, Brettspiele, Würfelspiele, Fußball) ein gemeinsames Merkmal haben, das uns berechtigen würde, sie „Spiel“ zu nennen, sowenig entspricht unseren Wörtern eine feste Definition oder ein bestimmter Gegenstand. Die Ähnlichkeit zwischen verschiedenen Spielen bezeichnet Wittgenstein, bezugnehmend auf die Ähnlichkeiten unter verschiedenen Familienmitgliedern, als „Familienähnlichkeit“. Da die Bedeutung eines

„Der Philosoph ist nicht Bürger einer Denkgemeinde. Das ist es, was ihn zum Philosophen macht.“

Wortes ebenso in einer Vielzahl miteinander verwandter Bedeutungen besteht und Sprache daher nicht allein der Informationsübermittlung dient, vergleicht Wittgenstein das Verstehen der Sprache mit dem Verstehen von Musik (Wittgenstein liebte klassische Musik und spielte Klarinette. Diese pflegte er in einem alten Strumpf aufzubewahren und mit sich zu tragen. Außerdem konnte er ganze Symphonien auswendig pfeifen, was für seine Zuhörer jedoch nicht immer ein Vergnügen war). In den „Philosophischen Untersuchungen“, wie auch im „Tractatus“, ist die Untersuchung der Sprache kein Selbstzweck. Als sein Ziel formuliert Wittgenstein im Spätwerk vielmehr: „Der Fliege den Ausweg aus dem Fliegenglas zeigen.“ Dieses Fliegenglas sind philosophische Verwirrungen und Denkgewohnheiten, die entstanden sind, weil wir das Funktionieren unserer Sprache nicht verstehen. Einen Eindruck davon, was Wittgenstein unter dieser Befreiung von Denkgewohnheiten verstanden hat und was seine spezifische Art zu philosophieren ausmacht, bekommt man am besten, wenn man sich eine seiner Bemerkungen ansieht. Wenn ich den Satz „Ich habe Schmerzen“ äußere, mache ich eine Bemerkung über mein Innenleben. Nur ich kenne meine Schmerzen, weiß daher, ob dieser Satz wahr ist, und weiß auch nur von mir selbst, was Schmerzen sind und was das Wort „Schmerz“ bedeutet. Anderen Menschen geht es ebenso: Mit dem Wort „Schmerz“ bezieht sich jeder auf sein Innenleben. In einem Gleichnis mit einem fiktiven Gesprächspartner beschreibt Wittgenstein, wohin diese scheinbar harmlose philosophische Idee führt:

„Angenommen, es hätte Jeder eine Schachtel, darin wäre etwas, was wir ‚Käfer‘ nennen. Niemand kann je in die Schachtel des Andern schaun; und Jeder sagt, er wisse nur vom Anblick seines Käfers, was ein Käfer ist. – Da könnte es ja sein, daß Jeder ein anderes Ding in seiner Schachtel hätte. Ja, man könnte sich vorstellen, daß sich ein solches Ding fortwährend veränderte. – Aber wenn nun das Wort ‚Käfer‘ dieser Leute doch einen Gebrauch hätte? – So wäre er nicht der der Bezeichnung eines Dings. Das Ding in der Schachtel gehört überhaupt nicht zum Sprachspiel; auch nicht einmal als ein *Etwas*: denn die Schachtel könnte auch leer sein. – Nein, durch dieses Ding in der Schachtel kann ‚gekürzt werden‘; es hebt sich weg, was immer es ist“ (PU 293). In knapper bildhafter Form führt Wittgenstein hier vor, wie ein philosophisches Bild in ein Paradox führt. Wenn ich annehme, daß jeder nur durch die Kenntnis seines Käfers das Wort „Käfer“ gebrauchen kann, dann wird das geheimnisvolle Ding in der Schachtel, bei dessen Wiedererkennen ich mich täuschen könnte, unwichtig. Der Irrtum liegt darin, daß der Satz „Ich habe Schmerzen“ äußerlich dem Satz „Ich habe 50 Pfennig in meiner Hosentasche“ zu gleichen scheint, obwohl er auf ganz andere Weise funktioniert. Mit dem Wort „Schmerz“ benenne ich keinen subjektiven, privaten Gegenstand in mir, sondern der Satz „Ich habe Schmerzen“ ist deswegen bedeutungsvoll, weil er in einer öffentlichen, intersubjektiven (zwischen den einzelnen Subjekten, ihnen gemeinsam) Sprache gebraucht wird, weil wir auf Schmerzen reagieren, sie behandeln usw. Damit will Wittgenstein die Blickrichtung ändern: Nicht der Bezug auf einen privaten Gegenstand macht das Wort „Schmerz“ bedeutungsvoll, sondern der öffentliche Kontext einer Sprachgemeinschaft in einer kulturellen Lebensform mit ihren Gebräuchen und Institutionen gibt Wörtern ihre Bedeutung. Die Kritik Wittgensteins richtet sich damit letztlich gegen das Descartesche dualistische Bild vom Menschen, demzufolge der Mensch in ein privates Innenleben und ein öffentliches Außenleben geteilt wird. Wittgenstein will zeigen, daß dieses Bild durch eine „Verhexung unseres Verstandes durch die Mittel der Sprache“ (PU 109) entstanden ist. Eine Untersuchung der Sprache zeigt, daß wir eine Sprache nur in einer Gemeinschaft haben können und nur durch unsere Einbettung in einen intersubjektiven Kontext uns selbst und andere verstehen können.

Wittgensteins Kampf mit der Sprache ist eine Auseinandersetzung mit solchen Denkgewohnheiten und scheinbaren Selbstverständlichkeiten. Sein Leben und Werk spiegelt damit, was er selbst als Kennzeichen des Philosophen verstand: „Der Philosoph ist nicht Bürger einer Denkgemeinde. Das ist es, was ihn zum Philosophen macht“ (Z 455).

Alle Zitate Wittgensteins sind der Werkausgabe in acht Bänden, Suhrkamp, Frankfurt 1984, entnommen. Zitiert wird folgendermaßen: TLP – „Tractatus logico-philosophicus“ nach der Satznummer. PU – „Philosophische Untersuchungen“ und Z - „Zettel“ nach der Paragraphennummer; VB – „Vermischte Bemerkungen“ nach der Seitenzahl. Bücher zum Thema:

Zur Biographie verweise ich auf das von mir für diesen Artikel verwendete und sehr zu empfehlende Buch von Ray Monk: Ludwig Wittgenstein. Das Handwerk des Genies. Stuttgart 1992. Klett Cotta. Als Einführung in Wittgensteins Philosophie bieten sich an: Joachim Schulte: Wittgenstein. Eine Einführung. Reclam, Stuttgart 1989.

Wilhelm Vossenkuhl: Ludwig Wittgenstein. Beck´sche Reihe, München 1995.

Barbara Schmitz promoviert an der Universität Freiburg bei Prof. Klaus Jacobi.

Kai Kresse

Afrika:

Philosophen ohne Sprache?

Ein Gespräch zwischen Kwasi Wiredu und Kai Kresse

Kai Kresse: *Prof. Wiredu, seit den frühen Jahren der Diskussion um die afrikanische Philosophie wird Ihre Aussage, daß „afrikanische Philosophie noch im Entstehen begriffen" sei, oft zitiert, heiß diskutiert und kritisiert. Später haben Sie verstärkt philosophische Begriffe Ihrer eigenen kulturellen Gemeinschaft, der Akan aus Ghana, in Ihre Arbeit einbezogen. Auf diese Weise haben Sie selbst sowohl „modernistische" als auch „traditionalistische" Ansätze verfolgt. Beide sind in dem Programm enthalten, das Sie zur Zeit verfolgen: der „Entkolonialisierung des afrikanischen Denkens". Ist das richtig?*

Kwasi Wiredu: Viele Leute haben die Beobachtung gemacht, daß zu Beginn meiner Laufbahn die modernistische Tendenz entschiedener gewesen wäre. Aber eigentlich ist das nicht der Fall. Schon in meinen frühen Schriften kann man erkennen, daß beide Elemente vertreten sind. Aber es scheint, daß gerade meine Feststellung, daß die afrikanische Philosophie noch im Entstehen begriffen ist, völlig mißverstanden wurde, so weit, daß manche Leute sogar denken, ich hätte damals behauptet, es gäbe gar keine traditionelle afrikanische Philosophie. Tatsächlich habe ich aber in ebendemselben Aufsatz die Meinung vertreten, daß Afrikaner sehr wohl ihre eigenen Philosophien haben, die hinsichtlich ihres Horizontes und ihrer Bedeutung keinerlei Zugeständnisse benötigen. Bevor ich sagte, daß afrikanische Philosophie noch im Entstehen sei, hatte ich bereits gesagt, daß wir in Afrika zwei Aufgaben gegenüberstehen: erstens müssen wir unsere eigenen Philosophien studieren und zweitens alles verwenden, was wir von ihnen gebrauchen können. Das müssen wir mit dem verbinden, was wir von der modernen Welt lernen können, zu philosophischen Ansätzen, mit denen wir leben können. Wir müssen uns an die Synthese machen. Ich betone die Synthese deshalb so emphatisch, weil einige afrikanische Philosophen die Wichtigkeit dieses Ansatzes verkannt haben. Ihnen schien nicht klar zu sein, daß wir eine solche Synthese benötigen, wenn wir in dieser gegenwärtigen Welt vorankommen wollen.

Was mir behilflich war, mich neuerdings auf die traditionellen Aspekte zu konzentrieren, war meine Arbeit in den USA. Dort erhielt ich mehr Möglichkeiten, afrikanische Philosophie zu lehren und zu diskutieren, als in Afrika. Als ich in Ghana war, gab es mehrere kompetente Leute, die afrikanische Philosophie lehren konnten (zum Beispiel Gyekye), aber wir mußten auch Logik, Erkenntnistheorie und so weiter lehren, um das Programm einer Synthese umsetzen zu können. Das alles könnte wohl so etwas wie eine „Verlagerung" in meinem Denken erklären.

Afrikanische Philosophie, die im Entstehen begriffen ist, will also dem gegenwärtigen Afrika helfen, sich zu modernisieren, ohne sich einer neuen Kolonialisierung auszusetzen?

Ja. Der Punkt ist, daß wir Einsichten unserer kulturellen Tradition mit Einsichten der modernen Welt zu einer Synthese bringen müssen. Wenn wir Erfolg haben, dann wird der Begriff „afrikanische Philosophie" in bezug auf diese Synthese benutzt und nicht mehr überwiegend in bezug auf traditionelle afrikanische Philosophie. Dieses Vorgehen schließt eine Bewertung der traditionellen Philosophie ein, und diesbezüglich habe ich meine Haltung nicht geändert: es ist nicht alles schon einfach deshalb gültig, weil es zu unserer Tradition gehört. Einige Dinge müssen korrigiert und modifiziert werden. Trotzdem bin ich zufrieden mit den vielen Dingen unserer Tradition, auf die wir zurückgreifen können.

Ich führte eingangs Ihr Zitat als Beleg an für die veränderte Diskussion über afrikanische Philosophie. In den siebziger und frühen achtziger Jahren gab es ja eine sehr scharfe Diskussion und die Aufspaltung in regelrechte

Kwasi Wiredu:

phil. Promotion in Oxford; langjährig Professor für Philosophie an der University of Ghana, Legon; Gastprofessuren an der University of Ibadan, Nigeria, University of California, Los Angeles, University of Richmond, Virginia, und am Carlton College, Minnesota. Professor für Philosophie an der University of South Florida, Tampa. Vizepräsident des Inter African Council for Philosophy. Über 90 veröffentlichte Artikel zu Epistemologie, Logik, Sprachphilosophie, zur afrikanischen Philosophie und zur Menschenrechtsproblematik, Herausgeber verschiedener philosophischer Journale.
Wichtigste Buchveröffentlichungen:
Philosophy and an African Culture (1980), Person and Community: Ghanaian Philosophical Studies (Hg., zusammen mit Kwame Gyekye, 1992), Cultural Universals and Particulars: An African Perspective (1996).

Lager der Traditionalisten und Modernisten. Ich betrachte Ihr philosophisches Programm, ebenso wie das Sage-Philosophy-Projekt des verstorbenen Henry Odera Oruka, als Ansatz der Vermittlung. Sie beide arbeiteten einerseits an der Dokumentation traditioneller afrikanischer Philosophie und formulierten andererseits eine zeitgenössische Kritik; zudem versuchen Sie, beides zu vereinigen und die „traditionelle Philosophie" für die Probleme von heute fruchtbar zu machen. Genau darin sehe ich die Verlagerung, die sich für die Diskussion als produktiv erwiesen hat.

Ja. Ich halte das Sage-Philosophy-Projekt für eines der bedeutendsten Projekte auf dem Gebiet der afrikanischen Philosophie. Wie Sie aus meinem Buch „Philosophy and an African Culture" ersehen können, habe ich von Anfang an versucht, mich zu der Bedeutung dieses Projektes klar zu äußern. In dem Kapitel „What is Philosophy?" zum Beispiel, welches nicht nur afrikanische Philosophie diskutiert, sage ich, daß unsere eigene traditionelle Philosophie zuallererst aus dem Denken unserer eigenen Philosophen hervorgegangen sein muß. Da aber nichts aufgeschrieben worden ist, würde es zur bedeutenden Aufgabe der Forschung werden, den Gedanken dieser Weisen („sages") auf den Grund zu gehen. Ich war sehr froh, als Oruka mit seinen Forschungen begann, weil unter Beweis gestellt werden mußte, daß wir nicht nur Volksphilosophien haben, sondern daß es in unserer Tradition bis heute Philosophen gibt, die neue und eigenständige Gedanken hervorbringen. Es ist eine Tragödie, daß diese Gedanken meist nicht schon eher aufgeschrieben worden sind.
Oruka hat unter anderem gezeigt, daß keine besondere Tugend darin besteht, daß ein ganzes Volk dasselbe sagt. Wenn man mit Philosophen spricht, erhält man ganz verschiedene Perspektiven. Ich weiß allerdings nicht, inwieweit diese Arbeit eine Annäherung der beiden Fraktionen von Modernisten und Traditionalisten bewirkt hat. Wenn sie diese Wirkung gehabt haben sollte, wäre das natürlich wunderbar. Aber das, was den Lebensnerv der Traditionalisten am meisten trifft, ist die Forderung, daß wir uns der Tradition kritisch nähern müssen; genau das nämlich wollen sie nicht. Hier liegt der Hauptstreitpunkt. Auch möchten die Traditionalisten keine Synthese mit der westlichen Kultur, insbesondere, wenn es darum geht, die eigene Kultur zu verbessern. Sie vertreten die Auffassung, daß man, wenn man über Logik, über Frege und Russell et cetera schreibt, nur an der Philosophie einer anderen Kultur partizipiert und das alles für die afrikanische Kultur gar nicht relevant ist.

Während Sie philosophische Probleme mehr und mehr in ihren kulturellen Kontexten beschreiben, sie kommentieren und systematisch einordnen, beschränken sich die Traditionalisten auf die bloße Beschreibung gemeinschaftlichen Denkens, ohne darüber hinauszugehen. Das scheint mir der zentrale Unterschied im Philosophieverständnis zu sein.

Ja, sie beschreiben, sie versuchen aber nicht einmal die Ereignisse zu interpretieren, geschweige denn, sie zu bewerten. Es wird uns nicht weiterhelfen, die Geschehnisse nur beschreibend nachzuerzählen. Nur Erzählen reicht nicht aus. Wir müssen interpretieren. Die Interpretation ist der erste Schritt zur Begriffsbildung. Wenn man sich mit der Begriffsbildung, der Ausbildung von Denkkategorien in Afrika beschäftigt – dies bringt uns nun zum Thema Dekolonialisierung –, wird man herausfinden, daß viele Dinge, die in der Literatur über afrikanische Menschen gesagt werden, tatsächlich von dem Überstülpen westlicher Begriffe über unsere Denkinhalte herrühren. Unsere Denkweise wird in westlichen Kategorien beschrieben wie zum Beispiel dem Spirituellen („spiritual") und dem Übernatürlichen („supernatural"). Ich glaube, daß diese Begriffe nicht passen und die Anwendung dieser Denkmodelle auf unser Denken unbedingt kritisiert werden muß. Das ist, glaube ich, der wirkliche Beginn der begrifflichen Entkolonialisierung.

Dabei ist natürlich der entscheidende Punkt die Sprache. Sie beschreiben die Notwendigkeit, die Sprache, das heißt

Afrikaner haben sehr wohl ihre eigenen Philosophien, die hinsichtlich ihres Horizontes keine Zugeständnisse benötigen.

Das *Sage-Philosophy*-Projekt von H. Odera Oruka:

1975 begann Odera Oruka, im ländlichen Kenia Männer und Frauen aufzusuchen, die von ihrer Gesellschaft als „Weise" (engl.: „sages") bezeichnet wurden. Mit diesen führte er in der jeweiligen afrikanischen Sprache philosophische Interviews und unterteilte die „Weisen" entsprechend ihrer gezeigten reflexiven und argumentativen Qualitäten sowie der Fähigkeit zu eigenständiger Begriffsbildung in Mythologen oder Volksweise („folk sages") und in philosophische Weise („philosophical sages"), die traditionellen Philosophen in den oralen Kulturen Afrikas. Odera Oruka nutzte dieses Projekt zum Beleg des Vorhandenseins eigener philosophischer Reflexivität in afrikanischen Kulturen und verstand es als vermittelnden dritten Weg zwischen der sogenannten Ethnophilosophie und akademischer Philosophie in Afrika. Seine maßgebende Zusammenstellung und Auswertung Sage Philosophy, mit kommentierenden Aufsätzen zu Ansatz und Methodologie sowie kritischen Stellungnahmen anderer Philosophen, wurde 1990/1991 von ihm herausgegeben (Leiden/Nairobi). Seine Position wurde zu einer der meistdiskutierten in der afrikanischen philosophischen Debatte.
Zu Projekt, Gesamtwerk und Rezeption vgl. A. Graness/K. Kresse (Hg.): Sagacious Reasoning. H. Odera Oruka in memoriam. (Frankfurt, Peter Lang 1997), mit ausgewählten Aufsätzen von und zu Odera Oruka sowie einer Bibliographie seiner Werke.

Diejenigen, die an interkultureller Philosophie interessiert sind, sollten den Wunsch haben, auch in anderen Sprachen zu philosophieren, ganz besonders in Sprachen, die sehr verschieden von der eigenen sind.

die philosophischen Begriffe, vom kolonialen Ballast zu befreien. Mit einem Ausdruck von Ngugi könnte man sagen, daß eine Kolonialisierung des Geistes („mind") stattgefunden habe, und das Ziel nun sein müsse, den Geist auf allen verschiedenen Ebenen zu entkolonialisieren. Ngugi selbst bemüht sich auf literarischem Gebiet darum, Ihr Programm dagegen auf philosophischem. In beiden Fällen können wir von einer „Befreiung der Sprache" sprechen, in der Afrikaner denken und sich ausdrükken.

Dabei gibt es mehrere Schwierigkeiten, allen voran vielleicht die Relativität der Sprachen. Sie selbst haben dargestellt, daß der berühmte Satz von Descartes, „cogito ergo sum", in Ihrer Sprache, dem Akan, keinen vernünftigen Satz ergibt. Das scheint ein unlösbares Problem zu sein, da der Anfang der Philosophie ja unvermeidlich in der Sprache liegt, in der jemand spricht, mit deren Hilfe er die Welt erkennt und sie als sinnvoll konstruiert. Nehmen wir Sie als Beispiel: ein Akan, der in englischer Sprache studiert und so gelernt hat, auf Englisch zu philosophieren; bleibt da nicht immer ein Dilemma zwischen beiden Möglichkeiten? Sie können entweder auf Akan oder auf Englisch philosophieren, aber selbst beim gleichen Thema würden Sie dabei zwei verschiedene Wege des Philosophierens beschreiten. Meine Frage ist: Muß nicht das Sprachproblem in dem Projekt eines interkulturellen Dialogs bearbeitet werden, der, wenn er fair und offen für alle sein will, vor allem auch Gleichheit auf der Ebene der Sprachen voraussetzen und absichern können muß? Könnten Sie Möglichkeiten skizzieren, wie das Sprachproblem in einem solchen Projekt des interkulturellen Dialogs zu lösen wäre?

Sie haben das Problem treffend dargestellt. Wenn wir den Dialog beginnen, müssen wir uns der Unterschiede bewußt sein: wir müssen die Differenzen untersuchen. Aber wenn wir die Unterschiede aufgedeckt haben, können wir an einer interkulturellen

Die Struktur der Sprache gibt je verschiedene Weisen des Sprechens und des Denkens und Argumentierens vor.

Auswertung arbeiten. In diesem Sinne argumentiere ich dafür, daß solche Auswertungen tatsächlich möglich sind. Und im Programm der Entkolonialisierung sehe ich zwei Stufen: Erstens müssen die Unterschiede herausgearbeitet werden, zweitens müssen wir „unabhängige Betrachtungsweisen" („independent considerations") verwenden. Ich meine damit Betrachtungsweisen, die von den Besonderheiten einzelner Sprachen oder Kulturen unabhängig sind; auf ihrer Grundlage kann man interkulturelle Bewertungen vornehmen.

Wenn wir auf das Beispiel Descartes zurückkommen, eignet sich der Satz „Ich denke, also bin ich" sehr gut zu diesem Zweck. Die Voraussetzung, um „sum", ich bin, sagen zu können, ist zuerst, daß es in der betreffenden Sprache so etwas wie das existenzanzeigende Verb „sein" gibt, das unabhängig (von allen besonderen Gegenständen, die „sind") gebraucht werden kann. Im Akan gibt es aber keine Entsprechung für das Wort „sein". An sich ist das kein Problem. Weil ich ein Akan bin, der Englisch versteht, kann ich die Entsprechungen erkennen. Ich verstehe aber auch, daß ein Akan so etwas nicht sagen wird, weil er im Akan dafür nicht die geeigneten Wörter hat. „Ich denke" heißt in meiner Sprache „medwin" oder „mesusu asem" („Ich wäge ab"). Wenn ich versuche, so etwas wie ein existentielles „sum" zu konstruieren, so würde es etwas wie „mewo" sein. Das aber ergibt keinen Sinn. Das offenbare Akan-Äquivalent wäre etwas wie „mewo ho", was „Ich bin da" bedeutet, dessen lokative Bedeutung aber den Gesichtspunkten der Epistemologie (Erkenntnistheorie) und der Metaphysik des Cogito zuwiderläuft. Wir haben hier ein strukturelles Problem. Der Verlauf der philosophischen Argumentation hingegen kann von einem Akan, der sich bemüht, Latein, Englisch, Französisch, Deutsch oder verwandte Sprachen zu lernen, durchaus verstanden werden. Wenn er diese Sprachen erlernt, so kann er auch erkennen, was es mit Descartes' Satz auf sich hat.

Die Struktur der Sprache gibt je verschiedene Weisen des Sprechens und des Denkens und Argumentierens vor. Aber wenn wir gegenseitig unsere Spra-

Anzeige

Neue Wege zu Sartre – gespiegelt im Denken Foucaults

Andrea Roedig
Foucault und Sartre
Die Kritik des modernen Denkens

224 Seiten. SfP.
Fh. 21,4 × 13,9 cm. Gebunden
Einzeln
58,– DM / 423,– öS / 55.– SFr
Bei Subskription der Reihe Phänomenologie
49,– DM / 358,– öS / 47.– SFr

Band 4 der Reihe Phänomenologie. Kontexte
herausgegeben von Karl-Heinz Lembeck, Ernst Wolfgang Orth und Hans Rainer Sepp
ISBN 3-495-47860-4
(September 1997)

Die Autorin versteht Foucaults Beschreibung des „modernen Denkens" als ein kritisch-systematisches Instrumentarium, das sie auf Sartres Werk anwendet. Von hier ausgehend, vergleicht sie Foucaults und Sartres philosophische „Systeme". Sie konstruiert zu diesem Zweck eine sachliche Auseinandersetzung zwischen Sartre und Foucault, wie sie real nicht stattgefunden hat, und zeigt, daß Foucault zwar den überlegeneren und aktuelleren Standpunkt vertritt, Sartre aber in vieler Hinsicht Foucaults Position vorwegnimmt. Gleichzeitig gewinnt Roedig neue Einsichten über Sartres Methodik sowie über die Grundlagen seiner Bewußtseinsphilosophie.

Fordern Sie das Gesamtverzeichnis von Alber an!

Verlag Karl Alber, D-79080 Freiburg

chen erlernen, werden wir fähig sein, eine Menge dieser übersetzerischen Probleme zu überwinden und uns auf die zentralen Punkte zu konzentrieren. Um gegen Descartes zu argumentieren, reicht es nicht aus, nur zu sagen, „sum" gibt es in meiner Sprache nicht, und deshalb ist der Satz von Descartes Unsinn. Nein! Ich muß weitergehen, mein Argument auf Englisch entwickeln und feststellen, daß ich eine Kritik auf Englisch vorbringen kann, die der Tatsache Rechnung trägt, daß ich vom Akan ausgehe. Das ist freilich erst der Anfang, der Anfang eines unendlichen Fortschreitens.
Ich glaube, Sie können jedes andere Thema hernehmen, das ich in meiner Diskussion der Entkolonialisierung berührt habe, und immer einen „unabhängigen Disput" entwickeln. Ich glaube auch, daß, wenn ein Fremder, der Akan gelernt hat, eine solche Kritik beginnen würde, auf umgekehrte Weise etwas ähnliches leisten kann, indem er in Akan denkt und innerhalb der Akan-Sprache Argumente entwikkelt, um zu zeigen, daß einige Dinge der Korrektur bedürfen.

Ich neige dazu, das, was Sie bezüglich der Möglichkeit von Philosophen zu einem interkulturellen Dialog gesagt haben, als einen Hinweis auf die Notwendigkeit von Mehrsprachigkeit aufzufassen. Ein Philosoph muß also fähig sein, in verschiedenen Sprachen zu leben und zu denken, sonst kann dieses Problem nicht gelöst werden. Ist das richtig?

Nun, das wäre das Ideal. Aber die Zeit ist kurz, und viele Philosophen werden wohl in derselben Sprache verbleiben. Zumindest diejenigen, die an interkultureller Philosophie interessiert sind, sollten den Wunsch haben, auch in anderen Sprachen zu philosophieren, ganz besonders in Sprachen, die sehr verschieden von der eigenen sind. Sie könnten dann sehen, was durch interkulturelle Auswertungen erreicht werden könnte.

Wir sprachen bereits von Ngugi und dem analogen Problem auf literarischem Gebiet. Ngugi ist ein Vorkämpfer der afrikanischen Literatur, Sie ein Vorkämpfer der afrikanischen Philosophie. Ngugi zog die Konsequenz, nur noch in afrikanischen Sprachen (Gikuyu und Swahili) zu schreiben. Seine folgenden Bücher wurden inzwischen ins Englische und in andere Sprachen übersetzt. Wenn diese Konsequenz richtig ist, warum gehen Sie nicht den gleichen Weg und philosophieren auf Akan?

Ich fürchte, daß ich nicht so bedeutend bin wie Ngugi. Wenn ich meine Texte in Akan schriebe, so würde sie wohl niemand übersetzen. Abgesehen davon hat allein Ghana 46 Sprachen. Es wäre schon ein großes Problem, wenn ich in Legon auf Akan unterrichtete. Und wie sollte ich mich mit Bodunrin in Nigeria oder mit Odera Oruka in Kenia verständigt haben? Es ist einfach nicht praktikabel für uns, zu diesem Zeitpunkt in unserer eigenen Sprache zu arbeiten. Jemand wie Ngugi ist vielleicht eine Ausnahme. Er ist sehr bedeutend, und wenn er etwas schreibt, dann wird es sofort übersetzt. Wenn es nicht übersetzt wird, ist es für alle, die nicht Gikuyu sprechen, unzugänglich. Vielleicht gelingt es Afrika in einiger Zukunft ja, eine eigene Verkehrssprache anzunehmen. Nur wenn das geschähe, wäre die Idee praktikabel.

In dem Aufsatz „Problems of Africa's Self-Definition" bezeichen Sie das Problem afrikanischer Identität als ernstes philosophisches Problem. Könnte man nicht mit ebenso gutem Recht behaupten, daß es sich dabei eher um ein psychologisches oder politisches Problem handelt? Dies berücksichtigend, und auf die Möglichkeit eines interkulturellen Dialogs auf gleichberechtigter Ebene verbindend: welche Erwartungen oder Hoffnungen setzen Sie auf einen solchen Dialog im Hinblick auf konkrete politische Veränderungen in Afrika?

Im Hinblick auf politische Veränderungen ist zum Beispiel Demokratie ein wichtiger Leitbegriff. Gelänge es, Demokratie auf das aus der afrikanischen Tradition überlieferte Konsensprinzip zu gründen, so führte das, wie ich glaube, zu einer Form von Demokratie, die derjenigen, die ich aus Amerika kenne, überlegen ist. Das wäre ein sehr bedeutsames philosophisches Projekt, auch ein Projekt zum afrikanischen Selbstverständnis, zur Identität. Wenn wir unsere politische Tradition genau betrachten, so sehen wir, daß Konsens ein überaus wichtiger Faktor war. Natürlich können wir nicht exakt die gleiche Form der Volksvertretung zugrundelegen wie in früheren Zeiten. Wenn wir aber das Verfahren der Konsensbildung achten, das schon früher afrikanische Politik gekennzeichnet hat, dann handeln wir auf eine Weise, die unserer Identität entspricht – anders, als wenn wir uns an der Identität messen, die andere versucht haben, uns aufzudrängen.

Daraus ergibt sich eine Frage: Haben Sie als afrikanischer Philosoph im amerikanischen Kontext die Möglichkeit, die amerikanischen Erfahrungen fruchtbar mit Ihren praktischen Interessen zu verbinden, auch im Hinblick auf Ihr Heimatland?

In Amerika kann ich die Entwicklung der afrikanischen Philosophie mehr voranbringen als ich dazu zu Hause in der Lage wäre.

Inwiefern?

Vor allem, weil sich mehr Gelegenheiten zu interkulturellem Austausch bieten. Die intellektuelle Arbeit ist leichter, es gibt bessere Möglichkeiten für Publikationen und dergleichen. Die zeitweilige Abwesenheit von der eigenen Kultur kann hilfreich sein. Natürlich habe ich vor zurückzukehren. Ich weiß nicht, wie es sich in anderen Kulturen verhält, bei den Akan kann man seiner Kultur nicht einfach abtrünnig werden. Man geht nicht einfach weg und bleibt für immer woanders.

Das Gespräch fand am 30. 3. 1996 in der Jan-van-Eyck-Akademie in Maastricht statt.

Der Text wurde aus dem Englischen übersetzt von Konrad Lotter und Kai Kresse. Das englische Original erscheint vollständig in „Issues in Contemporary Culture and Aesthetics", No. 5, Jan-van-Eyck-Akademie, Maastricht.

Christian Mürner

Die Schattenseite der Philosophie

Eine Streitschrift

„Philosophen sind Gewalttäter, die keine Armee zur Verfügung haben", schreibt Robert Musil an einer Stelle im „Mann ohne Eigenschaften" und fährt fort, daß sie sich „deshalb die Welt in der Weise unterwerfen, daß sie sie in ein System sperren".[1] Wer oder was nicht in das Ordnungsschema oder Orientierungsraster paßt, wird nicht beachtet oder marginal abgehandelt. Die ethische, medizinische und pädagogische Bewertung der Behinderung wird zur Abgrenzung von Normalisierungsvorstellungen und Glücksversprechen in der Philosophie verwendet. Eine Sammlung entsprechender Zitate und Textstellen erhellt eine Tendenz – eine Ideengeschichte der Behindertenfeindlichkeit.

Wenn auch Philosophie heute allein nicht mehr oder nur noch selten mit einem „überlegenen und perfekten Wissen von der Ordnung des Ganzen"[2] – wie es ihr Wortstamm vorgibt – verknüpft wird, so bleiben die in diesem Rahmen vielfach mit dem sogenannten gesunden Menschenverstand konform gehenden Ausschlußmechanismen fragwürdig hinsichtlich der ungeschriebenen Geschichte und Bedeutung der Behinderung.[3]

„Daß nichts Verstümmeltes aufgezogen wird"

„Was Aussetzung oder Aufnahme der Kinder anlangt, so soll das Gesetz sein, daß nichts Verstümmeltes aufgezogen wird", bemerkt Aristoteles über „Politik und Staat der Athener".[4] Der potentiell tödliche Ausschluß behinderter Kinder wird von Aristoteles als Resultat einer Abweichung von der Mitte dargestellt und scheint gesellschaftlich angelegt als Normalisierung für die Zukunft. Das Mittlere setzt sich durch, gerade weil es auch die vermeintlich Bewunderten (die „Athleten") ausschließt, an denen es sich dennoch mehr oder weniger orientiert. Das „Richtige" verteilt sich gleichmäßig, aber eben in Richtung auf das, was „lobenswert" heißt. Die bisher oft irrtümlich der aristotelischen Ethik unterstellte ausgleichende Lebensbejahung wird durch Gesetz und Grenzsetzung zur „Aussetzung oder Aufnahme der Kinder" widerlegt.

Das Zitat stammt aus dem siebten Buch der „Politik", das die „Frage nach dem besten Staat auf derjenigen nach dem vollkommenen Leben aufbaut", wie Olof Gigon in der Einleitung seiner Übersetzung schreibt.[4] Die Erziehung spielt die Hauptrolle. Sie bewirkt „gute" Gesetze und ebensolche Gewohnheiten, aber auch den „Besitz" der Tugend. Als pädagogisches Motto gilt: „Stets ist das Schlechtere um des Besseren willen da, und das gilt in den Dingen der Kultur wie in den Dingen der Natur."[4] Diese folgenschwere Reduzierung ist eine Aussage im Rahmen einer Sklavenhaltergesellschaft, darüber hinaus aber auch eine philosophische Funktionalisierung, deren argumentativer Stil das Machtverhältnis maskiert.[5] Die „Aussetzung" werde nur bevorzugt, weil sie einen Ausgleich insgesamt erbringe – da die „Aussetzung" aber eine existentielle Selektion bedeutet, stellt dieses Korrektiv den gewaltsamen Profit der Übriggebliebenen dar. Franca O. Basaglia notiert 1985: „Wer ausschließt (tötet), der bleibt *integer*, unversehrt ..."[6]

Was wird überhaupt unter „verstümmelt" verstanden? In Aristoteles' „Metaphysik" findet sich ein kurzer Abschnitt unter dieser Überschrift. Wenn man von der Zahl Zwei eins wegnehme, sei sie nicht „verstümmelt", denn die Substanz müsse bei einer „Verstümmelung" erhalten bleiben. Es sei also „auch bei dem, was ein Ganzes bildet, nicht gleichgültig, welcher Teil weggenommen wird, wenn man die Bezeichnung ‚verstümmelt' soll gebrauchen können; ... der Mensch ist nicht verstümmelt, wenn er ein Stück Fleisch oder die Milz, sondern wenn er eine Extremität verliert, und zwar auch nicht jede, sondern eine solche, die ganz weggenommen nicht wieder wächst. Aus letzterem Grunde sind die Kahlköpfigen nicht verstümmelt."[7] Die unfreiwillige Komik – Aristoteles ging davon aus, daß die Haare immer nachwachsen würden – und andere verharmlosende Beispiele lenken nur mühsam davon ab, daß das vorgeschlagene Gesetz, „nichts Verstümmeltes aufzuziehen", einem vorsorglichen Todesurteil gleichkommt. Das lebensbedrohende Verdikt wird vom Mittleren, von der Normalität, von der „Ordnung der Sitten", von den Inhabern der Definitionsmacht ausgesprochen. Ihre Grenzziehung faßt das als „vollkommen" normal Angenommene zusammen, „außerhalb dessen auch nicht ein einziges Teilchen von dem, was zu ihm gehört, anzutreffen ist".[7]

„Vom Gesunden Untaugliches zu sondern"

„Tollwütige Hunde schlagen wir nieder, einen widerspenstigen und unbezähmbaren Stier töten wir, und krankes Vieh, daß es nicht die Herde anstecke, schlachten wir; Mißgeburten löschen wir aus, Kinder auch, wenn sie schwächlich und mißgestaltet geboren worden sind, ertränken wir; und nicht Zorn, sondern Vernunft ist es, vom Gesunden Untaugliches zu sondern", notiert Seneca in seiner Schrift „Über den Zorn".[8] Für ihn ist der Zorn eine Art „Krankheit der Vernunft". Das bedeutet, er ist heilbar. Und Seneca greift zum rücksichtslosesten „Heilmittel", dem sogenannten vernünftigen Mord. Er schreibt: „Warum soll ich zürnen, wem ich am meisten helfe? Bisweilen ist es die beste Form des Mitleids, zu töten."[8] Diese Aussage folgt der Textstelle unmittelbar. Was als intellektuelle Leistung („Vom Gesunden Untaugliches zu sondern") ausgegeben wird, ist eine lebensbedrohende Simulation. Vernunft wird durch Ausgrenzung definiert und eingeschränkt aufs „Geradebiegen". Die „Verbannung" des Zorns wird mit derjenigen der Emotionalität überhaupt identifiziert. Dabei werden behinderte Kinder von Seneca im selben Atemzug wie tollwütige Hunde oder krankes Vieh genannt.

In Senecas moralphilosophischem Haupt- und Spätwerk „An Lucilius – Briefe über Ethik" heißt es: „Harpaste, meiner Frau schwachsinnige Sklavin, ist, wie du weißt, als ererbte Last in meinem Hause geblieben. Ich selbst nämlich bin höchst kritisch gegenüber solcher Unnatur: wenn ich mich einmal an einem Narren erheitern will, brauche ich nicht lange zu suchen: über mich lache ich. Diese Schwachsinnige hörte plötzlich auf zu sehen. Einen unglaublichen Sachverhalt erzähle ich dir, aber wahren: sie weiß nicht, daß sie blind ist; immer wieder bittet sie den Aufseher, sie gehen zu lassen, sagt sie, das Haus sei finster. Das worüber wir bei ihr lachen, widerfährt uns allen, sollte dir klar sein: niemand erkennt, er ist habsüchtig, niemand, er ist gierig. Blinde jedoch suchen einen Führer, wir irren ohne Führer umher ..."[9] Und an anderer Stelle kritisiert er in bezug auf einen ehemaligen Mitschüler die Ungerechtigkeit der Benachteiligung durch einen „gebrechlichen Körper" und erwähnt Kompensationsmöglichkeiten.[9] Senecas Funktionalisierung ist verfeinert – gegenüber Aristoteles. Doch indem ihm Harpaste als Metapher dient, fallen fatalerweise Verachtung und Selbstkritik zusammen, wo sie eigentlich – nach vernunftgemäßen Kriterien – gegeneinander abzugrenzen wären, um mit dieser jene zu vermeiden.

„So liegen die Mißgeburten bei den Lebewesen außerhalb der Ordnung"

„Offenbar wird das, was außerhalb der Ordnung eines niederen Grundes oder einer niederen Ursache liegt, bisweilen auf die Ordnung eines höheren Grundes zurückgeführt; so liegen die Mißgeburten bei den Lebewesen außerhalb der Ordnung der Wirkkraft im Samen, fallen jedoch unter die Ordnung eines höheren Grundes, nämlich eines Himmelskörpers oder darüber hinaus der Vorsehung Gottes", schreibt Thomas von Aquin.[10] Nach seinem Menschenbild geht die Klugheit und Klarsicht als Tugend dem Guten oder der Gerechtigkeit voraus, ihr Nichtvorhandensein, also die Dummheit und die Blindheit (oder Sinnesverblendung) gelten eindeutig als „Defekte". Thomas von Aquin aktualisiert Aristoteles im theologischen, christlich-abendländischen Rahmen. Die Textstelle stammt aus der „Summe der Theologie", sie ist als Einführung für Anfänger gedacht, Thomas von Aquin beginnt sie 1266. Das Hauptwerk, bestehend aus über 3000 Fragen und Artikeln, bleibt unvollendet. Glauben und Wissen werden getrennt. Dabei entsteht kein dualistisches Nebeneinander, um dann ihren Zusammenhang darzustellen, sondern ein hierarchischer Dualismus, der das soziale Gefälle als scholastisches Prinzip aufnimmt.

Die „Ordnung eines höheren Grundes" assoziiert Ganzheit – Gesundheit – Gleichgewicht – innere Ordnung – Schöpfungsordnung.[11] Ein Resultat dieser abstrahierenden Reihung ist – was sich schon bei Seneca andeutete – die „Gebrechlichkeit *jedes* Menschen, auf allen Ebenen, im leiblich-seelisch-geistiggeistlichen Bereich".[11] Doch in konkreten Situationen gibt es kranke und/oder behinderte Menschen, deren Zustand sich von den gesund und normal scheinenden unterscheidet. Auf diesen Einwand folgt die Antwort: „Aber macht nicht der eine Unglückliche, der dann von Jesus geheilt wird, nur sichtbar, was eigentlich für uns alle gilt?"[11] Diese progressive Funktionalisierung verfängt sich in den eigenen Kriterien: Warum wird er, der „Unglückliche", der „Gelähmte", dann geheilt? Er wird wegen uns, den „Gesunden", geheilt, damit die Verallgemeinerung, die zum System der verabsolutierten Ordnung gehört, funktioniert. Die „Ordnung eines höheren Grundes" läßt sich dann mit dem sogenannt Höherwertigen gleichsetzen, was aber verhängnisvoll den Ausschluß des vermeintlich „Minderwertigen", der „Mißgeburten", bedingt. Die „Vorsehung" wird beteiligt an einem lebensbedrohenden Selbstzweck, der sich loslöst von den alltäglichen Unterscheidungen.

„Sogar die Sinnlosen nicht ausgenommen"

„Denn es ist sehr bemerkenswert, daß es keine so stumpfsinnige und dumme Menschen gibt, sogar die sinnlosen nicht ausgenommen, die nicht fähig wären, verschiedene Worte zusammen zu ordnen und daraus eine Rede zu bilden, wodurch sie ihre Gedanken verständlich machen", postuliert René Descartes 1637 zum Unterschied zwischen Menschen und Tieren.[12] Gelingt es durch die Hervorhebung von methodischen Unterschieden – statt Vereinheitlichungen im Sinne Thomas von Aquins – verachtende Vergleiche zu vermeiden? Es scheint beinahe, daß der Respekt für eine je eigene Realität wissenschaftlich gewährleistet wird. Grundsätzlich unterscheidet Descartes deshalb die mutmaßliche „Seele der Tiere" von derjenigen der Menschen. Man begreife dann, daß „unsere Seele ihrer Natur nach vollkommen unabhängig vom Körper" und damit „unsterblich" sei.[12] Diese Zuspitzung führt allerdings zum Scheitern seines Ansatzes. Der Dualismus Descartes macht zwar seine Lehre und deren Kernstück, das sogenannte Leib-Seele-Problem, berühmt; indem er jedoch das Tier und den menschlichen Körper wie Maschinen behandelt, bleibt ihr Zusammenhang mit dem Verstand eine „Verlegenheitslösung", weil die vereinigenden Vorgänge sich im

Detail durch die ursprüngliche Spaltung gegenseitig unwirksam machen.[13]

Ist aber die Formulierung „Sogar die Sinnlosen nicht ausgenommen“ etwa nicht gut gemeint? Bezugnehmend auf eine Briefstelle hat man angemerkt, daß Descartes sie nicht als Parteinahme, sondern gegen Montaigne vorbringe. Montaigne fragt um 1580: „Wenn ich mit meiner Katze spiele, wer weiß, ob sie sich nicht mehr noch die Zeit mit mir vertreibt als ich mit ihr?“ Montaigne schlägt vor, „auf Gleichheit zu achten“, manchmal gesteht er den Tieren ohne Ironie eine gewisse „Überlegenheit“ zu, und die Verständigung der Tiere gleicht ihm derjenigen, „wie unsere Stummen sich mit Zeichen untereinander zanken“.[14] Das bezeichne ich als eine Anerkennung im untragbaren Vergleich. Obwohl behinderte Menschen als Nebenfiguren offensichtlich Teil der Argumentation sind, fehlt dafür bisher fast jegliche Aufmerksamkeit. Es fällt doch auf, daß neben Montaigne auch Descartes nicht nur wenn er direkt vergleicht („wie Maschinen“, „gleich einem Blinden“), sondern auch im relativierenden, supplementären Jargon („sogar die Sinnlosen“, „wenigstens die Geisteskranken“, „selbst Leute mit ganz schwachen Seelen“) letztlich herabwürdigend veranschaulicht (da zudem „sogar“ übersetzt „sonst nicht“ heißt). Dem liegt der folgenschwere „Kategorienfehler“[15] der Identifizierung *als* etwas vermischt *mit* Vorurteilen zugrunde. Vielfach benützt das Menschenbild, das Tiere *als* Maschinen (im übrigen ebenso wie das, das sie *als* Personen) behandelt, zugleich Behinderte *mit* einem Stigmatisierungseffekt.

„Abweichung von dem Normalen“

„Wenn in der Naturgeschichte gegen die entschieden sich ergebenden Gattungen und Klassen ein monströses, verunglücktes Exemplar oder Mischlingsgeschöpf als Instanz vorgewiesen wird, so kann man mit Recht das anwenden, was oft ins Unbestimmte hingesagt wird, daß die Ausnahme die Regel bestätige, d. h. daß an ihr, es sei die Bedingungen, unter denen sie stattfindet, oder das Mangelhafte, Zwitterhafte, das in der Abweichung von dem Normalen liegt, sich zeigen“, trägt Hegel 1837 vor.[16] Der Begriff der Dialektik – im Kontrast zum Dualismus Descartes' stehend – wird gewöhnlich mit Hegels Namen identifiziert. Der Dialektik und ihren drei dynamischen Schritten – These, Antithese und Synthese – gelinge es, Widersprüche der Wirklichkeit aufzuheben. Auch das Aufheben hat drei Bedeutungen: aufbewahren (ein Geschenk aufheben), verneinen (ein Tabu aufheben), überwinden (ein Problem aufheben). Das Gesetz der Dialektik wird umschrieben mit den Begriffen Entwicklung, Veränderung, Bewegung. Dennoch hat nach Hegel alles ein Maß.[17] Der zitierte Satz steht im Abschnitt zum „Fortgang als einem Fortschreiten von dem Unvollkommenen zum Vollkommneren“.[18] In diesem Rahmen hat die „traurige Mißgeburt“,[18] die vorgeführt wird, den denkbar schlechtesten Stand. Aber die Formulierung „als Instanz vorgewiesen“ könnte fast als eine Kritik der Funktionalisierung gelesen werden. Dennoch paßt das populistische Beispiel des „verunglückten Exemplars“ scheinbar gut als Gegenbild zum Ganzen. Doch zeigt es vielmehr das Scheitern dieses Ganzen, das Versagen der Integration. Hegel hätte Geistigbehinderte „in Analogie zum kleinen Kind gesehen“ und sie als „Wesen ohne Moral definiert“.[19]

Obwohl Hegel sonst den sogenannten gesunden Menschenverstand kritisiert und obwohl er besonders die „Anstrengung des Begriffs“ verlangt, greift er in der Textstelle „Abweichung von dem Normalen“ auf das Stereotyp „Die Ausnahme bestätigt die Regel“ zurück. Dies ist ein Hinweis darauf, daß nicht von einer „Mißgeburt“ gesprochen werden kann, wenn nicht eine Norm vorausgedacht wird, an der die allgemeine oder normale Geburt gemessen wird. Die „Mißgeburt“ steht unter dem Zeichen dieses Vorurteils. Dabei wird allerdings deutlich, daß „die Bedrohung des Lebens … ein Teil des Anspruchs auf Anerkennung“ ist.[20] Aber gerade die Formel „Die Ausnahme bestätigt die Regel“ – von der Hegel in der Textstelle nebenbei behauptet, daß man sie „mit Recht anwende“ – plant nicht die Anerkennung der anderen. Hegel

Anzeige

Vittorio Hösle skizziert in diesem Buch die Grundlinien einer Politischen Ethik für das 21. Jahrhundert. In historischer und systematischer Argumentation greift er dabei weit in die politische Geschichte und die Geschichte des Denkens aus, erörtert aber auch umfassend Probleme, die die modernen Naturwissenschaften mit sich gebracht haben.

1997. I.216 S. Ln. DM 98,–

Dieses Buch ist ein naturphilosophisch-politischer Entwurf. Der Autor stellt den Menschen in den Gesamtzusammenhang der Natur und legt eine umfassende Deutung der geistigen und wirtschaftlichen Ursprünge der gegenwärtigen Naturkrise vor.

1997. 520 S., 3 Abb. Ln. DM 78,–

C.H.BECK

habe zwar gewußt, daß das Ganze nicht als „gute Gestalt" glorifiziert werden könne.[21] Doch in der Gegenüberstellung des Normalen als „objektivem Geist" und der Abweichung zeigt sich eine zweifelhafte Dialektik. Auf der Folie des Idealismus führt die Bewertung der Abweichung zu deren Bloßstellung.

„In Analogie dazu, geistesschwach usw. geboren zu sein"

„Man kann das Dämonische ästhetisch-metaphysisch betrachten. Das Phänomen fällt da unter die Bestimmung: Unglück, Schicksal usw. und läßt sich betrachten in Analogie dazu, geistesschwach usw. geboren zu sein. Dann verhält man sich mitleidend zum Phänomen. Aber wie das Wünschen die erbärmlichste aller Solokünste ist, so ist das Mitleid in dem Sinne, in dem es gewöhnlich verstanden wird, die erbärmlichste aller gesellschaftlichen Virtuositäten und Begabungen", stellt Kierkegaard 1844 fest.[22] Kierkegaard gilt als Entdecker des philosophischen Begriffs der Existenz – es geht ihm im Unterschied zu Hegel um den Einzelnen, nicht ums Ganze. Die Existenzangst, eigentlich ein Pleonasmus (überflüssiger Zusatz), entspricht der Verzweiflung. Dabei wird Angst vor allem verknüpft mit Leiden, Behinderung, Krankheit und Tod. Diese Assoziationen oder Veranschaulichungen benützt Kierkegaard mit einem religiösen Hintergrund, sie werden nach ihm im 20. Jahrhundert auch Anlaß für atheistische Existenzdeutungen. „Der Begriff Angst", aus dessen vorletztem Kapitel der zitierte Ausschnitt entnommen ist, ist Kierkegaards bekanntestes Buch. Angst ist ambivalent und vieldeutig, Kierkegaard konkretisiert sie, indem er sie mit einem Schwindelanfall vergleicht, mit der „Möglichkeit der Freiheit". Angst und Sünde sind für Kierkegaard Unwissenheit, aber ihr Gegensatz ist nicht etwa das Wissen (im Gegenteil, dies führe ins Verderben), sondern der Glaube.

Zur Ehrenrettung der Arroganz: Wo immer es brisant wird, ist ihr kaltes Licht unersetzlich. Und keiner durchsteigt den Pulverturm der Vernunft, der sie nicht hochhält.

•

Wenn der Sozialneid anklopft an mein schlicht möbliertes Oberstübchen, schiebe ich den Unterkiefer vor, nehme den Staubmantel der Arroganz vom Haken, stecke die Rolle kleiner Scheine, die ich für solche Fälle im Sicherungskasten aufbewahre, zu mir, stürme mit großem Hallo hinaus und halte ihn einen Abend lang frei.

Ulrich Horstmann

Die Textstelle „In Analogie dazu, geistesschwach usw. geboren zu sein" eröffnet mit dem Satz: „Man kann das Dämonische ästhetisch-metaphysisch betrachten." Dämonen sind ursprünglich Vermittler zwischen Gott und den Menschen, deren hoffnungs- und angstvolle Erlebnisse sie aufnehmen. Erst das Christentum diabolisiert die Dämonen, Luther brachte sie mit dem Teufel in Verbindung. Auffallend ist, daß viele dieser Dämonen in ihrer Gestalt mit Merkmalen der Behinderung (als Assoziation zu Schrecken) dargestellt werden: kopflos, kleinwüchsig, häßlich, unförmig. Von diesen bösartigen Geistern gehe Gefahr aus, sie brächten den Menschen mehr Schaden als Nutzen, Unglück und behinderte Kinder („Wechselbälge"). „Man hat zu allen Zeiten sich dabei gefreut, daß Hexen, Kobolde, Trolle usw. Mißgeburten waren, und es ist unleugbar, daß jeder Mensch eine Neigung hat, wenn er eine Mißgeburt sieht, sogleich die Vorstellung einer moralischen Depravation (Entartung) damit zu verknüpfen", schreibt Kierkegaard.[23] Der abstrakten Angst vor der Behinderung folgt die schnelle Auflösung im Mitleid, die zur Diskriminierung führt. Die Behinderung wird ausschließlich als Belastung, Bedrohung – usw., würde Kierkegaard herablassend hinzufügen – begriffen und empfunden, aufgrund „einer narzißtischen Kränkung",[24] die durch beschämendes Mitleid zu verdecken versucht wird.

„Ausmalen von Anomalien"

„Worin liegt die Wichtigkeit des genauen Ausmalens von Anomalien? Kann man es nicht, so zeigt das, daß man sich in den Begriffen nicht auskennt", sagt Wittgenstein 1948.[25] Philosophie beschäftigt sich laut Wittgenstein lediglich mit Begriffen, nicht wie die Naturwissenschaft mit Tatsachen. Begriffe, die nicht stimmen, bezeichnet Wittgenstein als „krank". Philosophie wird zur Therapie. In den „Philosophischen Untersuchungen", die Wittgenstein zwanzig Jahre immer wieder umschreibt und die posthum erscheinen, notiert er: „Eine Hauptursache philosophischer Krankheiten – einseitige Diät: man nährt sein Denken mit nur einer Art von Beispielen."[26] Durch die Reduzierung der Beispiele werden Vorurteile perpetuiert (fortgeführt), die zur Gewohnheit gewordenen Begriffe nicht mehr in Frage gestellt. Aber die Gefahr besteht, daß mit Wittgensteins „Ausmalen von Anomalien" suggeriert wird, daß im Bereich der Anomalien Begriffe besser zu bilden und deshalb hier alle Fragen erlaubt seien, auch diejenigen nach der Bezweiflung und Bewertung der Behinderung. Die zitierten Sätze über das „Ausmalen von Anomalien" gehören zur sogenannten Spätphilosophie, sie stellen gewissermaßen ein Beispiel für ein Sprachspielprojekt dar. „Ausmalen" wäre also ein anderer Begriff für Sprachspiel. Wittgenstein fragt zudem nach der „Wichtigkeit", und es scheint, daß er damit eine positive Aura der Anomalien antizipiert. In der folgenden Bemerkung von 1942 konkretisiert er die Macht des Kontextes: „Bring den Menschen in die unrichtige Atmosphäre, und nichts wird funktionieren, wie es soll. Er wird an allen Teilen ungesund erscheinen. Bring ihn wieder in das richtige Element, und alles wird sich entfalten und gesund erscheinen. Wenn er nun aber im unrechten Element ist? Dann muß er sich also damit abfinden, als Krüppel zu erscheinen."[27] Das Sich-damit-Abfinden hat hier eine eher resignative Bedeutung, aber man könnte es auch als Ausdruck einer Lebensform betrachten. Obwohl richtig und falsch nach Wittgenstein ganz klar Kriterien einer Abmachung sind, scheint er mit dem „genauen Ausmalen" für die Normalität zu reden, als ob Begriffe über Anomalien scharf zu begrenzen wären. Es gibt Behinderungen, die auf den „ererbten Defekt eines einzelnen Gens", wie man sagt, zurückzuführen sind, doch die behinderten Menschen bestehen nicht allein aus diesem Gen. Bleibt dieser Kontext, in dem sich die Begriffe bilden, unberücksichtigt, kann beinahe die gleiche Sichtweise die Heilung sowie eine Stigmatisierung bedeuten. Das weiß auch Wittgenstein: „Da er (der Blinde) dieselbe Sprache gelernt hat wie wir, beschreibt er die Fakten ebenfalls in dieser Weise ... Wir lehren ihn, sich selbst blind zu nennen ... Daraus sollte folgen, daß wir den anderen manchmal zu Recht und manchmal zu Unrecht die Aussage lehren, er sei blind."[28] Die Reflexion der unterschiedlichen Standpunkte ist die Voraussetzung zur Anerkennung anderer.

Schlußbemerkung

Von allein wird dieser Auswahl von Zitaten und Textstellen der Vorwurf nicht erspart bleiben, sie sei selektiv. Ich rechtfertige ihr exemplarisch präsentiertes Vorhandensein nicht, ich plädiere für Kritik und damit gegen eine „Ethik der Nötigung"[29], die besagt, lebensbedrohende Gedankenexperimente vor allem zu den Problemen der modernen Medizin und Gentechnologie gehörten zur Meinungsfreiheit. Die „Denkanstöße", zu denen viele Bioethiker oder „Euthanasie"-Propagandisten ihre Ansichten verklären, sind meistens gar keine, denn sie stimmen fatal mit achtzig Prozent der sogenannten öffentlichen Meinung überein.

Obwohl die Zitate natürlich aus dem Zusammenhang gerissen sind, entlastet dies nicht automatisch die Autoren. Dennoch kann – abgesehen davon, daß es auch Ausnahmen gibt – aus dem, was vor oder nach den Textstellen oder in anderen Werken der allesamt bekannten Philosophen steht, eine Auseinandersetzung gefolgert werden, die es auch erlaubt, daraus „die Entwicklung jener Geisteshaltung nachzuzeichnen, aus der heraus der abendländische Mensch der Gegenwart überhaupt in der Lage ist, einem geschädigten, ja sogar einem schädlichen Menschen Lebensrecht zuzubilligen".[30] Dieses Unternehmen hebt die Schattenseite der Philosophie nicht auf. Aus den gesammelten und vorgestellten Zitaten und Textstellen spricht (wenn auch unsystematisch und manchmal indirekt) eine kontinuierliche Geringschätzung. Ihre Kritik ist die Voraussetzung für die Entwicklung einer angemessenen Moralphilosophie.

Dr. phil. Christian Mürner ist freier Publizist und Behindertenpädagoge.

Anmerkungen:

1. Robert Musil: Der Mann ohne Eigenschaften, Reinbek bei Hamburg 1987, S. 253
2. Wolfgang Welsch: Vernunft, Frankfurt a. M. 1996, S. 784
3. siehe ausführlicher Christian Mürner: Philosophische Bedrohungen, Frankfurt a. M. 1996, auf dem der vorliegende Aufsatz basiert
4. Aristoteles: Politik und Staat der Athener, Zürich 1955, S. 302, S. 43; S. 296
5. das Argumentationsmuster taucht denn in abgewandelter Weise immer wieder auf, z. B. bei Ernst Tugendhat: Ethik und Politik, Frankfurt a. M. 1992, S. 97, der zur neuen „Euthanasie" schrieb: „Ihre Diskussion ist zwar – beim jetzigen Status quo – im negativen Interesse der Behinderten, sie ist aber zugleich im positiven Interesse aller."
6. Franca Ongaro Basaglia: Gesundheit, Krankheit, Frankfurt a. M. 1985, S. 74
7. Aristoteles VI (Langenscheidtsche Bibliothek), Berlin-Schöneberg um 1920, S. 147f., S. 139
8. Lucius Annaeus Seneca: Über den Zorn. Erstes Buch, Darmstadt 1969, S. 129, S. 131
9. Seneca: An Lucilius, Briefe über Ethik, Fünftes Buch, Darmstadt 1980, S. 397 , S. 555
10. Thomas von Aquin: Die Liebe (2. Teil), Klugheit, Heidelberg/ Graz 1966, S. 291
11. nach dem Buch über Thomas von Aquin von Eberhard Sievers: „Natur als Weg", Köln 1966, S. 105 ff., S. 112, S. 113
12. René Descartes: Abhandlung über die Methode, Frankfurt a. M., 1986, S. 80, S. 81
13. ebd., S. 79; siehe Carl Friedrich von Weizsäcker: Descartes und die neuzeitliche Naturwissenschaft, Hamburg 1958, S. 21 ff
14. Michel de Montaigne: Essais, Zürich 1985, S. 433 f
15. siehe Joachim Israel: Der Begriff Dialektik, Reinbek bei Hamburg 1979, S. 137
16. Georg Wilhelm Friedrich Hegel: Vorlesungen über die Philosophie der Geschichte, Werke 12, Frankfurt a. M. 1970, S. 88f
17. siehe Charles Taylor: Hegel, Frankfurt a. M. 1983, S. 330
18. Hegel, a. a. O., S. 74, S. 89
19. Franz Schönberger: Sind Geistigbehinderte amoralische Wesen?, in Jürg Blickenstorfer u. a. (Hrsg.): Ethik in der Sonderpädagogik, Berlin 1988, S. 285
20. Taylor: a. a. O., S. 209
21. Theodor W. Adorno: Drei Studien zu Hegel, Frankfurt a. M. 1993, S. 16
22. Sören Kierkegaard: Der Begriff Angst, Hamburg, 1991, S. 109
23. Sören Kierkegaard: Furcht und Zittern, Hamburg 1992, S. 99
24. Swantje Köbsell: Dreht euch nicht rum, die Angst geht um, in Christian Mürner/Susanne Schriber (Hrsg.) Selbstkritik der Sonderpädagogik?, Luzern 1993, S. 182
25. Ludwig Wittgenstein: Vermischte Bemerkungen, Frankfurt a. M. 1987, S. 140
26. Ludwig Wittgenstein: Philosophische Untersuchungen, Frankfurt a. M. 1977, S. 245/ § 593
27. Ludwig Wittgenstein: a. a. o. 1987, S. 85
28. Ludwig Wittgenstein: Vortrag über Ethik, Frankfurt a. M. 1989, S. 58f
29. Christian Mürner/Udo Sierck: Ethik der Nötigung, in Freitag Nr. 4, 21. Januar 1994, S. 14
30. Franz Schönberger: Fragen des Behindertenpädagogen an große Philosophen (Manuskript), Hannover 1993, S. 4

Leserbriefe / Presseschau

Vor etwa einem Monat bin ich bei einem Stadtbummel, der für gewöhnlich in einer Buchhandlung endet, auf den „blauen reiter" gestoßen. Nach längerem Überlegen entschloß ich mich, ihn einfach einmal zu lesen. Ich interessiere mich schon etwas länger für Philosophie, im Grunde genommen seit ich „Sofies Welt" von Jostein Gaarder gelesen habe. Das Buch hat mich v. a. deshalb so fasziniert, weil in ihm so viele Fragen, mit denen man sich gerade in der Pubertät beschäftigt, aufgeworfen werden. Ja, ich bin erst 16 Jahre alt und komme mir manchmal vor als ob ich von einem anderen Stern kommen würde. Schließlich „sollte" man in diesem Alter andere Sorgen und Interessen haben als die Philosophie.
Mittlerweile habe ich schon einige Beiträge des Journals durchforstet, doch ehrlich gesagt nicht ohne Schwierigkeiten. Auch, wenn einige Fachbegriffe erklärt sind, stolpert man doch des öfteren über Formulierungen, die einem nicht geläufig sind. Das liegt aber wohl hauptsächlich daran, daß mir das Wissen dazu fehlt. Aber im Großen und Ganzen war ich recht beeindruckt von den einzelnen Artikeln und Interviews …

Claudia Sellmeier

Hiermit kündige ich das obengenannte Abo zum nächstmöglichen Termin … Ich werde weiterhin ein interessierter Leser des Journals bleiben; seit meiner Heirat gab es jedoch zwei Abos in unserer Familie. Besonders gut in Ihrem Journal gefallen mir die Artikel über einzelne philosophische Themen bzw. Fragen.

Horst Degen-Hientz

Die Ausgabe Nr. 5 hat mir sehr gut gefallen. Besonders beeindruckt war ich von Beate Rygierts Beitrag „Das Zentrum der Zeit". Da ich selbst Altenpflegerin bin, erlebe ich oft ähnliche Situationen und Gespräche. Im Umgang mit betagten Menschen merkt man, wieviel Alltags-Philosophen unbeachtet diese Welt verlassen. Aber gerade sie machen meine Arbeit besonders liebenswert.

Rosemarie Winkler

Na also, die Arbeit hat sich gelohnt! Die neue Nummer des „blauen reiters" ist – sofern man die „Zeit" hat oder sie sich nimmt, zu lesen – spannend, und die „Zeit" verfliegt …

Prof. Dr. Richard Wisser

Ja, diese Philosophie-Lektüre macht Spaß! Und sie bleibt gleichzeitig gute Philosophie, und das bewundere ich. Ich hatte noch keine Zeit, mir alle Hefte genau anzuschauen, aber was ich bisher gesehen habe, hat mir schon gut gefallen … Und nun werde ich versuchen, mit dem Heft Nr. 5 „Zeit" mir die Zeit nicht lang werden zu lassen bis zum Erhalt des nächsten Heftes … , weil ich „DIE ZEIT" schon gelesen habe, mit der ich am Wochenende die mir verbleibende Zeit zu genießen suche, falls mir mal Zeit bleibt, wobei ich das Klagen von Lehrern und Profs, daß sie keine Zeit haben, eigentlich für verschwendete Zeit halte …

Prof. Ralph Roman K. Gniss

Auch ich freue mich darüber, daß Ihr Ding gute Weile hatte und jetzt als „Zeit" vorliegt. Vielen Dank für diese Ausgabe …

Dr.-Ing. Manfred Stieler

„der blaue reiter", ein noch junges, von Wissenschaftlern der Universitäten Stuttgart und Ulm ediertes „Journal für Philosophie", widmet seine neueste Ausgabe den widerstreitenden Meinungen über die Zeit – weithin klare, auch für Laien verständlich gefaßte Aufsätze, Interviews, Porträts und Rezensionen, geschrieben von Philosophen, Pädagogen, Historikern, Physikern und Biologen – ein das Denken förderndes Unternehmen …

Frankfurter Rundschau vom 2. 8. 1997

Dieser Tage erschien bereits zum 5. Mal eine Zeitschrift, die durch Inhalt und Präsentation besondere Aufmerksamkeit verdient: „der blaue reiter" … Die in einer Auflage von 4000 Stück zweimal jährlich erscheinende Zeitschrift wird von den Mitarbeitern liebevoll als größte deutschsprachige Philosophiezeitschrift bezeichnet. Wenn dem so ist, dann hat die der Philosophie sich hingebende Minderheit mit dieser Publikation ein Kleinod zu bieten, das sowohl inhaltlich wie auch in der graphischen Darbietung besticht. Die Beiträge der neuesten Ausgabe weisen den Leser in eine Zeitdimension, die jenseits des Alltags sich zu befinden scheint und doch nicht außerhalb stehen kann. … Ach du liebe Zeit. Vergnüglich rinnt sie dahin, und heiter blättert sich der Leser durch die Seiten. Fürwahr, ein glänzend und professionell aufgelegter Band, der Philosophie zum Vergnügen macht.

*Stuttgarter **uni**kurier Nr. 75/76, September 1997*

Bemerkenswert ist die großzügige, gut gelungene Gestaltung der Zeitschrift, die sich von den Buchstabenwüsten mancher philosophischer Fachzeitschriften positiv abhebt. Die einzelnen Hefte lesen sich unterhaltsam, und man erhält erste grundlegende Informationen und Denkanstöße …

Information Philosophie 2/97

Philosophisches Café!

„der blaue reiter" lädt ein:

Disputieren, argumentieren, insistieren, kommentieren und lamentieren Sie sich durch die Themen der Philosophie. Autoren, Künstler und Redakteure des „blauen reiters" bieten Ihnen den nötigen Rahmen.
Alles ist möglich. Sie fühlen sich als Epikureer? Gut, dann essen und trinken Sie mit uns. Sie sind Sophist? Hervorragend, dann streiten Sie mit uns. Oder gar Stoiker? Nun, wenn es denn sein muß, dann schweigen Sie mit uns.
Eines ist sicher: das Philosophische Café ist mehr als „nur" Philosophie, aber auch mehr als „nur" Unterhaltung. Wir freuen uns darauf, Ihre Bekanntschaft im „Alten Landtag" in Stuttgart-Mitte zu machen.

Philosophisches Café
ab Dezember 1997 jeden ersten Sonntag im Monat
Zeit: 15 bis 17 Uhr, Ort: Gaststätte „Alter Landtag", Heusteigstr. 45
zu erreichen mit der U-Bahn (Linien 1 und 14, Haltestelle „Österreichischer Platz" oder „Wilhelmsplatz") oder mit der Buslinie 44.
Veranstalter: omega verlag, Fachschaften der Universitäten Stuttgart und Ulm, Redaktion „der blaue reiter"

Diesen Raum stellt die Redaktion des „blauen reiters" philosophischen Initiativen zu deren Vorstellung kostenlos zur Verfügung. Die Initiativen/Vereine versichern, keine kommerziellen Interessen zu verfolgen. Die Verantwortung für den Inhalt der Texte liegt bei den Autoren.

„Philosophischer Kreis" Düsseldorf

„Denn infolge des Staunens begannen die Menschen jetzt wie vormals zu philosophieren ... Wenn sie philosophierten, um der Unwissenheit zu entgehen, suchten sie um des Wissens willen zu begreifen, und nicht wegen irgendeines Nutzens." (Aristoteles: Metaphysik 1,2)
Der „Philosophische Kreis" besteht seit 1994 und trifft sich wöchentlich, um im privaten Rahmen über philosophische, kulturelle, geschichtliche und ästhetische Fragen zu diskutieren.
Sekundärliteratur. In der sich daran anschließenden Kommentierung und Diskussion wird besonderer Wert auf die Hervorhebung und Darstellung der philosophischen Tradition, in der die Probleme bereits gestellt wurden, gelegt. Die dort angebotenen Antworten werden dann einer kritischen Überprüfung unterzogen.
Die Atmosphäre, die „philosophische Grundhaltung" der Treffen hängt in erster Linie von den Einstellungen der einzelnen Teilnehmer ab und reicht von „positivistisch" über „kritisch-rational" bis hin zu „mystisch-neuplatonisch".
Philosophie wird nicht als eine schöngeistige Freizeitbeschäftigung betrachtet, sondern als „kontinuierlicher Diskurs über sogenannte letzte Fragen" (R. Spaemann). Und bei einem gelungenen Treffen spürt man den „Wühlergeist". „Der Geist weht nicht, wo und wohin er will – und er weht eben gar nicht, sondern er wühlt." (H. Blumenberg)
Damit beim ernsthaften Bemühen (Wühlen) um Verständnis der Spaß nicht zu kurz kommt, organisiert der „Philosophische Kreis" darüber hinaus kulturgeschichtliche Städtetouren, die Teilnahme an Philosophie-Seminaren sowie Konzertbesuche.
Interessierte sind jederzeit willkommen. Auch wird ein Erfahrungsaustausch mit anderen nichtkommerziellen philosophischen Initiativen/Vereinen/Gruppen gesucht.
Kontaktaufnahme und weitere Informationen:

Volker Arndt Seifert · Niersteiner Weg 25 · 40229 Düsseldorf
Tel. 0211/783637

Anzeige

ANDINO's Zaubertheater

präsentiert

Die Bücher des Zauberphilosophen

Andreas Michel – Andino
Tanz der Hände
Anstiftung zum Zaubern
Hamburg 1996, 164 Seiten, 70 Abbildungen, 38,– DM, ISBN 3-89622-007-1

Die einzige ästhetische Untersuchung dieser artistischen Unterhaltungskunst mit glänzenden Kritiken in der Fachpresse und der Tagespresse:

Andreas Michel – Andino
Philosophie des Zauberns
Ein Essay über das Staunen
Mit einigen kleinen Täuschungen zur eigenen Erprobung
Hamburg 1994, 91 Seiten, mit einer Spielkarte als Beilage und 8 Abbildungen, 29,80 DM, ISBN 3-926952-88-1

Das wissenschaftliche Standardwerk zu diesem Thema:

Andreas Michel – Andino
Unterhaltung und Image
Artistische Unterhaltungskunst in sozialwissenschaftlicher Perspektive
Frankfurt a.M. 1993, 245 Seiten, 13 Abbildungen, 34,80 DM, ISBN 3-86137-023-9

Alle Bücher sind im Buchhandel erhältlich oder mit Widmung direkt beim Autor:
Dr. Andreas Michel – Andino
Platanenweg 12, 56075 Koblenz
Tel. 02 61/5 48 93, Fax 02 61/5 43 54

Michael Funken:

Sophies M@ssage: Philotainment Version 1.0

Königshausen & Neumann, Würzburg 1996. 112 Seiten, 19,80 DM

Ein Buch zum Streiten. Ein Buch, das versucht, einen anderen Weg zu gehen. Ein Buch über die neuen Medien, das Text und Bild kombiniert.

„Sophies M@ssage" ist aus zwei seperaten Buchteilen zusammengesetzt, die versuchen, eine Einheit zu bilden. Der eine ist in einem traditionellen Satzspiegel gehalten und beinhaltet einen fortlaufenden, in Kapitel unterteilten Text. Der andere bindet Texte in Graphiken ein, um eine neue Verständnisebene zu schaffen. Jeder der beiden Einzelteile beginnt auf der Rückseite des anderen, und sie treffen sich in der Mitte.

Der erste Teil nennt sich „Jenaer Vor-Sätze", er versteht sich als ein Hintereinander verschiedener „Vor-Worte", deren Überschriften „Vor-Fall" oder „Vor-Hut" lauten. Der Autor versucht, seine Theorie eines neuen Mediums theoretisch zu begründen. Hierfür wird praktisch jeder bekannte Philosoph herangezogen. Doch die Anmerkungen zu seinen Ausführungen in den Fußnoten nehmen häufig mehr Platz ein als die Texte selbst. Als Persiflage auf den schulischen Philosophiebetrieb ist dies sicher zuwenig, doch mehr ist diesem an der Oberfläche des Trivialen verhafteten Teil nicht abzugewinnen.

Da ist der andere Teil um einiges interessanter. Das Vorwort wurde in „Fetzen" abgedruckt, es bezeichnet sich selbst als öde und leer. Ihm ist ein „Manual", gewissermaßen eine Betriebsanleitung, beigegeben. Hier wird das Buch definiert als „Philotainment", als Heimat des kreativen Chaos. Es soll unterhalten, Anreize zum Nachdenken geben und Wissen vermitteln, das auf nur textueller Ebene nicht gefaßt werden kann. Des weiteren werden Zitate abgedruckt, die in ihrem Spektrum von klassischen Philosophen bis zu Rolling Stones reichen. Auf diese Art werden neben der graphischen Darstellung auch Thesen vermittelt, die einen assoziativen Bezug erhalten. Doch ist die graphische Qualität so schlecht, daß es häufig schwer fällt, Details zu erkennen.

Das Vorhaben, eine Verbindung einzugehen zwischen traditioneller Fachliteratur (in kleinen Portionen) und einem auf Assoziationsketten aufgebauten intertextuellen Experiment muß somit als gescheitert gelten. Mit seinen innovativen Ideen bietet der zweite Teil das, was dem ersten Teil vollständig abgeht: Er ist amüsant und lesenswert.

Leif Scheuermann

Nida-Rümelin, Julian (Hrsg.):

Angewandte Ethik. Die Bereichsethiken und ihre theoretische Fundierung

Kröner, 1996. 98,- DM, 883 Seiten

Dies ist nicht gerade ein Buch, das Mann oder Frau einfach so zur Erholung am Baggersee lesen kann; eher ein Buch, das am Schreibtisch gelesen werden sollte – konzentriert, mit dem Bleistift in der Hand, das ist klar. Denn die Ethik ist die Theorie des richtigen Handelns, also: handle und lese richtig!

Das Ziel ethischer Theorien ist es, Kriterien für richtiges Handeln aufzustellen, unsere Auffassungen über moralische Werte zu systematisieren und uns Handlungsorientierungen an die Hand zu geben für Situationen, in denen wir uns auf unser Alltagsverständnis von *richtig* und *falsch* nicht mehr verlassen können. Die Unterteilung der Ethik in verschiedene Bereichsethiken erfolgt nun aus der Einsicht heraus, daß abstrakte Prinzipien nicht ausreichen, konkreten Problemstellungen gerecht zu werden, so daß sich die verschiedenen Bereichsethiken gerade durch ihre Anwendungsorientierung auszeichnen oder zumindest auszeichnen sollen.

Das Ziel des seitenstarken Handbuchs mit seinen 18 Beiträgen ist es, so der Herausgeber Julian Nida-Rümelin, die Bereichsethiken „kompakt und informativ" darzustellen, den aktuellen Forschungsstand widerzuspiegeln und Kontroversen (vor allem in der zeitgenössischen deutschsprachigen Ethikszene) aufzuzeigen. Dabei können die Aufsätze zwar einzeln gelesen werden, vorausgesetzt werden aber fundierte Grundkenntnisse der wichtigsten ethischen Theorien. Erfreulich ist, daß Rümelin in seinem Einleitungskapitel „Theoretische und angewandte Ethik" – wenn auch recht knapp – in einige bedeutende ethische Theorien und ihre Begrifflichkeit einführt, so in den Utilitarismus, in die kantische Ethik, die Tugendethik, den Libertarismus und die Vertragstheorie. Die in diesem Band behandelten Bereichsethiken fokussieren die unterschiedlichsten Bereiche menschlicher Praxis. Einige dieser Praxisbereiche werden konstituiert durch gesellschaftliche Untersysteme – so dasjenige, das für Heilung und Therapie (Medizinethik) zuständig ist und aus einem Interaktionsgefüge aus Ärzten, Patienten, Krankenschwestern etc. besteht. Andere Bereichsethiken bilden einen allgemeineren Teil der Praxis als Folge technischer und oder gesellschaftlicher Veränderungen ab: so z. B. die Genethik, die sich vor allem mit den Problemen der Verbesserung von wichtigen Eigenschaften unserer Nutzpflanzen auseinandersetzt, die journalistische Ethik oder die Ethik des Geschlechterverhältnisses, die sich mit Themen wie Quotierung, Gerechtigkeit in der Familie und dem Schwangerschaftsabbruch usw. beschäftigt.

Inhalt dieses Handbuchs sind aber auch Bereichsethiken, die als klassisch bezeichnet werden können, so, um nur ein Beispiel zu nennen, die Rechtsethik, die den Gegensatz zwischen natürlichen und vom Menschen gesetzten Rechten thematisiert.

Fragen, die für mehrere Bereichsethiken eine wesentliche Rolle spielen, erörtert schließlich der Herausgeber in seinen beiden Schlußkapiteln „Ethik des Risikos" und „Wert des Lebens". In letzterem fordert er im Umgang mit neuen Techniken einen Wechsel von einem konsequentialistischen (Ethikrichtung, die sich an den tatsächlichen Folgen des Handelns orientiert) hin zu einem nichtkosequentialistischen Paradigma (Denkvoraussetzung), da eine mögliche Verbesserung der Lebensbedingungen vieler durch Erhöhung von Risiken (also in der Summe positive Folgen des Handelns) nicht zu Lasten von Individualrechten (Lebensrecht, Menschenrecht etc.) einzelner gehen darf.

Kaum erwähnenswert, da eigentlich selbstverständlich für ein Handbuch (dieser Preisklasse!), sind ein ausführliches Inhaltsverzeichnis, ein Personenregister und umfangreiche Literaturangaben. Dieses Buch ist durchaus sehr brauchbar, aber nichts für Einsteiger – harter Stoff, verpackt in fast 900 Seiten!

Markus Lion

Joël de Rosnay

Homo symbioticus – Einblicke in das 3. Jahrtausend

Aus dem Franz. von Bernd Wilczek. Gerling Akademie Verlag, München 1997. 413 Seiten, DM 58.-

Gewaltige Umbrüche stehen uns bevor, nämlich die „Synthese eines planetaren Makro-Lebens" und des „homo symbioticus". So die Grundlinie dieses Buches, die in drei Teilen (über natürliche und gesellschaftliche Organisation, planetare Symbiose sowie Politik, Produktion und Kultur des nächsten Jahrtausends) ausgeführt werden soll. Was das im einzelnen bedeuten mag, bleibt allerdings dunkel. Schwankend zwischen „optimistischer Utopie" und Zukunftsszenario wird zusammengebacken, was derzeit an modischer Populärwissenschaft im Umlauf ist. Das Ergebnis ist ein Gemisch weitgehend unbestimmter, assoziativ zusammengestellter Stichworte einerseits, einer Menge gängiger Banalitäten andererseits. Wie in manchem Prognoseversuch dieser Art erfährt der Leser nichts Substantielles über unsere Zukunft, aber einiges über die technokratisch-wissenschaftlichen Phantasmen unserer Zeit.

Da wäre etwa die „Komplexitätswissenschaft", Rosnays Wunderwaffe zum Verständnis des entstehenden planetaren Organismus, die uns helfen soll, „die Zukunft der menschlichen Gesellschaften [...] zu entwerfen". Da die Grenze zwischen Natur und Kultur, wo immer sie früher gelegen haben mag, sich im Zuge von „Vernetzung" und „Globalisierung" auflöse, entstehe ein Superorganismus mit Menschen als Zellen und dem Internet (ein „planetarer Metacomputer", versteht sich) als Nervensystem, der „eine höhere Organisationsstufe" als die Menschheit aufweist: der „Kybiont". Inwiefern diese Metapher über das esoterische und auch hier gern zitierte Raunen von „Gaia" hinausgeht, gehört zu den vielen Fragen, die nicht beantwortet werden, es sei denn, man möchte die Auskunft: „Gaia und der Kybiont, das sind die beiden symbiotischen Partner" für eine solche halten.

Ähnlich verblüffend und wenig hilfreich ist die Beschreibung des Computers als „direkte[s] Beobachtungsinstrument der Komplexität", mit dessen Hilfe uns ein Verständnis der Natur versprochen wird, das „jede bewußte Form des Handelns begründet und legitimiert".

Solchen mit viel Pathos vorgebrachten, oft redundanten, aber leider inhaltsleeren

Großankündigungen folgen assoziative Ausflüge in alle möglichen Themengebiete. Ein Beispiel: „Der durch die Krise der Politik zutage geförderte und sich nun abzeichnende große Übergang bedeutet eine Machtübertragung von der herkömmlichen auf neue, kybernetische Regierungsformen." Nach einigen Zwischenstationen („dauerhafte Entwicklung", Datenautobahn, Ordnung und Chaos) erfahren wir über die „Grundregeln der zukünftigen Regierungsform", daß sie auf „dem individuellen Tun und der gesellschaftlichen Rückkopplung" beruhen wird. Näheres zum Verhältnis zwischen Individuum und Gemeinschaft steht noch aus, denn „lediglich durch die Herstellung einer Symbiose kann eine Antwort auf diese Frage gegeben werden". Immerhin scheinen „Lösungen für die großen Probleme offensichtlich" zu sein: „Millionen von Menschen verhungern: setzten wir unsere Mittel ein, um den Überfluß an Nahrungsmitteln zu teilen!" Wahrscheinlich braucht es zur Ausführung dieser revolutionären Idee nur einiger „weiblicher Werte" wie „Emotion und Sensibilität", wie sie im siebten Kapitel vorgestellt werden.
Der Versuch, einigermaßen konkrete Auskünfte aus den jeweiligen Passagen herauszudestillieren, bleibt meistens erfolglos. Irgendwie ist alles kybernetisch, fraktal, selbstorganisierend und symbiotisch, und da das Buch selbst ein „fraktales Buch" ist, wiederholt sich diese Ahnung in beinahe jedem Kapitel, ohne dabei an Konkretheit zu gewinnen.
Es ist nicht so, daß in der Fülle der angetippten Themen, der Metaphern und Vergleiche, die Rosnay aneinanderreiht, neben einer Menge selbstgeprägter Wortneubildungen gar nichts Originelles zu finden wäre. Wer hoffnungsfrohe Science-fiction-Szenarien mag und keinen Wert auf begriffliche Klarheit legt, kann seine Freude an dem Buch haben. Dennoch ist der Gesamteindruck der eines sektiererischen Versuchs, endlich alle Probleme und Fragen mittels des „neuen Paradigmas" der Komplexitätswissenschaft aufzulösen, ohne sich mit konkreter Detailbetrachtung aufzuhalten. Ein unbeschränktes Vertrauen auf die wissenschaftlich-technische Macht lebt sich hier aus, ohne daß ein einziger der angesprochenen Punkte in instruktiver Weise erörtert oder dem kritischen Leser klarer würde, worin genau die gewichtigen Neuerungen bestehen, die als Beginn eines neuen Lebens angekündigt werden. Es ist schade, daß die an sich reizvolle Idee, über die menschliche Zukunft zu spekulieren, so gehaltlos ausgeführt wurde. Aber die Form dieses Scheiterns kann der Zeitkritik manche Anregung geben.

S. Baur

Heinz Kimmerle

Das Multiversum der Kulturen

Elementa Verlag, Amsterdam/ Atlanta 1996. 239 Seiten.

Das Verhältnis zwischen den verschiedenen Kulturen dieser Welt ist das beherrschende Thema, das die Artikel in diesem Sammelband verbindet. Die einzelnen Autoren gehen dabei entweder von etablierten westlichen Philosophen aus, um deren Verhältnis zu anderen Kulturen zu untersuchen, oder sie stellen verschiedene Kulturformen anhand von Einzelfragen dar.

Grundlage für diese Zusammenstellung der Beiträge ist eine Ringvorlesung des Lehrstuhls Grundlagen der interkulturellen Philosophie der Erasmus-Universität Rotterdam.
In seiner Einführung geht der Herausgeber Heinz Kimmerle kurz auf die Geschichte der interkulturellen Philosophie ein, um auf dieser Grundlage einige Anhaltspunkte für den Umgang mit fremden Kulturen darzustellen. Von zentraler Bedeutung ist in diesem Zusammenhang die zugrundegelegte Definition des Begriffes Kultur. Kimmerle bestimmt Kultur als „die Bemühung einer Gruppe von Menschen, eine bestimmte Lebensform so zu gestalten, daß sie inmitten anderer Kulturen und inmitten der Natur auf die Dauer Bestand haben kann. Dazu gehört wesentlich die Anerkennung der anderen innerhalb der eigenen Kultur, aber auch der anderen Kulturen und der zugehörigen natürlichen Lebensräume in ihren eigenen Rechten."
Von diesem sehr weiten Kulturbegriff ausgehend, schließt Kimmerle zum einen, daß alle Kulturen gleich alt sind, zum anderen, daß sie alle gleichberechtigt sind, da sie die Forderung nach Erhalt erfüllt haben. Daraus folgt die Ablehnung eurozentristischer oder universalistischer Denkweisen, die zum Beispiel die parlamentarische Demokratie als kulturübergreifend darstellen.
Der Vergleich eines westlichen Demokratieverständnisses mit einem afrikanischen ist der Kernpunkt des Artikels von Frank Uyanne. Die Grundunterschei-dung zwischen diesen beiden Demokratiemodellen besteht für ihn darin, daß die afrikanische Variante kommunalistisch, die westliche dagegen individualistisch ausgerichtet ist. Dies bedeutet konkret, daß es z. B. in der afrikanischen Demokratie gruppenbezogene Rechte gibt, während die Demokratie westlicher Prägung nur die Rechte des Individuums kennt. Der entscheidende Unterschied liegt nach Uyanne aber in der Entscheidungsfindung durch Mehrheit auf der einen bzw. Konsens auf der anderen Seite. Der Vorteil in einer Konsensentscheidung liegt im höheren Grad der Berücksichtigung von Minderheitsinteressen. Während in der westlichen Demokratie das Individuum als einzelnes Mitglied der Nation verstanden wird, fußt die afrikanische Demokratie auf der Familie als der kleinsten Gruppe. Uyanne schließt mit der Erkenntnis, daß die vorgestellten Demokratiemodelle nicht auf die jeweils andere Kultur übertragbar sind. Sie können jedoch durchaus als Quelle für Korrekturen verwendet werden.
Andere Ansätze zum interkulturellen Dialog beschäftigen sich beispielsweise mit der Universalität von Frauenrechten oder mit der Rezeption nichtwestlicher Kunst in westlichen Museen. Weitere Artikel gehen von den Positionen westlicher Philosophen wie Merleau-Ponty, Heidegger, Habermas, Barthes, Foucault und Derrida aus.
Die Lesbarkeit der Aufsätze ist sehr unterschiedlich. Während einzelne durchaus ohne größere Kenntnis der Themenschwerpunkte verstanden werden können, sind andere für den philosophischen Laien nicht ohne weiteres nachzuvollziehen. Der Versuch, interkulturelle Philosophie anhand konkreter Themen zu betreiben, ist begrüßenswert. Dies ist sicherlich sinnvoller als nochmals zu begründen, warum sie für alle am Dialog Beteiligten nützlich ist.

Nicolai Kaufmann

Daniel Goleman

Emotionale Intelligenz

Carl Hanser Verlag, München/Wien 1996.

Nicht der IQ, sondern die Emotionale Intelligenz, die Fähigkeit, mit seinen eigenen Gefühlen und denen seiner Mitmenschen so umzugehen, daß eine Kommunikation möglich wird, ist für Erfolg im Privat- und Berufsleben verantwortlich. Das versucht der amerikanische Psychologe Daniel Goleman mit Hilfe von Statistiken, medizinischen Studien und Fallbeispielen zu belegen. Ganz neu klingt es zwar nicht, was Daniel Goleman als wissenschaftliche Neuerung ausgibt. Schließlich begegnet man bereits in der Arbeitswelt und im täglichen Leben dem Begriff „soziale Kompetenz". Allerdings versucht der Autor hier – und das ist vielleicht das neue – einen naturwissenschaftlichen Erklärungsansatz.

Der erste Teil des Buches geht dementsprechend wissenschaftlich fundiert an das Thema „Emotion" heran. Erklärt werden unter anderem die biochemischen Abläufe im Gehirn, die sich bei Wut, Trauer und Freude abspielen. Besonders die Funktion des Mandelkernes, eines mandelförmigen Organes oberhalb des Hirnstammes, das die spontanen emotionalen Reaktionen steuert und für das emotionale Gedächtnis als Gedächtnis fungiert, wird ausführlich und gut verständlich erklärt. Neu ist die Erkenntnis über das Zusammenspiel von Mandelkern und den Neokortexlappen in der Schläfenregion, die die unmittelbaren Eindrücke selektieren und uns signalisieren, daß „ein Bär im Zoo etwas

anderes ist als ein Bär im Vorgarten" und so im Idealfall die angemessene emotionale Reaktion auslösen. Goleman führt Beispiele gestörter emotionaler Reaktionen an, etwa die Überreaktion des Mandelkerns, der nach einem traumatischen Erlebnis selbst bei harmlosen Anlässen Kurzschlußhandlungen auslösen kann, im schlimmsten Fall sogar einen „Black-Out", der zum Mord führt. Charakteristisch bei solchen Mandelkern-Reaktionen ist dem Autor zufolge, daß der Betroffene seine emotionale Entgleisung nicht steuern kann. Genau auf diese Momente will Goleman den Begriff „Emotionale Intelligenz" bezogen wissen. Über emotionale Intelligenz zu verfügen heißt demnach, durch selbstreflexive Wahrnehmung die Momente gefühlsmäßigen Handelns zu kontrollieren, um nicht zum Sklaven seiner Gefühle zu werden, um die Gefühle des Gegenübers erkennen und auf diese eingehen zu können.
Im zweiten Teil des Buches zeigt Goleman typische Mechanismen der Verdrängung auf, oder, am Beispiel einer Ehestreitigkeit, die „Überflutung" der emotionalen Zentren im Gehirn, die zur Unfähigkeit führt, auf Zorn und Verachtung des Gegenübers zu reagieren. Alle organischen und psychischen Stereotypen über den Anstieg des Pulses, der Ausschüttung von Neurohormonen, bis hin zur Verengung der Perspektive und zum gezüchteten Dauerstreßzustand der eine Kommunikation der Ehepartner schließlich unmöglich macht, zeigt Goleman die verschiedenen Stationen auf. Auch das Chef-Mitarbeiter-Verhältnis, Mutter-Kind-Beziehungen und andere Konstellationen werden nach demselben Schema durchleuchtet. Gleichzeitig bietet Goleman Lösungsvorschläge und Kommunikationsstrategien an. Kommunikation heißt auch hier das Zauberwort. Frei nach dem Motto: Erkenne deine Gefühle und verbalisiere sie. Eines seiner Modelle greift die „affektive Erziehung" aus den 60er Jahren wieder auf. Die „Schulung der Gefühle" an Schulen und in Kindergärten soll helfen, Drogenkonsum und Gewalt dadurch vorzubeugen, daß richtige, das heißt gefühlsbezogene Kommunikation trainiert wird.
Im Anhang des Buches findet sich eine sehr gute, stichwortartige Zusammenfassung inklusive dem „Self Science Curriculum", einer Beschreibung der einzelnen Gefühle, die dem affektiv Blinden als Checkliste dienen kann. Für Eilige, die sich einen Überblick über die im Buch abgehandelten Theorien verschaffen möchten, reicht der Anhang im Grunde genommen völlig aus.
Im ganzen handelt es sich bei diesem Buch um eine ansprechend und interessant gemachte Lektüre. Langatmig und an vielen Stellen völlig unnötig sind allerdings die unzähligen Statistiken und Beispiele aus dem Leben nach dem typischen Muster der gängigen Selbsthilfe- und Psychobücher. Sehr amerikanisch sind auch einige Lösungsvorschläge für Gesprächssituationen. Auf den ersten Blick zweifelhaft erscheint es jedenfalls, daß Emotionen wie Zorn und Haß verschwinden, sobald Sprachmodelle wie: „Bob, ich war gerade wütend auf dich, weil du Susan mehr Aufmerksamkeit schenkst als mir" angewendet werden. Auch hier wäre weniger mehr gewesen.
Bei der nachdrücklichen Statistikgläubigkeit, die wohl hundertprozentige Beweisbarkeit der angeführten Thesen suggerieren soll, muß man an einigen Stellen genau hinsehen, um in den als Absolutum dargestellten Wertungen den recht subjektiven Wunschtraum des Autors zu erkennen. Denn ob man wirklich „emotionale Brillanz" beweist, indem man einen betrunkenen Randalierer dazu bringt, den Kopf auf unseren Schoß zu betten, um weinend seine traurige Lebensgeschichte zu erzählen, sollte der Leser selbst entscheiden.

Nina Blazon

Richard Osborne,
Illustrationen von Ralph Edney

Philosophie - Eine Bildergeschichte für Einsteiger.

Wilhelm Fink Verlag, München 1996; 190 Seiten; 24.80 DM

Klappentext und Untertitel wecken die Erwartung, es handle sich bei diesem Buch ers Philosophiegeschichte, zweitens um eine Einsteigerlektüre und drittens um eine Bildergeschichte. Dies gilt es zu prüfen.

Zum ersten Punkt: Jede Philosophiegeschichte ist naturgemäß subjektiv, bezieht Position, wählt aus und läßt weg, um in knapper Form Zusammenhänge aufzuzeigen. Wenn der Verfasser jedoch sich aufs Schwadronieren beschränkt, so ist es eben keine Philosophiegeschichte, auch keine „kleine", selbst wenn die wichtigsten Philosophen (zumindest) erwähnt werden. Gerade bei knapp gehaltenem Text sollte man beispielsweise lieber auf die weder witzigen noch wahren Anekdötchen verzichten und dafür mehr als aus dem Zusammenhang gerissene und deshalb unverständliche Kernaussagen zitieren, wie das Osborne des öfteren tut. Wenn allerdings über ein philosophisches Hauptwerk, so zum Beispiel. das von Georg Lukacs (S. 168), nichts gesagt wird als daß er „einer jener Meilensteine, über die immer noch gestritten wird" sei, so ist das ebenso dürftig wie überflüssig.
Gewisse Kenntnisse, vor allem in der Philosophie des 20. Jahrhunderts, kann man Osborne nicht absprechen, doch je weiter es zurückgeht, desto häufiger finden sich Fehler und Oberflächlichkeiten, die gleichwohl sehr apodiktisch (keinen Widerspruch duldend) vorgetragen werden. Häufig verwechselt der Verfasser – womit wir beim zweiten Punkt wären – „Einsteigerlektüre" mit „Volkes Stimme", die nur ihre eigenen Vorurteile zelebriert. Beispielsweise lautet die einzige Information zum Thema Christentum: „Die ursprünglichen Bestandteile waren ein obskurer Zimmermann, eine Jungfrau und ein Esel." Man mag ja dem Christentum ablehnend gegenüberstehen, doch wenn dann immer wieder die Rede davon ist, daß Philosoph X als Kern seines Schaffens das Christentum mit der Philosophie Y verband, dann ist der Informationsgehalt dieser Aussage entsprechend gering. Zudem unterliegt der Verfasser dem weitverbreiteten Irrtum, daß flapsige Formulierungen schon griffige Erklärungen ausmachen; viele Wendungen sind ironische Kommentare, bei denen Kenntnisse vorausgesetzt werden. Zum

Ausgleich dafür werden schwierige Begriffe selten erklärt; man gewinnt überhaupt den Eindruck, daß Osborne ungern lehrt, sondern viel lieber sich selbst reden hört. Schließlich zum dritten Punkt: Handelt es sich wenigstens um eine Bildergeschichte? Die geringe Variationsbreite der Illustrationen von Ralph Edney könnte man noch hinnehmen; oft beschränkt er sich auf mehr oder minder gelungene Philosophenportraits, und wenn ihm nichts anderes einfällt, dann wiederholt er die eben mehrfach, (Wittgenstein beispielsweise nicht weniger als ein dutzendmal). Daß er zuweilen andere Zeichner (schlecht) plagiiert, wie auf S. 85 Robert Crumb, ist schon ärgerlicher. Für das Gesamtwerk fällt jedoch am schwersten ins Gewicht, daß seine Bilder reine Hinzufügungen sind, die ganz selten etwas erklären (wie zum Beispiel. Hegels Satz „Das Wahre ist das Ganze" in einem hübschen Puzzle S. 115); viel öfter ironisieren sie (wobei auch hier häufig Kenntnisse vorausgesetzt werden), meistens aber vermitteln sie inhaltlich gar nichts. Schlicht katastrophal sind Edneys Versuche, Comics zu zeichnen, als ob es dabei mit der Verwendung von Sprechblasen getan wäre! Er hätte sich besser einmal mit dem Medium und seinen Möglichkeiten befaßt: Schon Tony Strobls „Donald und die Mathemagie" (Tollste Geschichten von Donald Duck, 101) informiert erheblich besser über Pythagoras - und witziger! Fazit: Hervorragend an „Philosophie" von Richard Osborne und Ralph Edney ist lediglich die Grundidee einer Philosophie-Bildergeschichte für Einsteiger, nur müßte die noch geschrieben bzw. gezeichnet werden.

M. von Hagen

Albert Camus

Der erste Mensch

Rowohlt Verlag 1995. 42 DM; 380 Seiten

„Der erste Mensch" rückt in leicht lesbarer Form das gesamte, bisherige Camus-Bild in ein anderes Licht. Es wird um einen neuen Grundton erweitert, so daß die bislang von Camus vorliegenden Interpretationen der existentiellen Verlorenheit gründlich zu revidieren sind – hier begegnet uns ein durchaus optimistischer Mensch.

„Der erste Mensch", das ist jenes erst jetzt veröffentlichte Manuskript Camus, das man im Autowrack des 1960 tödlich Verunglückten fand. Der Romanentwurf, an dem Camus bis zu seinem Ende unermüdlich arbeitete, legt Zeugnis ab von der Suche des 40jährigen Sohnes nach seinem so jung verstorbenen Vater. Mitten in einer Identitätskrise steckend, sehnt sich Camus plötzlich nach dem Vater, der ihm aufgrund seiner Autorität den Weg in die Zukunft weisen könnte. Doch die Erinnerung an ihn bleibt merkwürdig stumm. Der Sohn erfährt lediglich, daß dieser einer Hinrichtung beigewohnt und sich in der Nacht danach übergeben hatte. Einzig als er das Grab des Vaters besucht und ihm bewußt wird, daß er, der heute 40Jährige, älter ist als der hier begrabene 29Jährige, durchströmt ihn eine Welle von Mitleid.
Doch dies vermag an seinem Gefühl, allein, „ohne Wurzeln und Glauben leben zu lernen", „allein seine Moral und seine Wahrheit" finden zu müssen, nichts zu verändern. Seine Herkunft bleibt konturlos und wird in besonderer Weise durch seine Mutter, die zwar – im Gegensatz zum Vater – real vorhanden, doch gleichermaßen entwicklungs- und zeitlos bleibt, dargestellt. Aufgrund einer Behinderung des Hör- und Sprachvermögens sowie der Tatsache, daß sie des Lesens und Schreibens unkundig ist, bleibt sie seltsam teilnahmslos. Camus erinnert sich ihrer, wie sie im Dunkeln am Fenster sitzend, in regloser, gebeugter Haltung den Gang des Lebens auf der Straße betrachtet. Selbst als der Sohn nach vielen Jahren heimkehrt, gibt sie ihm wie früher einen „liebevoll zerstreuten Kuß" und nimmt wieder „im Halbdunkel ihre reglose Haltung" an und bekommt „ihren auf die Straße gerichteten, verlorenen Blick".
Diese Geschichts- und Kulturlosigkeit seiner Herkunft, gepaart mit Armut und Analphabetentum, erscheint dem Leser wie ein monolithischer Block, der sich weder öffnen noch bearbeiten läßt. Jacques bzw. der autobiographische Camus muß beginnen, sich seine Welt mit ihren Werten und Konventionen neu zu erschaffen. Für ihn reißt die Tradition mit seiner aus Menorca stammenden Großmutter ab, die erst für ihre beiden Söhne, später auch für die zunehmend lebensuntüchtiger werdende Mutter den Haushalt führt und die Erziehung der Enkelkinder übernimmt. Camus leidet sehr unter ihrer Strenge und Härte, fühlt sich ungeliebt. Umso verwunderter beobachtet er, wie sie ihrem eigenem, gutaussehendem, leichtbehindertem Sohn, als dieser sich für den Sonntagsausgang richtet, Blicke voll zärtlicher Liebe zuwirft. Sie konnte also lieben, warum nicht ihn?
Bleibt somit nur das traurige Bild eines auf sich geworfenen „ersten Menschen"? Weit gefehlt - denn es erweist sich, daß Jacques doch nicht ganz erinnerungslos ist. Die Kindheit wird zu einem „Geheimnis aus Licht und warmherziger Armut". Statt des Vaters findet er auf dem Weg in die Vergangenheit diese, seine eigene Kindheit, die sich vor dem Leser in überaus plastischer Weise ausbreitet. Was hier zutage tritt, ist eine durch nichts zu vermittelnde Lebenskraft und Vitalität. Trotz aller Entbehrungen war diese Kindheit reich, hat es ihr nicht an Förderung durch Menschen, insbesondere durch seinen Lehrer, der ihm den Besuch des Lycées ermöglichte, und an Freunden gefehlt. Der Leser lernt Jacques als einen äußerst lebhaften, fröhlichen, bewegungsfreudigen Jungen kennen, der mit gieriger Intelligenz und offenen Sinnen auf seine Umwelt reagiert. In all den nuancenreichen Schilderungen der Kindheitserlebnisse wird unmittelbar die Atmosphäre lebendig, Stimmungen und Erlebnisdichte des kleinen Jacques werden spürbar.
Camus ist mit dem „ersten Menschen" ein herrlich runder Roman gelungen, der das Gefühl und die Sinne anspricht und tiefe Gedanken über Leben und Tod vor uns ausbreitet. Ungebrochene Lebenskraft erwächst Camus aus der Bewältigung des eigenen Lebens. Obwohl der moderne Mensch in der Geschichte keinen Haltepunkt mehr zu finden vermag, bleibt am Ende des Buches kein Protest gegen die Vergänglichkeit. Angespornt durch das Wissen um die eigene Endlichkeit vertraut er bei aller Lebensleidenschaft darauf, daß die gleiche „starke dunkle Kraft", die ihn gestärkt und über viele Jahre getragen hat, ihm „mit der gleichen rastlosen Großzügigkeit" Gründe dafür liefern wird, „alt zu werden und ohne Aufbegehren zu sterben".

R. Breuninger

Michael Wittschier:

Es wa(h)r einmal. Märchen-Philosophie

Patmos-Verlag

Michael Wittschier will den Schülern im Ethikunterricht der Oberstufe mit seinem Lehrbuch ein „märchenhaftes Denkvergnügen" verschaffen. Jedem seiner zehn Kapitel stellt er ein Märchen der Gebrüder Grimm voran. Dem folgt eine skizzenhafte, moralphilosophische Interpretation. Dieser schließt sich eine Überleitung zu Textausschnitten bekannter Autoren an, die mit dem Märchen oft in sehr losem Zusammenhang stehen. Sie sollen den Schülern als Diskussionsgrundlage dienen.

Märchen wurden und werden bei der Erziehung als moralischer Zeigefinger eingesetzt. Immer siegt das Gute, doch wie dieses Gute als gut zu charakterisieren ist, unterscheidet sich von Geschichte zu Geschichte. Michael Wittschier geht der Frage nach, in welche moralische Richtung der Zeigefinger jeweils weist. Ist das erwünschte Verhalten selbstloses Mitleid, kluger Egoismus oder das Erfüllen vorgegebener Pflichten?

Das Buch vereinigt Texte für und wider den Wertrelativismus (die Lehre, daß Gut und Böse nicht interkulturell und personell zu bestimmen sind), die Mitleidsethik, die Vernunftethik, den Utilitarismus (die Auffassung, daß es auf die Nützlichkeit des Handelns, nicht den guten Willen ankommt), den Determinismus (mit der Kernaussage, daß der Mensch für sein Handeln keine Verantwortung trägt) und die Tierrechtsideologie. Wittschier hat sich nicht nur auf Philosophen wie Schopenhauer, Nietzsche, Epikur und die anderen „Klassiker" beschränkt. Auch Psychologen, Pädagogen, Naturwissenschaftler und Schriftsteller werden vorgestellt. So interessant die Auswahl ist: Etwas weniger Texte und dafür längere Ausschnitte wären sinnvoller gewesen. Auch die Einordnung der Textpassagen in das Werk der ausgewählten Autoren, meist nur drei Sätze, ist in vielen Fällen nicht ausreichend. Ein Beispiel: Der erste zur Diskussion gestellte Text im Kapitel zur „klugen Else" stammt aus dem letzten Kapitel des Buches „Der Baum der Erkenntnis" der chilenischen Neurobiologen Humberto R. Maturana und Francisco J. Varela. Ihr Buch zu der von ihnen aufgestellten Theorie der Autopoiese (aus sich selbst heraus entstehen) richtet sich zwar an Laien, doch müssen die bei Wittschier abgedruckten vierzig aus dem Zusammenhang gerissenen Zeilen unverständlich bleiben. Zu erklären, wie die zwei Professoren für „biologische Philosophie" zu ihrer These kommen, daß alles menschliche Tun in der Sprache stattfindet, bleibt den Lehrenden und Lernenden selbst überlassen.
Grafisch ist das Lehrbuch übersichtlich aufgemacht und – im Gegensatz zum Schulbuchtrend – angenehm schlicht. Alle Texte haben diskussionserleichternde Zeilennummerierungen, und Fremdwörter werden in knappen, doch genügenden Fußnoten erklärt. Ob allerdings die romantischen Holzschnittillustrationen aus den ersten Ausgaben von Grimms Märchen heutige Oberstufenschüler entzücken, ist zweifelhaft.

Ute Friesen

Marc Sautet

Ein Café für Sokrates

Artemis & Winkler 1997.
49,80 DM, 344 Seiten

Mit seinem Buch „Ein Café für Sokrates" bietet Marc Sautet Philosophie für jedermann an. Seine sachlichen Interpretationen der Philosophiegeschichte von der Antike bis heute sind in einer einfachen und verständlichen Sprache abgefaßt. Es werden Parallelen zu den Naturwissenschaften und den Humanwissenschaften gezogen. Allerdings stellt sich die Frage, ob dies nicht etwas zuviel für 344 Seiten ist?

Sautet gliedert sein Buch mit den Fragen:

„Wo sind wir?" „Woher kommen wir?" „Wohin gehen wir?"
Bei seiner ersten Fragestellung („Wo sind wir?") beschreibt Sautet die momentane Situation seines Lebens. Er hat am 13. Dezember 1993 am Place de la Bastille in Paris ein Philosophencafé eröffnet. Es ist ein ganz gewöhnliches Café, in dem sich einmal die Woche, am Sonntagmorgen um 11 Uhr, Philosophieinteressierte treffen, um gemeinsam über unterschiedliche Themen zu diskutieren. Angeschlossen ist diesem Philosophencafé eine philosophische Praxis, in der sich Hilfsbedürftige oder auch nur Fragende für einen Betrag von 300 Francs die Stunde mit einem Philosophen unterhalten können. Sautet stellt sich der Öffentlichkeit in Institutionen und Unernehmen bei Beratungen, in öffentliche Debatten, im Seminar sowie einfach bei einem Abendessen oder auf einer Reise. Ständig sucht er nach Konfrontation und apelliert an seine philosophischen Kollegen, sich nicht weiter in den Universitäten unter ihresgleichen zu verstecken, sondern es ihm gleichzutun. Die Menschen sollen sich Fragen stellen, und die Philosophen sollen damit beginnen.
Im zweiten Teil („Woher kommen wir?") versucht er die Entstehung des heliozentrischen Weltbildes dadurch zu erklären, daß sich gesellschaftliche Verschiebungen vollzogen haben. Durch die freie Marktwirtschaft und den freien Handel konnten sich die gesellschaftlichen Strukturen verändern, da das System des schutzbietenden Feudalherren und des arbeitenden Leibeigenen durch die zu Kapital gelangenden Kaufleute aufgehoben wurde. Durch diese Verschiebung wäre die Möglichkeit zur Annahme, daß die Sonne im Mittelpunkt stehe, erst möglich geworden. Leider vergißt er dabei, daß bereits im Mittelalter über das heliozentrische Weltbild nachgedacht wurde. Seine kurzen und präzisen Erklärungen zu Kopernikus, Galilei, Kepler und anderen werden außerdem von einem unsachlichem Aspekt durchtränkt.
„Wohin gehen wir?" ist seine letzte Fragestellung und bietet den Versuch eines Vergleichs zwischen der Antike und unserer heutigen Zeit. Im Vergleich von Sklave und Maschine schildert er den Kauf eines Sklavens seine geringen Kosten und seine große Leistungsfähigkeit, die einen normalen Arbeiter überflüssig machen. Kein Arbeiter arbeitet soviel und so günstig wie ein Sklave. Dadurch wurden die griechischen Arbeiter unnütz und galten fälschlicherweise als faul. Durch die Schwächung der inneren Gesellschaftsstruktur und die Gier nach mehr Geld und Profitsteigerungen gerieten die griechischen Stadtstaaten in Streit und konnten leicht besiegt werden. Ähnliches befürchtet Sautet auch für unsere Gesellschaft. Zwar befänden wir uns noch am Anfang dieser Entwicklung, aber wenn wir nicht von unserem kurzsichtigen, egoistischen Profitdenken Abschied nähmen, erwarte uns die gleiche Zukunft. Auch dieser Vergleich ist reichlich mit Philosophie, von den Vorsokratikern über Sokrates, Platon bis zu Aristoteles angereichert.
Ein Buch, das sich leicht liest und zum Denken anregt. Doch die Frage bleibt offen, ob es Philosophie für jedermann ist, der aufgrund mangelnder Vorkenntnisse leichter zu manipulieren ist, oder ob es nicht für einen kritikfähigen Leser eher ein interessanter Denkanstoß sein soll?

Susanne König

Edmund Braun (Hg.):

Über den Paradigmenwechsel in der Sprachphilosophie

Wissenschaftliche Buchgesellschaft, Darmstadt 1996, 68 DM, 330 Seiten

Das von Edmund Braun herausgegebene Buch stellt ausgewählte Texte zum Thema Sprache von den Vorsokratikern bis in die 80er Jahre unseres Jahrhunderts vor.

Der Autor teilt die Texte in drei Rubriken: Zuerst wird der „klassische" Umgang mit der Sprache in der Philosophie betrachtet, bei dem eine Reduzierung von Sprache hin zu einem willkürlich Bezeichnenden betrieben wird. Diese die Sprache im Erkenntnisprozeß als unwichtig bezeichnende Sichtweise hat zu jeder Zeit der Geschichte auch Kritiker auf den Plan gerufen, welche die nächste Rubrik bestreiten. Schließlich kommt die Sprachphilosophie des 20. Jahrhunderts zu Wort; sie begreift Sprache als Vorausetzung des Denkens, da alle Sinnkritik im Medium der Sprache auftritt und alle Probleme nur sprachbezogen zu formulieren sind. So hat sich der vorliegende Band zur Aufgabe gestellt, den Übergang in der Sprachphilosophie, „in seiner Komplexität darzustellen und seine vielschichtige Genese (Entstehung) an einigen Repräsentanten nachzuzeichnen".
Den Texten ist ein 60seitiges Einführungskapitel vorangestellt, in dem der Autor versucht, diese Aufteilung zu begründen und Unterscheidungsmerkmale deutlich zu machen. Das Sprachdenken seiner sogenannten klassischen Philosophie spannt den Bogen von der frühen griechischen Philosophie (Heraklit, Parmenides) über Platon bis hin zu Locke und Leibniz.
So akribisch der Autor auch versucht, die Grundthesen der Philosophen nebeneinanderzustellen, es bleibt zu einem gewissen Teil ein Akt der Willkürlichkeit. Leibniz beispielsweise, der mit seinem idealsprachlichen Modell nach Erkenntnisgewinn suchte, könnte mit einem Teil seiner Thesen auch den Kritikern zugerechnet werden; daher hätte eine argumentationsgebundene Aufteilung, die nicht nur den Ausgangspunkt der Analyse betrachtet, sondern ebenso das Ziel derselben, eine größere Klarheit und Verständlichkeit gebracht. Neben der Definition der Sprache als Bezeichnendes, das willkürlich oder mit höherem Sinn dieser Aufgabe nachgeht, wäre die Differenzierung nach Modellen, zu denen der Diskurs führt, sinnvoller gewesen; ein Fehler, den der Autor im zweiten Teil seiner Argumentation nicht begeht.
Das vorliegende Buch eignet sich für den philosophisch Vorgebildeten mit althumanistischer Bildung. Allgemein befinden sich die Einlassungen im Einführungskapitel auf einem begrifflich hohen wissenschaftlichen Niveau. Die Ausführungen zum Abschnitt der Griechen sind dem nur Interessierten teils unverständlich, da nicht alle altgriechischen Begriffe übersetzt werden.
Durch die Einengung der Klassifizierung im ersten Teil auf die Begriffe Sprache und Wahrheit, die so als Begriffspaar eigentlich nur in der klassischen Antike auftreten, geht im Interpretationskapitel des Autors jenes Moment der Vielfältigkeit der Texte verloren, das diese bei diesem zentralen Thema der Philosophie auszeichnet. Vico beispielsweise entwirft eine äußerst konkrete Sichtweise auf die mythologische Literatur der antiken Epoche und stellt einen ästhetisch-sinnlichen Seinszusammenhang dar, der sich gegen jede modellhaft abstrahierte Sichtweise vehement wehrt. Sich ihr mit eben diesen Mitteln zu nähern, kann gleichwohl nur ein oberflächliches, teilweise nichtzutreffendes Bild erzeugen. Unter diesem Aspekt betrachtet, hätte dieser Teil des Kapitels innerhalb des ihm zur Verfügung gestellten Platzes sicherlich mehr erreichen können, wäre es stärker nach thematischen Kriterien angelegt gewesen. Im zweiten Teil, der Darstellung des 20. Jahrhunderts, mußte durch die Vielfältigkeit der unterschiedlichen Betrachtungsweisen ohnehin ein anderer Weg der Darstellung beschritten werden. Hier sind die verschiedenen Ansätze nebeneinander dargestellt und bis auf kleinere Unzulänglichkeiten (Moores umgangssprachliche Einlassungen tauchen im Abschnitt zur Idealsprache auf) steht uns ein kompakter, aussagekräftiger Text gegenüber, der in seiner notwenigen Verallgemeinerung dennoch den Aspekt fürs Detail nicht aus dem Auge verliert, was jedoch nur dem fachsprachlich versierten Leser auffallen wird. Dies soll jedoch nicht gegen das Buch sprechen, sondern vielmehr das Interesse wecken, vor allem die gut ausgewählten Primärtexte eingehend zu studieren und darüber hinaus den ein oder anderen Autor über die wenigen ausgesuchten Seiten hinaus zu betrachten. Und hier zeigt sich das Hauptproblem des vorliegenden Buchs: Als Einführung in die Texte der Sprachphilosophie gedacht, ist das Kapitel zur Einführung begrifflich zu anspruchsvoll ausgefallen; als kurzer Gesamtüberblick ist der Text für den Absolventen einer sprachphilosophischen Abschlußprüfung sehr zu empfehlen, dieser kennt aber einen nicht unbeträchtlichen Teil der dargestellten Primärtexte sowieso schon über den dargestellten Rahmen hinaus.

Thomas Lange